天才の思考

高畑勲と宮崎駿

鈴木敏夫

文春新書

1216

天才の思考　高畑勲と宮崎駿◎目次

風の谷からトトロの森へ

風の谷のナウシカ

〝賭け〟で負けてナウシカは生まれた

ナウシカは、あの時代があって、大勢の人がいて生まれたものです。

そもそもは、僕が徳間書店にいた二十代のころに遡ります。今は編集者や新聞記者は憧れの職業ですが、七〇年代当時はむしろ正業とは見なされない仕事でした。全共闘世代の矜持《きょうじ》みたいなもんでしょうね、あえて徳間に就職を決めた僕が、「出版社に勤める」と報告した時、おふくろは「お前はヤクザになるのか」と怒ったぐらい。就職して一年目の夏に帰省すると、「隣近所の人にはお前はまだ大学に行ってることになってるから」と言われました。そんな時代に、僕は『週刊アサヒ芸能』の記者になりました。

血気盛んな先輩が多くて、編集部で「決闘するぞ！」とケンカが始まったり、ヤクザ取材から戻ってきた記者が隣で血を流しながら原稿を書いていたり、それはもうすごい時代でした。僕も事件現場を取材する中で、警察に呼ばれたり、出刃包丁を突きつけられたりしながら毎週記事を書いていました。結構、命がけでした。

そうした経験を積んで、『テレビランド』という雑誌の編集をやっていたある日。前に『アサヒ芸能』の企画部長もつとめ、このとき『アニメージュ』の創刊準備をしていた尾形英夫に、会社の傍の「ラッキー」という喫茶店に呼び出されるんです。編集者たるもの貸家に住むべしという時代なのに、この尾形という人はすぐに自宅は買うし、いろいろな意味でユニークな人だったんですが、僕に「『アニメージュ』をやれ」と言いました。外部のプロダクションと半年かけて準備をしてきたのにケンカしてしまった、校了まで二週間しかないという。スタッフはいないし、アニメのアの字もわからない僕は当然のごとく断りましたが、三時間説得され、「敏夫くん、頼む」と頭を下げられると断れなくなってしまった。

でも、束見本もできてないのに内容はどうするのか。「アニメ好きの女子高校生三人を紹介するから聞いてくれ」と言われました。

翌日、朝の十一時から夕方まで彼女たちの話を聞きました。びっくりしましたね。僕らの時代の『鉄腕アトム』や『エイトマン』はクラスの全員が見ていたのに、十五年ほどのうちにアニメーションを見るのは一部の人だけになっていました。女の子たちの好きなのは特定のキャラクターで、それを描いた人に会いに行ったりしている。つまり、アニメのキャラクターがアイドル化していたんですね。

『平凡』や『明星《みょうじょう》』のアニメ版を作ればいいんだなと、話を聞くうちに少しずつ見えてきました。普通の雑誌なら、スターにインタビューするところなんですが、二次元のキャラなのでそれはできない。そこで大ヒットしていた『宇宙戦艦ヤマト』のアニメーターのインタビューやキャラ紹介を基本において、あとはどうするか。

創刊号は確か一一八ページだったんですが、台割りを見ながら、二週間で作るにはどうすればいいのかとすごく考えました。アンコールアニメと読者ページでページ数を稼ごうと思いついた時、女の子たちが『太陽の王子　ホルスの大冒険』を教えてくれたんです。これで八ページ稼げる。自分でやった方が早いので、さっそく東映に出向いて、『ホルス』

のスチールを借りたんです。当時、僕は『ホルス』を観ていなかったのですが、東映には斎藤侑《たすく》というプロデューサーがいらして、その人がストーリー順にスチールを並べてくれました。ところがあとで間違いも見つかったりと、てんやわんやの創刊号でした（笑）。

でも、この時に、作った人に一言コメントをもらおうとしたことで、高畑勲、宮崎駿と出会うんです。それまで二人の名前もまったく知らなかったけれど、週刊誌時代に重要なことは電話で言わないと叩き込まれていたので、とにかく高畑さんにアポをとろうと電話をかけた。そうしたら、電話の向こうで「なんで会わなきゃいけないのか」と言われ、理由を説明して、そのやりとりが延々続いた。それは取材を受けたくないという話なんですが、一時間ほど過ぎたところで、高畑さんが言うんです。

「という考えを僕は持っているけど、『ホルス』を一緒に作った宮崎駿というのがいる、彼は別の意見を持つかもしれない。すぐ隣にいるので電話を替わりますか」。替わった宮崎駿は、今と変わらないですね。「あらましは聞きました。僕は取材を受けます。その代わり八ページじゃなく一六ページにしてください。この作品を語る上で、組合活動のことなどちゃんと話しておかなければ自分の言いたいことは伝わらない」と、また三十分。この一声は生涯忘れません。

結局、二人から取材するのは諦めて、ホルスの声の大方斐紗子さんとグルンワルドの声の平幹二朗さんのコメントを載せて、なんとか創刊号は乗り切るんです。でも、二人の存在はずっと気になっていて、池袋の文芸坐でやるアニメーション大会で『ホルス』が上映されると知って、つい観に行ってしまった。僕はアニメ雑誌をやるそもそもの心構えとして「売れるものを作ればいいんだろう」と思っていたんです。ところが、『ホルス』を観て驚いた。北欧神話に装いは変えてはいたが、扱っていた内容がベトナム戦争だったからです。こんなことをやっていたのかと目を見開かされた。

それで『じゃりン子チエ』を制作中の高畑さんに、取材で会いに行きました。そうしたら『ホルス』の作画監督で『ルパン三世』シリーズで有名な大塚康生さんがいて、「二人でそこの喫茶店に行ってきたら」と。ところがいくら歩いてもその喫茶店がなくて、高畑さんと延々と探して歩く羽目になったんです。しかし、その間に親しくなって、ようやく喫茶店を見つけたら、いきなり今はこういうことで悩んでいると作品内容の話をされたんです。忘れられない三時間が過ぎて、最後に、高畑さんに「この話をまとめられるものならまとめてみてください」と言われて、頭にきたのを覚えています。

片や宮さん（宮崎駿監督）のほうは『ルパン三世　カリオストロの城』を制作中でした。

あとで宮崎駿はその時の僕を回想して「うさん臭いやつが来たと思った」と言うんですが、会った最初に言われたのが「アニメーション・ブームだからといって商売をする『アニメージュ』には好意を持っていない。そんな雑誌で話したら自分が汚れる。あなたとはしゃべりたくない」。それでまたも頭にきて、腰掛け持ってきて横に座ったんです。それでもしゃべってくれなくて、一心不乱で描き続けている。昼夜の飯も持参した弁当で五分ですませる。夜中を過ぎても一言もしゃべらず、午前三時ぐらいですかね。いきなり「帰ります。明日は九時です」と言われたのがはじめてのコミュニケーション。しょうがないから翌朝また行きましたよ。口を利《き》いてくれたのは三日目でした。彼は冒頭のカーチェイスのシーンを描いてたんですけど、「こういう時に専門用語はないんですか」と聞いてきた。僕と一緒に行っていた亀山修という同僚が競輪に詳しくて、「〝まくり〟って言うんですよ」と答えたんです。宮さんがダーッとしゃべりだしたのは、ここからです。

気がついたら、毎日、二人に会いに行くようになっていました。二人を見て、これほどまでに働くのか、今や〝作家〟はこんなところにいるのかと思ったんです。そのころ、僕の持つ作家のイメージを体現する人はもう吉行淳之介さんぐらいしかいなくて、想像していたとおりのストイックな作家性を持つ人間が、高畑・宮崎だったんです。

「アニメをやめて漫画家になろうかな」

僕と親しくなったころ、二人のもとには『リトル・ニモ』の企画が持ち込まれていました。東京ムービーで『巨人の星』や『ルパン三世』などを手がけた藤岡豊さんというプロデューサーがアメリカでアニメ映画を作って日本に凱旋興行をするということを考え、『スター・ウォーズ』を制作したゲイリー・カーツをアメリカのプロデューサーにしたんです。監督は誰がいいか。このゲイリーがある時、日本にやってきて、京王プラザの部屋でビデオを片っ端から見て、その結果選ばれたのが高畑さんでした。その時ゲイリーが見たのは『じゃりン子チエ』だったので、みんな意表を衝かれたんですが、彼は「これが一番アメリカ向きだ」と言った。高畑さんの作り方は非常に構造的だから。同時に『カリオストロの城』も見たんですが、そっちのほうが日本的なんです。

それで二人はロスに行き、現地のスタッフと『リトル・ニモ』の制作に入るのですが、やっているうちに編集権を巡って揉めるんです。アメリカというのは編集権があるのはプロデューサーだけ。高畑さんも宮さんもこれが気に入らなくて二人とも日本に帰ってきて、同時に仕事を失うんです。

あのころ、宮崎駿は「アニメーションやめて漫画家になろうかな」と言いながら、映画を作れないかとも模索していました。当時、徳間書店では、社長の徳間康快《やすよし》が業界に先駆けて映像・音楽・活字のメディアミックスを提唱していました。徳間康快が、「企画があるやつは、映画企画委員会に持ってこい」と言っているのを耳にとめていた僕は、宮さんに相談して、「ハヤオ戦記」と「戦国魔城」という二つの企画を持ち込むんです。

ところが、委員の一人だった大映（当時は徳間書店の子会社）のYさんというプロデューサーに「君、映画ってそんな簡単なものじゃないよ。原作のないものを映画にできるか」と言われて、素人のこちらは黙るしかなかった。宮さんにそのことを話すと、カチンときたんでしょうね。「じゃあ、原作描いちゃいましょう。ただし映画化を目的に漫画を描くのは不純だから、漫画にしか描けないものを描きたい」と。正論ですよね。

当時、宮崎駿は「二馬力《にばりき》」という会社を作っていて、阿佐ヶ谷に事務所があったんです。しばらくして呼ばれてそこに行くと、三種類のナウシカの絵があった。一つは描き込まれた今の絵で、一つはシンプルな松本零士タイプ、もう一つはその中間。「松本零士タイプなら一日二、三十枚描ける。中間タイプは五、六枚。こっちは一日一枚いくかどうか。鈴木さん、好きなやつ選んで」と言われて、これがポイントだったんですね。僕は「アニメーション雑誌でやるんだから普通の漫画やってもしょうがない。一番大変なやつをやりましょう」と言ったんです。宮さんは「大変だよ、これ」と言いながら、多少絵が描ける僕にも「手伝え」と言って描き始めるんです。僕もスクリーントーンはったり、ベタを塗ったりしましたよ。それが、『アニメージュ』で連載を始めた『風の谷のナウシカ』です。

通常漫画の単行本は二〇〇ページぐらいなのに、僕はまだ一二〇ページしかない連載十回目に、もう単行本にしたくなりました。早く映画が作りたくなったんですね。『ドラえもん』の映画が上映された時、藤子不二雄さんが百何ページかのB5判の原作本を出していたので、この形ならいける、ページを薄くすれば売れるだろうと読んで、いきなり七万部を出したんです。ところが五万しか売れなくて、大失敗です。

今と違って、当時は『アサ芸』が六十万部で、僕が前にやっていた漫画雑誌は二十四万から三十万部売れていて、二十一、二万になったら休刊という時代。映画化の企画を出しても、その数字では徳間書店も踏ん切ってくれないわけです。そこで亀山と「二人だけで動いていてもダメだから、誰か応援団長を見つけよう」と相談して、宣伝部長だった和田豊さんに目をつけました。彼は博打《ばくち》好きだから一晩チンチロリンをやって、二人で五万ずつ負けよう、そうしたら僕たちのために働いてくれるはずだ。そう考えたんです。

最初に言ったようにあのころの出版社というのは、社会に適応しないはみ出し者の集まりでした。そういう人間が身につけるべき教養として博打があって、給料日にはみんな、現金をかけてチンチロリンをやるんです。これで給料やボーナスがゼロになるやつがいっぱいいた。だから僕もサイコロを山のように買ってきて、自分の思うような目はどうしたら出るんだろうと一所懸命考え、必死に鍛えた。ある程度やっていると流れが大事だとわかってきて、僕は負け方の呼吸もわかるようになっていました。それで三人で夜の十時から朝の六時までやって、僕と亀山はきれいに五万円ずつ負けました。和田さんというのはいい人で「いや、三万ずつでいいよ」と言ってくれましたが(笑)、チンチロリンをやっている間は、『『ナウシカ』を映画にしたいんだけど賛同者が得られない」という話を散々しました。その朝、一度家に戻り、十一時に会社に出てくると、和田がすっとんできて、「トシちゃん、ナウシカ、映画にできるかもしれないよ」。もう時効だから話しましたが、映画『風の谷のナウシカ』誕生のきっかけは博打だったんです。

断る理由がノート一冊に

ナウシカの映画化にあたり、和田が相談した相手は博報堂の宮崎至朗《しろう》という男でした。

これがなんと宮崎駿の弟だったんですね。その偶然に「これはいけるかもしれない」と、和田は思ったわけです。徳間書店と博報堂が組んで映画を作るのは面白いことだし、徳間書店の枠を広げることができるかもしれない。何より相手が博報堂というのが大きかった。

というのは、博報堂の近藤道生《みちたか》さんが社長に就任してすぐの時に、右翼の大物による博報堂乗っ取り事件が起こるんです。そのとき、近藤さんとその人との間に入って話をまとめたのが徳間康快だった。そんな縁もあって、徳間が博報堂といい仕事ができないかと思っていたところにナウシカ登場。すぐ近藤さんに話がいきました。近藤さんがまた映画が大好きで、文部省推薦の映画を選ぶ委員の一人だったんです。それで博報堂も一緒に、このアニメーション映画をやろうということになりました。

この時僕も宮崎至朗さんに出会うんです。余談ですが、宮崎吾朗は宮崎駿の長男です。なんで長男なのに吾朗なのか。宮崎駿は男ばかりの四人きょうだいで、これで打ち止めにしようということで末弟は至朗という名前になった。で、宮崎駿は自分に息子が生まれた時に、至朗の次だからと吾朗という名前をつけるんです。宮さんに「博報堂で映画が作れることになった。至朗さんがいたからだ」と報告すると、「あいつと仕事をするのか」と言って、あんまりそういうことはしない宮崎駿がみんなと食事をしたりしました。

映画化の準備に取りかかりました。博報堂の定款には映画作りがなかったので、定款を書き換えたり、集めたお金を税務上どう処理するかを勉強したり。博報堂には松竹でいろんな映画をプロデュースしてきた荒木正也さんという方がいて、この方をトップに頂き僕らも映画作りの教えを乞いました。そうしてやっていく中で、予算はいくらにするかという話になりました。『宇宙戦艦ヤマト』や『うる星やつら』がヒットしていましたが、一本の映画をいくらで作るかはわからない。ただ『アニメージュ』をやっていたおかげで、内緒で制作費の内訳を書いた予算書を手に入れることができたんです。そうしたら『宇宙戦艦ヤマト』にしろ『うる星やつら』にしろ、実に安いお金で作っていた。だから僕は、必要だと思われる倍にしておけばなんとかなるだろうと予算を倍にしたんです。ところがあとで倍でも足りなくなって、結果三倍かかりました。宮崎駿は映画を作る能力もあるけど、同時にお金を遣う能力もあったということです。

さて、作るにあたって宮崎駿が出した条件はただ一つでした。「高畑さんをプロデューサーにしてほしい」。なぜ高畑さんなのか、理由は言いませんでした。それで僕が高畑さんのところに行くんですが、簡単には首を縦に振ってくれなかった。それどころか一カ月毎日通っても返事をくれない。その間、高畑勲が何をやっていたかというと、大学ノート一冊分に「プロデューサーとは何か」という研究結果をびっしりまとめていて、最後に「だから僕はプロデューサーに向いていない」と書いてあった。

号泣した宮崎駿

僕も根負けして、宮さんのところに行って「なんで高畑さんじゃなきゃダメなんですか。嫌がってますよ」と言いました。そうしたら珍しく、宮崎駿が僕を「鈴木さんは飲めないけど、飲みに行こう」と誘うんです。阿佐ヶ谷の小さな居酒屋で、あのおしゃべりな宮さんがビールや日本酒を黙々と飲んで、突然泣き出して言うんです。「俺は十五年間、高畑勲に青春を捧げた。何も返してもらっていない」。

その姿を見ると、高畑さんを説得するしかないじゃないですか。それでも高畑さんは「僕はやりたくない」を繰り返すので、ついに僕は生涯でただ一度だけ、高畑さんに向かってものすごいデカい声で「宮さんは高畑さんの大事な友人でしょう。その友人が困っている時になぜ助けないのか！」と言ったんです。

あんまり人に怒鳴られたことはないんでしょう。これが功を奏して「わかりました」とやってくれることになったんですが、その途端に高畑さんはリアリストになって、「どこで作るんだ」と聞いてきた。びっくりしましたね。僕は会社が必要なんてまったく考えていなかった。そうしたらいきなり今度は怒鳴り返されるんです。

「宮崎駿一人に乗っかろうなんて、そんなことでは映画は作れない。彼が作れる環境を作るためにも、拠点となる制作会社が必要だろう!」

それから高畑さんと二人で宮さんがいた会社を回ったんですが、どこもナウシカの制作を引き受けてくれない。日本アニメーション、東京ムービー(現・トムス・エンタテインメント)、東映動画(現・東映アニメーション)、全部ダメでしたね。とにかくみなさん、口を揃えて同じことを言いました。「宮崎さんが作るならいいものが作れるだろう。それはわかっている。でも、スタッフも会社もガタガタになるんだよ。今までがそうだった」。完璧主義者と仕事をやると会社がダメージを受けるということですね。その当事者である高畑さんを連れて行ったのが、よくなかった(笑)。

ほとほと困り果てていた時に、アメリカのアニメの仕事をしている、地味だけど着実に誠実にやっているトップクラフトという阿佐ヶ谷にあった会社を思い出して、社長の原徹さんに会いに行ったんです。偶然にも原さんは東映動画にいた人で、『太陽の王子 ホルスの大冒険』の四人いたプロデューサーのうちの一人だったんです。原さんは「宮さんのことも高畑さんのことも知らないわけじゃない。一肌脱ごう」と言ってくれて、話はとんとん拍子に進みました。

原さんを交えてみんなで集まった時、宮さんは「こうして十年ぶりに原さんに再会して、一緒に作れるのも何かの縁だ」と言いました。そうしたら高畑さんが「宮さん。関係ないことを言うべきじゃないよ。縁で作品が作れるわけじゃない、関係ないだろう」と遮った。この人たちは半端な人たちじゃないと思い知らされた瞬間です。

ふらりと庵野秀明がやって来た

トップクラフトはスタッフが六十人くらいで、少人数とはいえ、絵を描くことから撮影まで全部一貫作業ができるところだったので、僕は安心していたんです。ところが、高畑さんは「宮さんはたった一人でパラシュート降下をするんだ。味方を作るところからはじめなければいけない」と言って、「ここのスタッフが宮崎アニメを作るのに本当に向いているか、ちょっとしたテストをやらせていただきたい」と原さんに言うんです。そして順にテストをやるんですが、大半が眼鏡に適わない結果となってしまった。原画だった人に動画に回ってもらうなどしても、「スタッフがいない」ということになって、『アニメージユ』で知り合ったツテでスタッフを探し回ることになるんです。

高畑さんの自宅の傍に住んでいた金田伊功《かなだよしのり》（原画）のところには、僕と高畑さんとで説得に行きました。そうしたら、金田さんが実は隠れ高畑・宮崎ファンだったことや、業界に入ってはじめてやった仕事が『パンダコパンダ』ということもわかったりしました。彼は後に宮さんとすごく仲良くなるんです。竜の子プロダクション（現・タツノコプロ）にいたなかむらたかしさん（原画）はとても上手な人で、最終的には、最初ナウシカがメーヴェ（飛行装置）でびゅーんと飛んでいくところなんかを描いてもらうんです。美術は『機動戦士ガンダム』をやっていた中村光毅さん（美術監督）に声をかけ、絵の責任者として『宇宙海賊キャプテンハーロック』をやっていた小松原一男さん（作画監督）に声をかけた。そうして一人一人集めてようやく大体の陣容が揃い、制作がスタートするんです。

宮崎駿は、スタッフを集めた最初の演説で非常事態宣言を出します。「六カ月で作らなきゃいけないから、まったく余裕はない。土日休みなし。一月一日だけ休もう」。そう宣言して、それを実行に移すんです。実際には八カ月かかりました。

僕が宮崎駿に感心したのは、ほんとうによくしゃべる宮さんが作画に入った途端、無駄口を一切きかなくなったことでした。朝の九時から、夜中の三時四時までデスクに向かい、飯も持ってきた弁当を箸で二つに分けて、朝と夜五分ずつで食べる。それ以外はずーっと仕事なんです。音楽も一切聴かない。その姿を見せつけることによってみんなを引っ張っていく。自分にも厳しかったけれど、他人にも厳しかった。すごかったですね。

現場はほんとうに過酷な状況でした。どんなに大変だったか。途中で庵野秀明が参加するわけです。彼は学生時代に自分が描いた絵を持ってトップクラフトにやってきたんですが、それを見て宮崎駿はすぐに採用するんです。アニメーションの世界では、普通動画をやってから原画を描くという段階を踏むのが一般的なんですが、宮さんは庵野秀明にいきなり原画を描かせた。それで巨神兵のシーンは全部彼に任せてしまうんです。庵野は鞄一つで東京に出てきたので、泊まるところはない。だからスタジオでずっと過ごすんですね。机の下で寝ていました。

まぼろしとなった巨神兵vs.王蟲

そうしてみんな不眠不休で働いてきたのに、最後に大きなアクシデントが起こります。公開は三月十一日なのに、二月の終わりになって公開期日に間に合わないとなった。

その時、宮さんが僕に「みんなを集めてほしい」と言うんです。宮崎駿は公開には間に合わせたい人なんです。それで、関係者の前で「このままではこの映画は公開に間に合わない。どうしたらいいかを相談したい。ついてはプロデューサーの高畑さんの意見をまず聞きたい」。ところが高畑さんはなかなか口を開かず、やっと開いたと思ったら「間に合わないものは仕方がない」。宮崎さんは「プロデューサーがこう言うんなら、これ以上相談しても仕方がない」と言って、何をやったのかというと絵コンテの内容を変えはじめたんです。実はまぼろしの絵コンテには、巨神兵と王蟲の激突シーンもありました。

一方で、高畑さんも努力してくれました。配給会社の東映と掛け合い、フィルムは出来次第順番に北海道や九州の遠いところから送っていくようにすれば時間が短縮できるんじゃないかとかアイデアを出したり。最後の音入れの作業も、今だったら二カ月三カ月かけますが、ナウシカの音なんてスタジオに一週間籠もりっぱなしで作ったんです。一週間ほとんど寝ていません、高畑さんも宮さんも。

この音楽を久石譲さんに作ってもらうことに決めたのも、高畑勲です。実は、徳間書店の系列会社の徳間ジャパンコミュニケーションズというレコード会社から、細野晴臣《はるおみ》さんの名前が上がり、僕らもいろいろ聴いてみたんです。そうしたら高畑さんが「細野さんも大変な才能の持ち主だけど、ナウシカに合うかといえば違うんじゃないか。この人は夏のけだるさを表現したら得意な人で、情熱的な曲は作らないだろう。宮さんは熱血漢だから、熱い曲を作る人のほうがいい」と。それで徳間ジャパンの人が推薦したのが、まだ無名の三十代の久石さんでした。宮さんは音楽のことは高畑さんに任せていましたから、久石さんと高畑さんで打ち合わせて音楽を作っていった。だから、久石さんは「僕を見出して育ててくれたのは高畑さんだった」と言います。

とにかく、僕らはこの一本に賭けていました。ただ作ることに精一杯で、宣伝も興行も、あとのことも考える余裕はなかった。そうして作った『風の谷のナウシカ』は運よくヒットしましたが、その成功の裏ではいろんなことがありました。映画完成とともに主力になったトップクラスのスタッフがいっせいに辞表を出したため、トップクラフトが名前だけの会社になってしまったんです。一本の映画でそんなことが起きるのか。僕は愕然としました。それでも原さんという人は、数百万円の制作余剰金をわざわざ返そうと申し出るんです。ほんとうに誠実な人でした。ナウシカを完成させた宮崎駿が、「監督は二度とやりたくない」と言ったのは、そうした現実の中で友達を失っていくのが辛すぎたからです。みんな、あの時は、これっきりにしようという気分だったんです。しかし、ぎりぎりのところで生まれたナウシカがすべての出発になりました。

天空の城ラピュタ

借金を背負って発足した「スタジオジブリ」

『風の谷のナウシカ』が完成した時、宮崎駿は「もう二度と監督はやらない。友達を失うのはもう嫌だ」と宣言しました。一本の作品を完成させるためには、机を並べていた人に対して厳しいことを言わなければならないこともある。アニメーターの描いた芝居が自分の意図と違う方向に向かっていると「違う」と指示を出さなきゃならない。その一言ごとに、みんなが離れていく。宮さんは、この孤独に耐えられないと言うんですね。

実は、宮崎駿は同じ思いを何度か経験しています。宮さんに言わせると、彼は「高畑勲のもとで十五年スタッフとして働いてきた。自分の職分はアニメーターである」なんですが、高畑さんの監督デビュー作品『太陽の王子　ホルスの大冒険』から始まり、『パンダコパンダ』、『アルプスの少女ハイジ』、『母をたずねて三千里』、『赤毛のアン』と高畑さんの下で仕事をしていくんです。

で、彼は『母をたずねて三千里』と『赤毛のアン』の間に『未来少年コナン』を作るわけです。いろんな事情があったんでしょう、宮崎駿が演出の機会をはじめて与えられました。原作があって、シリーズは全二十六話。あらかじめ余裕をもってストックを作っておけばあとは勢いでできるだろうと一話、二話、三話とやっていくんです。『未来少年コナン』というのは主人公コナンとラナの物語ですが、宮崎駿の描く男女には特徴があって、出会ったらお互い百パーセント好き。葛藤なし！（笑）。普通、男女のドラマというのは迷いや打算や駆け引きなんかを延々描くものなのに、宮崎駿はそれが嫌いなんですよ。だから出会った瞬間に好きになる。『コナン』の時も出会いがあって、恋愛期間があって、結婚式もあって。宮さんって極端なまでの恥ずかしがり屋なんでそんな言い方はしないけれど、新婚旅行も描くんですよ。水中キスなんて恥ずかしいシーンを描いたのが、八話だったかな。そこまできた時、彼は「どうしよう？　終わっちゃった」と言ったらしい。

全二十六話なのに八話で終わってしまった。宮崎駿も高畑勲も自分の悩みをさらけ出せるのが最大の特徴で、「もう先がないよう」なんてことをスタッフの前でも平気で言える。その時は、プロデューサーの中島順三さんが高畑さんに相談して、九話、十話を高畑さんが演出した。高畑さんは丁寧な人だから一話から順番に全部見直して、「なぜこんなことが起きたのか」と宮さんに矢継ぎ早に質問したそうです。宮さんは「あれは嫌だったんですよね」と後で言ってましたけど、そこで高畑さんが新たに問題設定し直して、宮さんは十一話以降を作ることができた。これは公然の秘密です。

番組が完結した時、とにかく一人の作家として二十六本作ったから、誰もが「宮崎駿は今後監督としてやっていく」と思っていました。ところが、高畑さんが名作シリーズの第三弾で『赤毛のアン』をやると聞いた宮さんは「俺、手伝うよ」と言って、高畑さんをびっくりさせた。一人立ちした演出家なのにまたもう一度スタッフに戻ろうとする。ここらへんに宮崎駿らしさがあるんです。人間だから自己顕示欲はあるけれど、〝自己滅却欲〟もある。みんなを率いてやっている時は楽しいけれど、終わってみると戦いすんで日が暮れる。淋し

いものが残り、もう一度みんなと作る楽しさを求めるんです。

そうして宮崎駿は『赤毛のアン』にスタッフで参加するのですけれど、もともと人の作ったものに対して素直に「うん」とは言わない人な上に、何しろ一度監督をやっているから、言いたいことが出てきてしまって、しち面倒くさい。矛盾の固まりですね。結局、途中で降りざるを得なくなる。会社も宮さんの扱いに困り、『カリオストロの城』を任せるのですが、監督をやったりスタッフをやったり、この揺れ動きが激しいのが宮崎駿です。『ナウシカ』のあとには、「監督は二度と嫌だ」という気持ちが最高潮に達し、もう一度映画に参加するとしたらアニメーターとして参加したいというのが、その頃の彼のささやかな願いでした。

『柳川堀割物語』の危機をうけて企画が立ち上がる

それでも「二馬力」と名付けた阿佐ヶ谷の宮さんの事務所では、日がな、みんなで企画を考えていました。宮さん、企画を考えるのは大好きなんです。高畑さんがいて、押井守もいたある日、誰が言い出したのか、九州柳川の話が出た。ドブ川だったところをもう一度きれいな掘割に戻した人がいるという話です。そこで、ちょうど深夜に再放送される日本テレビの青春シリーズを見ていた僕が、提案するんですね。

「シリーズ最初の『青春とはなんだ』は、町の小さな問題を高校生たちが大人と一緒になって解決していたけど、回を追う毎に高校生たちは学校の中に閉じ込められていった。だから『青春とはなんだ』のように、高校生も関わり、ある人が柳川をきれいにしたという話にすればどうか」

みんなが「それは面白い」と賛同してくれて、宮さんが「パクさん（高畑勲監督）に作ってもらったらどう？」と言い、そういうことに興味があった高畑さんが撮ることになって、さっそく現地に取材に飛びました。一方で脚本を作らなければいけないとなり、僕と宮さんと取材から戻った高畑さんの三人で脚本家の山田太一さんに頼みに行くんです。渋谷で会いました。そうしたら残念ながら、「僕は大都会の衛星都市、郊外で人がどう生きているかに興味があるから地方都市には興味がない。自分の考えたものを作りたいから、オリジナルじゃないものを書く余裕がない」という二つの理由で断られました。

現地から帰ってきた高畑さんは、「どうせ作るならアニメーションじゃなく本物で作った方がいい気がする」と実写での撮影を言い出しました。これには、みな、困りました。

「どこで上映するのか、お金はどうするのか」。

ところが、この頃、宮さんにまとまったお金が転がり込むんです。じつは『ナウシカ』を作る時、僕は宮崎駿という監督に映画の興行収入その他のものも含めて利益配分があるように契約書を作っておいた。それは僕が出版社にいたのが大きくて、監督の権利は発生させたほうがいいと合理的に考えたから。それまでのアニメ監督の収入というのは、給料だけでした。要するに会社に所属して映画を監督する場合、「職務著作」として著作権は会社に帰属してしまう。たとえば宮さんの『カリオストロの城』も職務著作かどうか、意見の分かれる作品です。要するに映画というのは作るのにお金と人間が必要だから個人の著作になりにくく、著作権の中でも特別扱いなんです。だから、黒澤明も会社にいる間は職務著作で作っていたわけです。でも、僕は出版社の人間だったので著作物に対する敬意があり、それは守りたかった。作った人がどういう扱いをされているかも知っていたので、ちょっと勉強して、この機会に監督個人の著作権を発生させることにしてあったんです。

その結果、今まで地道にやってきた宮さんはこれまで見たこともないような金額を手にして、びっくりして言うんです。

「鈴木さん、どうしよう？　そりゃ僕だって欲しいものはいろいろある。ボロ家に住んでるからいい家に住んでみたい。好きな車も買いたい。しかし、そんなことをしたら世間から何を言われるかわからない。後ろ指を指される。ここは、見栄と意地を張ってもう少し意味のあることに使いたい」

それで宮さんは、高畑さんのドキュメンタリーにお金を注ぎ込むことになるんです。「高畑勲と宮崎駿が立場を替えてもう一つの『ナウシカ』を作る」と僕は考えました。ちゃんと作れば、お客さんが来ると思ったんです。実写ははじめてでしたが、高畑さんという人はいろいろなことを知っていたのでしょう。柳川に部屋を借りて、スタッフとそこに寝泊まりして延々と作り始めます。僕も何度も訪ねたし、宮崎さんは甥や姪を全員引き連れて行ったりしていました。柳川はのどかないいところなんです。徳間書店に勤務する僕は建前上直接関われないので、宮崎駿の学生時代の友人であった久保進さんをプロデューサーに『柳川堀割物語』のプロジェクトは進みます。ところが、間もなくお金が足りなくなってしまい、宮さんが僕のところに相談にきました。

「時間もお金も費やしたけどまだできない。僕の家はボロ家だけれど、家を抵当に入れてまで映画を作ろうとは思わない。鈴木さん、何か知恵はないものだろうか」

僕は即答しました。

「大変だけどもう一本映画を作りませんか。そうすりゃ、なんとかなりますから」

となると、決断が早いのが宮さんの特徴。その場でわずか五分で、『天空の城ラピュタ』の内容を全部喋ったんです。パズー、シータ、ムスカ、『ガリヴァー旅行記』、飛行石をめぐる謎……タイトルだけが『少年パズー 飛行石の謎』と違っていましたが、「鈴木さん、これならなんとかなるよ」と言うんです。僕は、びっくりして「ずっと考えてたんですか？」と聞くと、「ううん小学校の時に考えた。数学でシータって習ったでしょう。あれ見た時に、名前はシータにしようとか考えたから、今スラスラ出てくるんだよ」って。『ナウシカ』は、観客の年齢層が想定以上に上で、宮崎さんも「もう少し下の男の子に見せたい。男の子が活躍する作品をやりたい」と言っていたので、二人で「それならこれでいこう」という結論になりました。そこで、僕は「プロデューサーは高畑さんにしましょう」と言って、高畑さんに頼みに行きました。ロケ先の柳川から東京に戻ってきた高畑さんと深夜、石神井公園を歩きながら交わした言葉は忘れられません。

「『ラピュタ』のプロデューサーやってください。僕も高畑さんについて『ナウシカ』でプロデューサーとは何かってことを多少勉強したので、実質は僕がやります。高畑さんは『柳川』に専念してもらっていいです。何か問題が起きたら相談に行きます。『ラピュタ』を作ることで、『柳川』の足りない制作費もなんとかなると思うんです」

「ああ、すみません。このあたりには立派な家がいろいろありますね。僕がこの映画を作らなきゃ、宮さんだってこういう立派な家に住めたのに」

よく言うよと思いましたが（笑）、こうして始まったのが『ラピュタ』です。

難航したスタジオの場所探し

徳間書店は『ナウシカ』が成功していましたから、すぐにOKを出しました。頭を痛めたのは、またも「どこで作るか」です。『ナウシカ』を作ったトップクラフトはスタッフがやめてしまって、名前は残っても人がいないという状態でした。それで『ナウシカ』の時にも回った会社を高畑さんと僕とでもう一回りしたんです。でも、どこも引き受けてくれない。やっと日本アニメだけは引き受けてくれたんですが、その代わり新しくスタジオを建てると言い出した。

それを聞いた高畑さんは「これは新しい会社を発足させるしかない」と言って、スタジオを作るためにはどれぐらいの費用が必要か、机一個がいくらするかに至るまで、パッパッと計算してみせたんです。高畑さんは事務能力もすごくある人で、『ナウシカ』の時に彼が作った予算書というのは完璧でした。それまでみんな杜撰にやってきた業界で、高畑さんは非常にきちんとしてるんです。その信頼があったので、僕はすぐ話にのりました。そこで問題になったのは、誰をスタジオの責任者にするか、でした。

「雑誌作ってるから、鈴木さんというわけにもいかないだろう。誰かいい人はいないか」

僕は、いろいろな人に当りました。でも、残念ながら、スタジオの責任者なんか誰も引き受けてくれない。だってアニメーション界では高畑勲と宮崎駿の二人は有名で、「いいものは作るけれど、二人が去った後はペンペン草も生えない」と敬遠されていましたから。高畑さんに「見つからない」と報告したら、「トップクラフトの原（徹）さんがいるじゃないか。原さんにやってもらおう」と言われて、二人で原徹さんを説得したわけです。あの人は、本当にいい人でした。引き受けてくれるんです。後で、「あそこで俺の人生は狂った」と言っていましたが（笑）。

次はスタジオの場所探しです。高畑さんはプロデューサーを引き受けた以上ただ名前だけではなく、ちゃんと宮さんのことを考えて物事を運んでいくんです。宮さんが中央線沿いを希望したので、宮さんが自宅の所沢から車で何分で来られるかを計算して高円寺から吉祥寺の間にしようと決めた。そして、高畑さん原さんと僕の三人で高円寺から阿佐ヶ谷と順番に駅を降りて、不動産屋を回りました。ところがなかなか見つからないんですね。

不動産屋にヘンな目で見られるんですよ。考えてみれば、スーツを着たのは原さん一人で、僕も高畑さんも小汚いジャンパー姿。そりゃ、いかがわしい。「どうしていいところが見つからないんだ」と嘆く高畑さんに、僕が「高畑さんが悪い。いい年してその格好はない」と冗談めかして話したら、高畑さんは翌日ジャケットを着て来た。そしたら、その日に吉祥寺でいい物件が見つかりました（笑）。

ただ吉祥寺のビルの中にあったその事務所は既にお手つきで、他に借りたいという会社があったんです。その会社が大きな会社で、決裁が降りるまで時間がかかっていたようで、不動産屋に「向こうの返事が明後日にくる。明日までに決めて欲しい」と言われました。ところが、保証金が高くてね。僕らは保証金は一千万円と考えていたんだけれど、三千万を提示された。僕は一晩考えて、次の日一人で不動産屋に行って「三千万円は出せないけど、千八百万ならなんとかする」と、当てずっぽうで言ったんです。千五百万じゃダメだろうと思って、三百万をくっつけたんですね。そしたら向こうは「じゃあ、それで」って。会社には事後報告でしたが、めでたく事務所が決まったんです。

事務所が見つかった頃、宮崎さんから『ラピュタ』の構想を聞いた高畑さんが、「イギリスのウェールズの渓谷を、二人で取材しに行こう」と提案します。ところが、ちょうど

『柳川』の撮影とぶつかって、高畑さんが行けないことになってしまった。宮さんは、そういう時になると結構小心者で、「俺、一人じゃ嫌だよ」と言い出すんです。しょうがないから高畑さんと僕が説得して、出発当日までまだブツブツ言ってる宮さんを「二馬力」まで車で迎えに行き、成田まで送っていきました。いったん旅立ってしまえば宮崎駿は真面目な人だから、収穫がなきゃいけないと、朝早くに起きて、スケッチして回ったようです。日本に帰ってから、それを基に絵コンテを描きはじめるんですが、あの時の旅が随分と作品に反映されています。『ラピュタ』が上映された後に、僕らも渓谷を訪ねました。

スタジオの名前をめぐってはいろいろな案があったのですが、宮崎駿が決めました。

「イタリアの軍用偵察機にジブリっていうのがある。スタジオジブリがいい」

と、みんなにアルファベットで書いて見せたんです。外国語に強い高畑さんが「宮さん、これ、正確にはギブリって発音するんじゃないか」と抗議したんですが、宮崎さんは「いや、俺のイタリア人の友達がジ、ブ、リだと言ってる」と言い張り、世にも珍しい名前のスタジオが誕生するんです。後にギブリが正しいと判明し、世界の人たちはみな「スタジオギブリ」と呼ぶのですが、後の祭りでした。

さて、スタジオジブリという会社を発足させるにあたっては、本当に困りました。会社なんてどうして作ってていいのか。誰かが作ってくれると思っていたのに、徳間の総務に行くと「お前が作るんだろう。勝手に作れ」と冷たく突き放された。まだスタジオの責任者が原さんに決まる前だったので、どうしようもなくて、『株式会社の作り方』という本を千円ぐらいで買ってなんとか計画を立てました。

そしたらしばらくして総務が、「休眠会社があるからそれを使え」と言ってきた。『天平の甍』という映画を作った時の「甍企画」。その会社の中味を覗いてみたら三千六百万円くらいの借金が残っていた。最初から借金を背負うのかと頭にきましたが、仕方がない、それをゼロにする努力を覚悟で「スタジオジブリ」はスタートしました。

作品作りにおいては、要所要所で高畑さんが来て、いろんな話し合いをしました。『ラピュタ』では、そんなことをしたことのない宮さんが珍しくシナリオを書いたんです。余談ですが、最初は、コナンが銛を持っていたように、パズーもずっとトランペットを持ちながら冒険をしていく設定になっていました。ところが途中からトランペットがなくなる。「あれ、トランペットは?」と聞くと、宮崎さんは「あれ、面倒くさいんだ」。

シナリオに話を戻しますと、それを読んだ僕と高畑さんの意見は同じでした。喫茶店で感想を述べあったんですが「話の構造がムスカの野望と挫折になっているよね。これでいいのかな？」ということ。パズーをもっと主人公らしくしたほうがいいと考えました。パズーの年齢をもう少し上にすればキャラクターに陰影が出て、ムスカの野望と挫折は少し後ろに引っ込むんじゃないか、と。そしてそのことを、宮さんに言いに行きました。僕一人でした。そうしたら宮崎さんが怒ったんです。

「小学生に見せる映画だ。年齢を上げたら元も子もない！」

もうしょうがないと思い、そこから『ラピュタ』は出発しました。だから物語は、最初のシナリオ通りです。ただ、僕が「ムスカの野望と挫折の物語だ」と指摘した時、宮さんはちょっと困った顔をした。宮崎駿はムスカが好きなんです。『コナン』で言うと、レプカ。ああいう人に思い入れがあって、自己投影しているんですね。ドーラは、『ラピュタ』の制作中に亡くなった宮崎さんのお母さんですし。でも、キャラクターに自己や母親を投影してるなんて、本人にしたら恥ずかしいことで、人には言われたくなかったんでしょう。僕がシナリオに注文をつけた時に宮さんがムキになった本当の理由は、そこにあると思う。シナリオから絵コンテをおこしていく過程で、宮崎駿の中にはパズーとシータをもう少し前に出そうという意識が働いたのではという気がしました。

この作品での、プロデューサー高畑勲も凄かったです。『ナウシカ』の時ですら予算は他のアニメーション作品より高かったのに、『ラピュタ』では、高畑さんが『『ナウシカ』の倍にしよう。それだけあれば時間に余裕もできるからなんとかなるだろう」といきなり言い出したんです。英断でしたね。

もう一つは音楽です。『ラピュタ』で一番悩んだのは音楽で、この冒険活劇の音楽を誰に作ってもらうのか。宮さんは、音楽は高畑さんに任せきり。高畑さんは最初、宇崎竜童さんがいいと言い出して、僕ら二人で赤坂の事務所に頼みに行きました。でも、打ち合わせが終わっての帰り道。高畑さんが言うんです。「もう一回、久石さんの起用はあるんじゃないかな」。高畑さんのカンなんでしょう。言い出したら聞かない人ですから、僕はその場で久石譲さんに電話をかけて、二人で六本木の久石事務所に直行しました。それで久石さんが引き受けてくれて、『ラピュタ』は完成に向かうわけです。

当時、僕は徳間書店の『アニメージュ』の副編集長でした。昼はジブリで働き、夕方から新橋にあった会社に戻って編集の仕事をするという毎日。ジブリでは何の肩書もなく、ジブリの仕事で人に会う時は困りもしたけど、まあ、面白かったからそんなことは関係ありませんでした。編集部での立場はだんだん危うくなっていたとしても、宮崎、高畑という二人と一緒にいるのは楽しかった。ジブリが面白かったんです。

となりのトトロ

二本立て制作から生まれた奇跡

『ラピュタ』が終わって、次をやることになりました。『ナウシカ』が深刻な話になり、観る人の年齢層が上がったために、少年を主人公にして、本来の漫画映画の楽しさを伝えたいと〝血湧き肉躍る冒険活劇〟『ラピュタ』を作ったわけですが、じつはその時、僕は活劇に飽きていたんです。いえ、企画としては面白かったんですが、とにかく『ナウシカ』は作るのに夢中だったのに比して、『ラピュタ』は映画作りとしては二度目。僕はもともと飽きっぽいのでしょう。そうすると違うことをやりたくなるんです。

それで、非常に気になっていた企画に目をつけました。宮崎駿が長年温めていて、二〜三枚絵も描いていた『となりのトトロ』です。昭和三十年代の日本が舞台で、オバケと子供の交流を描く話です。これなら新しい気持ちで取り組めるんじゃないかと思って、「これを次やりませんか？」と宮さんに提案してみたんです。

となりのトトロ

最初に『トトロ』を作ろうと言った時、宮さんの頭にある監督は自分じゃなく、高畑勲さんでした。「監督は俺じゃないよ。鈴木さん、高畑さんを説得してよ」と言われたので、当時、阿佐ヶ谷にあった宮崎駿の事務所「二馬力」に高畑さんを連れて行きました。僕が間に入って説得するよりも本人同士しゃべってもらったほうがいいと思ったんです。宮さんは懸命に高畑さんを説得していました。

「こういう企画がある。僕はキャラクターは考えたけれど、ストーリーも考えてなければどういう映画にするかも何も決めてないんだ。だから高畑さんが中心になってやってよ。こういうのをやらせたら高畑さんのほうが俺より絶対うまいはずだから」

ところが高畑さんが首を縦に振

らなくて、宮さんも諦めざるを得なかった。その帰り道、高畑さんと二人で、阿佐ヶ谷の駅まで十五分ぐらい歩く途中でお茶を飲んだんです。僕は言いました。「久し振りにふたりのコンビが復活すれば面白いと思いました」と。ところが高畑さんはこう言いました。「今回の企画は原作が宮崎駿で、僕が監督。そして絵を描くのは宮さんになる。要は監督の僕はサンドイッチになるってことですよね。僕にとってはつらい企画になる」。

そういう考えもあるのかと、勉強になりましたよね。それで『トトロ』を高畑さんで作るという案は消えるんです。でも、僕は企画そのものに対しては簡単に考えていて、みんなが賛成してくれると思っていた。そうしたら徳間書店の当時の副社長だった、山下辰巳さんが「もう少しなんとかならないのかな」と難色を示すんです。

あのトトロのキャラクターは、その時点を遡る十年前にも、日本テレビのスペシャル案として宮さんが提案してるんですが、通らなかった。じつは宮さんのキャラクターというのは押し出しが強くないので、最初キャラクターだけを見て、「いい」と言う人はなかなかいないんです。つまり、宮崎駿のキャラクターというのは〝動いて〟初めて魅力がわかる。だから僕が「オバケと子供たちの交流を描く。舞台は昭和三十年代だ」といくら説いても、なかなか身を乗り出す人がいなくて、徳間書店もそうだったんです。僕としては困りました。『ラピュタ』が上映されたあとで、宮さんと高畑さんと僕、そして山下さんと尾形英夫という僕の上司も含めて、みんなで銀座で食事をしたんです。その席で、「次もぜひやってもらいたい」という話になった時、『トトロ』の話が出ました。そしたら山下さんが率直におっしゃったんです。

『『トトロ』という企画はなかなか難しい。やっぱり『風の谷のナウシカ』とか『天空の城ラピュタ』とか、外国語の名前のついたものをお客さんは期待するんじゃないか」

その言葉を受け止め、見事に返したのが高畑さんでした。あらかじめ僕は、『トトロ』を次やりたいが山下さんに反対されていることを、高畑さんには伝えてありました。

「山下副社長がおっしゃったことは宮崎アニメのファンを代表した意見だろう。外国語の名前というのは山下さん独特の言い方で、それはいわゆる活劇のファンタジーという意味でしょう。たしかにお客さんはそれを望んでいる」。そして、高畑さんはこう続けました。

「だとしたら、宮さんが作りたがっている『トトロ』みたいな作品はいつ作れるんですかね?」。うまい言い方ですよね。そしたら山下さんがちょっとたじろいで言うんです。

「高畑さんがおっしゃることはよくわかる。じゃあビデオで作りませんか?」

映画というのは、企画によっては何億円という赤字が出ます。冒険活劇ファンタジーだったらある程度数字が見えるけれど、『トトロ』は一本立てでやると、うまくいかないかもしれない。しかも赤字は数億円を予想されるという作品だったのです。それは、みんな、わかっていた。それで山下さんに「ビデオ」と言われたわけですが、悔しいじゃないですか。そこで初めて僕は燃えました。

二本立てでいく

僕の頭に浮かんだのは、『トトロ』一本じゃダメなら高畑さんにも作ってもらって二本立てにすればいいんじゃないかというアイデアでした。当時の僕の上司で元『アニメージュ』編集長の尾形英夫は非常に優秀なプロデューサーでしたから、そうなった途端に、「高畑さん、ぜひ作ってもらいたいものがある。自分の子供時代は戦争中で大変だったけど、戦後、大人がみんな自信を失っている時に子供たちだけは元気だった。そういう映画を作ってもらえませんかね」と言うんです。

僕は、尾形さんというのはすごい人だなと思いました。高畑さんも「それは面白いかもしれない」と答えるわけですよ。「じゃあ、あとは敏夫君頼むな」と尾形さんにあとを任された僕と高畑さんは、企画は何にしようかと話し合います。高畑さんという人は、そういう時になかなかすぐには反応しない人なんですけど、この時ばかりは眼の色を変えて、「それは面白いかもしれない」と食いついてきた。その後、高畑さんと僕とで、何か原作になるものはないかと探すことになり、高畑さんが見つけてきたのが、『日本を走った少年たち』（村上早人）という東京の戦災孤児を扱った本でした。すぐに映画化の検討をしたのですが、結論としては、「映画にするのは難しい」となった。いわば『火垂るの墓』の前に、幻の原作本があったわけですが、この本の帯に推薦文を寄せていたのが野坂昭如さんだったんです。

じつは僕自身、野坂さんの「火垂るの墓」は大好きな作品でした。というのも僕が十八歳で上京したのが一九六七年で、「火垂るの墓」が『オール讀物』に掲載されたのが、まさにこの年の秋。僕は、将来、映画に関わるような仕事ができたら、という夢を漠然と持っていて、いつか「火垂るの墓」を映画にしたいと夢想していたんです。ただし戦後、子供たちが元気になるというのではなく、死んでしまう話なので、「企画の趣旨が違っちゃうかもしれないけど、高畑さん『火垂るの墓』って知ってます？」と聞くと、高畑さんは未読でしたが、いろんなものに広く目を通している人なのでだいたいの内容は知っていた。「読んでみる」と言ってくれて、読んですぐ「面白い」と言ってくれました。

しかし、企画は決まったもののこの二本立ての案は、当時ジブリの現場の責任者だった原徹さんに、「一度に二本作るなんていうのは無茶だ。東映動画だってそんなことやったことはない。どうやって作るつもりなんだ」と言われました。当時は、今もそうですが、アニメーションがやれる人はそんなにいなくて、人の取り合いになることは目に見えているということですね。でも、僕は、それぞれが六十分位の中編になるはずだから何とかなるんじゃないかと思っていました。

この二本案を山下副社長のところに持っていったところ、こっぴどく怒られました。『『トトロ』でオバケ、オバケなんて言いやがって、今度は墓か。オバケに墓とはなんだ！』。そんな矢先、僕の同僚の亀山修の友人で、新潮社の出版部長をしていた初見國興さんと知り合いになるんです。この人は僕の家に本を集めた部屋があることを知っていて、ある日、そこを見たいと言ってきた。でもそれは表向きの理由で、初見さんには別の本当の目的があったんです。

「(新潮社の)社長がアニメか漫画をやりたがっている。それをやめさせたいけれど、僕はアニメのことはわからない。その知識を手に入れたい。ついては鈴木さんの家で話したい、ほかの人に聞かれるのが嫌だから」

こう相談をもちかけられて僕はしめたと思いました。『火垂るの墓』の出版元は新潮社です。徳間書店が『トトロ』を作って、新潮社が『火垂るの墓』を作り、この二本を同時公開という形にすれば、これは様相がすべて変わるんじゃないかなという考えが頭に浮かんだ。そこでまずは初見さんの説得です。当初、初見さんは難色を示したのですけれども、なんとか協力体制を作ってくれた。その後、プロジェクトチームに今の新潮社社長の佐藤隆信さんなども入ってきてやることになるんです。

一方、今度は徳間のほうです。これには悩みました。徳間と新潮社が一緒にやるといっても、そんなに簡単には事が運ばないだろうなということはわかっていました。そこで、また考えたんです。新潮社と比較して徳間書店の歴史は浅い、社長の徳間康快は新潮社にコンプレックスを持っているだろう、だから新潮社の社長が徳間康快に連絡をすれば一発で決まるんじゃないかな、と。それで新潮社の社長に頼みに行くと、ＯＫしてくれましてね。新潮社の社長が徳間康快に電話してくれて、あとはトントン拍子となるんです。

ところが、またも興行の問題が立ちふさがります。この二本の企画を、徳間康快と山下副社長が、『ナウシカ』、『ラピュタ』を上映した東映に持ち込んだんです。するとあっさりと、「東映のカラーに合わない」と言って断られた。実際はそうじゃないんですよ。これじゃ金にならないってことです（笑）。徳間社長と山下さんは次に東宝に持っていくんですが、そこでも断られるんです。みなさん、おっしゃるのは、「オバケとお墓ではダメだ」ということです。考えてみれば、日本映画で、墓というのがタイトルについている映画は極めて少ない。例外的に『八つ墓村』がありますが、あれはミステリーです。『野菊の墓』も、映画では『野菊の如き君なりき』というタイトルになりました。そのぐらい映画界は、墓という言葉に神経質になっていました。そりゃあ、そうですよね。やってうまくいかない時は何億もの赤字が出るんですから。

しかし、こちらとしては、東映にも東宝にもダメと言われればもう何も作れないことになってしまう。やっと決まったと思って喜んでいたら、そういうことが起きて落胆するわけです。そしたら徳間康快が東宝へ乗り込むんです。この時ほど徳間康快に感謝したことはありません。当時、夏でしたが、徳間康快にしてみれば新潮社の社長に頼まれたっていう経緯があるでしょう。何がなんでも決めなきゃ顔が立たないわけです。東宝が「いや、この作品二本じゃなかなか難しい」と抵抗すると、彼は言ったんですね。「わかった、じゃあ『敦煌《とんこう》』を東映に持っていく」。その頃、徳間は東宝と一緒に『敦煌』という超大作映画をやることになっていたから、それを楯に、脅したんですよ（笑）。

慌てた東宝は公開を約束しました。ただし、公開日は四月十六日。それまでアニメーションの公開といえば春休みか夏休みか、ゴールデンウィークに限られていた。決まったはいいけれども、最初から大苦戦が予想される日程でした。でも、宮崎駿も高畑勲も僕も、そんなことは考えずに、ただ作りたいものが作れる喜びでいっぱいでした。

八十八分対八十六分の争い

二本作るということは、もうひとつスペースが必要だということで、吉祥寺にあったジブリのスタジオの近くにもう一軒スタジオを借りることになりました。スタジオ探しについては苦労はありませんでした。今まであったところを高畑さんが使って、宮さんは新しいところを使うとすぐに決まった。宮さんは新しいところが好きだから（笑）。

大変だったのは、スタッフでした。「スタート」と言ったその日のうちに、これまでのスタッフの主要どころは、宮さんが全部押さえた。早いですよね。ああいうところ、宮崎駿というのはすごかった。

そのとき、作画の近藤喜文《よしふみ》を、宮さんと高畑さんが取り合うということが起きてしまうのです。

宮さんは、当時、林明子さんという絵本作家が描いた『はじめてのおつかい』を見て感動するんです。四歳くらいの女の子って、歩く時に真っ直ぐ立って歩かなくて、必ず前のめりか、うしろにそっくり返って歩く。そのことを表現したのが林明子さんでした。宮さんは自分が絵描きだから、やっぱりそういうところを発見して、動きをつけたアニメーションをやってみたくなる。でも、自分が今までやってきたアニメーションはそうじゃない。じゃあ、リアリズムの表現は誰が得意かと考えて、近藤喜文に目をつけるわけです。当時、近藤さんはまだジブリにいませんから、宮さんは彼を説得に行くんです。

一方、高畑さんです。僕が「絵描きはどうします?」と聞いたら「近ちゃんがいい」。つまり宮さんと指名がダブってしまった。この調整がなかなかうまくいかなかったんです。僕は、どっちが近藤さんとやるのがいいのかわからず、近ちゃんとは会いませんでした。生半可な気持ちで会っても首を縦に振らないだろうと思ったからです。

この時面白かったのが、宮崎、高畑、二人の対比です。宮さんは何度も足を運んで近ちゃんを説得する。しかし高畑さんは動かない。僕が「宮さん、説得に行ってますよ。高畑さんは説得しないんですか?」と言っても、「それはプロデューサー側で決めてもらえばいい」と言うだけ。宮さんが親切に高畑さんのところに行って、「作画監督はこの人がいいよ」といろんな人の名前を出して推薦しても、高畑さんはそれに一切関心を示さない。とうとうある日、高畑さんに聞きました。「近藤さんがやってくれなかったら『火垂るの墓』って企画はどうなるんですか？」。高畑さんは「できないってことですよ」と簡単に言いました。ここまで積み上げてきたのに、この段階でそういうことを平然と言うのかと驚きましたね。

僕が決断したのはその時でした。宮さんは自分で描けばいい、と。

僕は近ちゃんのところに行って、まず素直に聞きました。「ホントはどっちがやりたいですか？」。返ってきたのは「両方ともやりたい」。「どっちか選んでくださいよ」と頼むと、「僕は選べない。どっちを選んでも恨みを買うから。鈴木さんが決めてくれ、それに僕は従う。僕は誰にも恨まれたくないから」と言う。そこで僕は、「だったら『火垂るの墓』やってよ」とお願いして、その足で宮さんのところに行きました。

勘のいい宮さんは事態を察していて、怒って、その場で「やめる」と言いました。「明日から、腱鞘炎だって言って入院します。近ちゃんを取られた悔しさだとかなんとか人に言われるのが嫌だから、明日から入院する。これで『火垂る』も作れないでしょ」

面白い人なんです。僕はそういう時は抵抗しないで、怒らせるだけ怒らせておいて、宮さんが「帰る」というまで話を聞くだけ。編集者というのは、そういうものです。とにかく怒っているんだから、徹底的に怒らせるしかないと腹を括っていました。

そうすると次の日の朝、八時ぐらいに宮さんから電話がかかってきて、いきなり「近ちゃんのこと、殴った」と言うのでビックリしました。よくよく聞いてみたらそれは夢の話なのですが、「気が済んだからやる」と。それが『トトロ』のスタートでした。

宮さんという人は、高畑さんに対する思いが、愛したり憎んだりの二律背反なんです。やり始めてからもいろんなことがありましたけれど、一番困ったのは、六十分ずつのはずの作品が六十分ずつじゃなくなったこと。最初にそのルールを破るのは、当然、高畑さんです。八十八分になる。時間のことはちゃんと言ってあったのに、高畑さんにとっては関係ないんです。そしたら宮さんだって気になるじゃないですか。「高畑さんはどのくらいになりそうなの？」と聞いてくるんです。「ちょっと長くなりそうですね」。「六十分じゃないでしょ？」。「そうですね、八十分ぐらいですかね」。

このことが『となりのトトロ』に大きな影響を与えることになりました。『となりのトトロ』は本来、女の子とオバケの交流で、その女の子は一人だったんですが、高畑さんへの対抗心に燃えた宮さんは「映画を長くするいい方法はないかな」と言い出して、それで一人の女の子を姉妹にすることを自ら思いつくんです。サツキとメイは、宮崎駿の負けず嫌いの性格から誕生したのです。

いよいよ映画を作って、ポスターを描かなければいけないとなりました。もともとバス停でトトロと女の子が立っている絵があったんですけど、その時は姉妹でなくて一人でした。そこで宮さんはトトロの隣にサツキとメイの二人を立たせた構図に変更しようとしたのですが描いてみるとなかなか、うまくいかない。それで、女の子は、メイとサツキの合体になりました。あのポスターの絵をよく見ていただくとわかるんですけど、ヘアスタイル、背の高さ、着ている洋服は、サツキとメイを合わせたもの。メイちゃんでもないしサツキでもない。宮さん、そういうセンスは、ほんとうに面白いです。

宮崎駿の高畑勲への思いを表すエピソードをあげると枚挙にいとまがありません。『火垂る』の制作は遅れに遅れていきました。当初八カ月用意していた作画期間が大幅に延び、それに伴って製作費も膨らんでいくんですが、高畑作品八十八分に対して、宮崎駿は八十六分で作るんです。「二分でも短けりゃ誉められるだろ」と。あれは、どういう意味だったんでしょうね。いまだにわかりません（笑）。宮さんって、基本的にはとてもいい人なんです。情が厚くて、お節介で。自分のほうも大変なのに、毎日『火垂るの墓』の過酷なスケジュールを正確につかんでいた。毎日毎日、そちらの制作を呼んでは調べていたようです。それで家に帰っても『火垂るの墓』の話ばかりするので、ある日、奥さんに「あなた『火垂るの墓』の話ばっかりしてるけど、いったい会社で何やってるの」と怒られたという宮さんらしいエピソードも残っています。

僕は、『ナウシカ』『ラピュタ』の時は、朝から夕方の六時まではジブリで過ごして、六時からは新橋の編集部に戻って仕事をしようと心がけていました。当時は『アニメージュ』の編集長でしたから、なにしろ雑誌を作らなきゃいけない。月刊雑誌『アニメージュ』十二冊だけではなく、増刊その他もありました。ところが二本の映画を同時に作るということは、とられる時間が九時から六時では終わらなくなっていくんです。深夜零時ぐらいまで吉祥寺にいることになり、そこから一時間かけて新橋に戻って、夜中から雑誌作りにとりかかる。僕には雑誌のスタッフもいて、そちらもアルバイトを含めるとだいたい恒常的に約六十人ぐらいいました。当時の『アニメージュ』は二十四時間体制で、朝の七時に大日本印刷が原稿をとりに来るので、それまでに作らなきゃいけない。

例えば、昼間ジブリにいると編集部から、誰かが相談にくる。「この人に取材したいがどうか」とか。そうすると、僕は「ダメだ。この忙しい時にできるわけないだろ！」と言うんですよ。ところが、深夜編集部に戻ってくると、「あの件、なんで取材してないんだ?」と逆のことを言い出す。「だって、編集長が昼間にダメだと仰ったじゃないですか」と言われても、本当に覚えてない。「そういえば、オレ、そう言ったなあ」と思い出すのは、翌日、ジブリの現場に行ってから(笑)。完全に二重人格になってましたね。

そういう状況の中で『火垂る』が大変なことになってくると、最初のうちは『トトロ』と『火垂る』を等分に扱っていたのに、『火垂る』の打ち合わせが増えていくんですね。そうすると、宮さんは僕が夜一時ぐらいに新橋に帰る頃を見計らって会社に電話してくるんです。「打ち合わせしたい」って(笑)。僕は、午前一時からもう一回吉祥寺に帰らなければいけないわけです。打ち合わせといっても、たいした打ち合わせじゃないんですよ、無理やり呼びつける理由を作っているんですから。クレジットをどういう順番にするかとか。腹が立ちましたけど、真意は、要するにこちらにも気を遣えということです。それが三日三晩続いて、以後はちゃんと『トトロ』のほうも行って、それから『火垂る』に行きました(笑)。

僕の時間はいよいよなくなっていきました。でも、僕はただシャワー浴びて出て行くだけでも、必ず家に帰っていました。よく電車の中で寝ていましたが、それでも面白かったので、なんともなかった。ただ『アニメージュ』の編集スタッフには迷惑をかけてしまいましたが。

幸せをもたらした作品

それまでの作品では、音楽は高畑勲に任せておけばよかったんですが、今回はそうはいきません。宮崎駿は『トトロ』ではじめて自分で音楽を手がけることになりました。どうしても制作が大幅に遅れている『火垂る』に時間を割くことが多かった僕も、『トトロ』の音楽については頑張りました。

宮さんと、『となりのトトロ』の主題歌をどうしようか、誰に詞を書いてもらうかを話している時に、二人で同時に同じ人の名前が口をついて出たんです。僕と宮さんの関係においてはそういうことが多々あるのですが、同時に「中川李枝子さん」と言ってるんですよ。『いやいやえん』の書き手です。僕が中川李枝子さんにそれを頼みに行きました。

ところが、そんな簡単にはOKはもらえませんでした。僕は知らなかったんですけど、『いやいやえん』という絵本は大ベストセラーで、何百万部というものすごい数が出ている。当然のごとく、この本を映画化したいと大勢の人が中川さんのもとを訪れるのですが、それを全部断ってきた人です。生半可な人じゃないわけです。彼女を説得するのには、ちょっと時間がかかりましたね。それでも何とか彼女が了解してくれて、それであういう詞を書いてくれて、これはほんとうにありがたかったです。最後のほうは親しくなって、『火垂るの墓』で困ってるんですよ」と言うと相談に乗ってくれたりしました。

ところが、です。そうして中川さんがようやく書いてくださった詞なのに、今度は、作曲家の久石譲さんに拒否されるんです。

まだ『トトロ』の中味も決まっていない時に、ぼくと宮さんの二人で子供が歌える歌が欲しいと、久石譲さんに相談に行ったことがありました。久石さんは「わかりました、チャレンジしてみます」と言ってくれたけれど、久石さんだって子供の歌なんてやったことない。有線で子供の曲を聴いて勉強したりいろんなことをやってくれたのですが、なかなか曲ができなくてね。そうしている間に中川さんの詞ができるんです。ところが、久石さんのほうは行き詰まってイライラしてるから、その詞を読んで、「詞先行で曲なんか書けない」と言い出すわけです。中川さんのことを久石さんもあんまりご存知じゃなかったこともありました。

紆余曲折がありましたが、僕が、当時坂本龍一さんと矢野顕子さんご夫婦がコンサートに招くぐらい中川さんのファンだという話をして、中川さんのことを説明すると、久石さんは俄然興味をもってくれるようになり、助かりました（笑）。そうして生まれたのが『さんぽ』をはじめとする、あの名曲です。久石さんはどうやって子供の曲を作ったらいいかを摑んだら、あとは一気でした。でき上がった曲に対して宮さんも喜ぶという幸せな状態が生まれ、それらの歌は後に全国の子供たちが合唱する歌になっていきました。

とにかく僕らが作りたくて作った『トトロ』の興行成績は、全然よくありませんでした。第一次興行というのを六週間やったところ、来たお客さんは四十五万人。これがどういう数字か、なかなかピンとこないでしょうけれど、『千と千尋の神隠し』は初日で四十二万人を集めました。つまり、『トトロ』の第一次興行四十五万人という数字は大赤字、それこそ数億円の赤字だったわけです。当初みなさんが予想した通りの結果になってしまった。だからその時は、まさか後々、『トトロ』のおかげでみんなが幸せになるとは思ってもみませんでしたね。

実は宮崎駿が『トトロ』を作り出した時、最初の絵コンテでは、映画の冒頭からトトロが登場していました。宮さんというのはサービス精神が旺盛な人で、お客さんを喜ばせなきゃいけないという気持ちが強くて、それを実現しようとする人なんです。ところが僕は、それはいくらなんでも違うんじゃないかなと思って、宮さんと真面目に話して、トトロ登場は真ん中になるんです。その時、宮さんが自分自身を納得させたのは、「もう一本あるからいいか」という気持ちでした。実際、僕も宮さんにそう言いましたし。要するに高畑さんがもう一本やってくれているから、サービスは少し減らしてもいいのかなということですね。それで『トトロ』は静かに始まることになりました。

『トトロ』が一本立てだったら、全然違ったものになっていたでしょう。宮さんは『ナウシカ』にしろ『ラピュタ』にしろ、そしてその後に続く作品も、いつも苦しみながら作ってきましたが、『トトロ』に限っては終始鼻歌を歌いながら作った映画です。そうして作ったものだからこそ、後にさまざまな映画賞をとり、テレビで放映したらすごい視聴率をとり、映画公開の二年後ぐらいに世の中に出したトトロのぬいぐるみが大人気になったのかもしれない。出版物、グッズやテレビ放映、ビデオなど、『トトロ』がもたらす莫大な利益によって、ずいぶんとジブリは助かっているんです。そこで、スタジオジブリ作品のマークをトトロにすることにもなりました。

ジブリにとってその貢献は多大なるものがあります。将来、トトロ神社を作りたいと思ってるほどなんです。

火垂るの墓

暗がりで見せられたクーデター計画

『火垂るの墓』の話をするのは、じつは、しんどいんです。内容の重さもさることながら、公開にこぎつけるまでが、綱渡りの連続で、今思い出しても苦しくなるんです。

最初に問題となったのは、シナリオでした。

高畑さんにいわせると、映画は二種類あると。主人公への感情移入型とそうじゃない映画。宮崎駿の映画が前者。ナウシカをはじめ、『風立ちぬ』に至るまで、宮さんの作品は終始一貫、観客は、主人公の一挙手一投足に手に汗を握り、一喜一憂する。一方、高畑さんの作品づくりは後者。登場人物のすべてに距離を置く。高畑さんが当時、例として出してくれたのが『男はつらいよ』の渥美清扮するフーテンの寅さん。観客は、けっして、寅さんになりきって映画を楽しまない。寅さんという〝ヘンな人〟を客観的に見つめて楽しむ。いわば、知的エンターテインメントだと。なるほどと感心しつつ、じゃあ、『火垂るの墓』は、どうやってつくるのか？

火垂るの墓

というのも、原作は明らかに、野坂昭如さんの妹への贖罪意識が強く、そのままやれば、清太への感情移入映画になってしまう。「自己憐憫は描きたくない」。高畑さんのつぶやいたセリフを僕は、いまだに強烈に憶えているんです。高畑さんの書いたシナリオは、一見、原作通りでしたが、内容は、清太の語った妹節子の話になっていたんです。

野坂さんといえば、最初に原作を使用する許可をいただくために、ご自宅にうかがった時のことが強く印象に残っています。新潮社の初見さんに連れて行ってもらったんですが、お邪魔して、ご本人が起きてらっしゃるまで、しばらく待っていた覚えがあります。で、いざ起きてこられたら、いきなりビールを飲まれるわけです。それも尋常じゃない量。とにかくすごい飲みっぷりでしたね。

その後、野坂さんには、映画『火垂るの墓』に、「アニメ恐るべし」という一文をお寄せいただいたり、神戸にロケハンした際には自ら案内役を買っていただいたりもしました。

あと忘れちゃいけないのが、当時新潮社の入社二年目の新人だった村瀬拓男くん。現在、弁護士をやっていますが、彼が本当にがんばってくれた。彼の協力がなければ、この作品はできていないと思います。

「公開を延ばしてください」

『火垂る』の制作が遅れに遅れる中で、ついにはプロデューサーの原徹さんと高畑さんの間で話もできないほど険悪になり、このままでは決裂という状況に至ってしまいます。

要は高畑さんが原さんの言うことを、全然聞かないわけです。制作の終盤、高畑さんがいない時に、公開に間に合わせるべく、よかれと思って、原さんが指示してセル画に色を塗らせたことがあったんですが、これを高畑さんが全部ひっくり返してしまう。

すると宮さんがまた、野次馬というか、情に厚いというか、お節介というか、「鈴木さん、これは三人でちゃんと話し合ったほうがいいよ」と言うんです。確かにそうかな、というので、原さんと高畑さんと僕とで、吉祥寺の第一ホテルに部屋をとって、とにかく話し合おうということになった。それで、部屋に入って、いざ話そうとすると、突然、部屋の電話が鳴るんですね。出てみると、宮さんからで、「どう？」って言うんですよ（笑）。「どうって、まだ喋ってもいませんよ」と言って電話を切って、話し合いを始めたんですが、結論からいうと、やはり決裂してしまった。

話し合いの詳細ははっきりとは覚えていませんが、原さんは、九州のご出身で、いってみれば日本的な義理人情を大事にする人なんですが、高畑さんというのは、自分の作品の完成度を高めることがいちばん大事で、近代的な合理主義に貫かれている人ですから、背景にはそのあたりのスタンスの違いもありました。

そのうち新潮社内でも「新潮社の初めての映画が間に合わないとなれば、これはスキャンダルだ」という声が広がり始めます。それで当時、新潮社の役員だった新田敞《ひろし》さんから「僕もシバレン（柴田錬三郎）さんとか（松本）清張さんとか、いろんな作家とつきあってきたけど、あんな人は見たことない。何かいい知恵がないか」と相談を受けまして、僕は「かくなるうえは、この映画の最高責任者である佐藤亮一さんから、高畑さんにガツンと言ってもらうしかないんじゃないですか？」と言ったんです。すると新田さんに「佐藤がどう言ったら、もっとも有効ですか？」と訊かれたので、とっさの思いつきでこう言いました。「質を落とさないで間に合わせてほしい」。新田さんが、そのセリフを手帳に書きつけていらっしゃったのが印象に残っています。

それで、とにかくその時点までできているフィルムを新潮社に運び、社長に観せに行くことになりました。その当日の朝、僕が高畑さんと話していると、原さんが現れて、「ちょっと」と別室に手招きする。部屋に入るなり、原さんは僕に土下座をして九州弁でこう言うんです。

「ワシと高畑は今はダメじゃ。申し訳なかけど、鈴木さん、あんたがワシの名代として行ってくれんか」

ここまでされたら、僕も知らん顔はできませんから、原さんの代わりに高畑さんに同行することになりました。新潮社に向かう電車のなかで、高畑さんが「どうしよう」とブツブツ言うので、「高畑さん、ひとつだけ。多分、佐藤社長はこういうことを仰るはずです。どう答えるかはお任せします」とだけ伝えました。

いざ新潮社に着いて、まず佐藤社長と僕と高畑さんと三人で、その時点でできている映像を観ました。完成度としては七、八割くらいだったですかねえ、音も入ってない状態です。その後、話し合いになったところで、佐藤社長が「高畑さん、質を落とさないで間に合わせてください」と例のセリフを言うわけです。すると高畑さんは、こう答えたんです。

「公開を延ばしてください」

これには佐藤社長も絶句しました。僕にとっても、まったく想定外の返答でした。

とにかく高畑さんは「公開を延ばしてください」としか言わない。これに対して、佐藤社長は「私個人の問題ではない。会社としてやっていることなんで、みんなとも相談しないといけないが、（公開延期は）難しいと思う」と仰った。

まあ、早い話が、決裂です。僕個人は、このやりとりを見ながら、じつは一種の野次馬になっているんですね。当事者意識はもちろんあるんですが、高畑さんが何を言うか、それに佐藤社長がどう応じるのか、こういう見物は、目撃者としてちゃんと見ておかなくちゃ、という気持ちでした。余談になりますが、じつは映画が完成して大分経ってから、佐藤社長に「ウチ（新潮社）に来ないか」という有難いお誘いをいただいたんです。今だから言えますが、このときは僕も真剣に悩みましたね。

〝シロ〟のままで公開

なぜここまで遅くなるのか。僕が見る限り、高畑さんという人は、どこかで、映画がちゃんとできるなら、自分は死んだって構わないと思っている。だから怖いものはない。公開に「間に合う、間に合わない」についてはどう考えているのか、僕にはわかりません。『火垂る』の現場で、最初のころ、僕が驚いたのは、B29が神戸の街に空襲にやってくる場面がありますよね。すると高畑さんは、当時、B29がどちらの方向からやってくるのかを調べた上で、清太の家の玄関と庭の方角を考慮して、清太が見上げる顔の向きを決める。焼夷弾がどう爆発するかについても、どこで手に入れたんだか、使えなくなった焼夷弾を一個、現場に持ち込んでいた記憶があります。とにかく何を描くにしても、自分で納得するまで徹底的に調べ上げる。そりゃ、遅くなるよなという話なんですけどね（笑）。

『火垂るの墓』でもうひとつ鮮明に覚えているシーンがあります。間に合うか、間に合わないかという本当に最後の土壇場の時、またも新橋の編集部に宮さんから電話があったんです。例によって深夜一時過ぎです。

「鈴木さん、いい案を考えたから、来てよ」

何事かと思いましたが、とにかく吉祥寺に向かって、着いたのが午前二時。そこから、宮さんが変なスナックみたいな店に僕を連れて行って、暗がりの中で、おもむろに一枚の紙を出したんですね。そこには、『火垂るの墓』クーデター計画」と書いてある（笑）。

ご丁寧にも「こうやれば『火垂るの墓』は完成する！」とリードまでついている。具体的には、できあがった原画をこういう風に動画にしていけばいい、とか、色塗りをこうやればいいとか、技術的なアイデアが詳細に書いてありました。いかにも、宮さんらしいお節介ですが、宮さんがまた声を潜めて、「この計画を僕がやるわけにはいかない。これを実行に移せるのは鈴木さんしかいないんだから、やれ」って言うんですけど、僕だってできるわけない。そんなことを真夜中から朝まで、延々やっている。僕、今でもこの時の紙は大事に持っているんです（笑）。

最後の最後、このままでは、いよいよ間に合わないことが決定的になった時点で、最後の説得を試みようと、僕は高畑さんの自宅のある大泉学園の駅から、「今から行きます」と電話を入れます。すると奥さんに「駅前の喫茶店で待っててください、と言ってます」と言われて、喫茶店に入ったのが昼の十二時。そこで延々待ってたんですが、何の連絡もない。結局、高畑さんがその喫茶店に現れたのは、夜の八時でした。嫌なことがあると、来ないんですよ（笑）。それで、開口一番、高畑さんが言ったのは、

「ポール・グリモーの『やぶにらみの暴君』のエピソードを知ってますか？」

僕は知らなかったんで、黙って高畑さんの言うことを聞いていたら、要は『やぶにらみ

の暴君』というフランスの映画も、二年でできるはずが、三年経っても半分しかできなくて、プロデューサーがさらに二年延ばしても完成しなかった、と。それで頭にきたプロデューサーが途中のフィルムを引き上げて、強引に公開しようとしたら、監督のポール・グリモーが裁判所に訴えた。するとフランスの裁判所は、プロデューサーの立場もわかるが、グリモーの気持ちも理解できるというので、映画の冒頭で未完成のまま公開するに至った経緯を全部説明しなさい、という判決を下したそうです。

それで、高畑さんは「同じことを『火垂るの墓』でやってもらえませんか」と言うわけですが、僕はその場で、「できません」ときっぱり断りました。高畑さんは意外にあっさりと「わかりました」と引き下がりました。

最終的に高畑さんが「鈴木さん、これで納得してもらえないだろうか」と提案してきたのが、二つのシーンを色を塗らない〝ジロ〟のままで公開するという案でした。僕も「わかりました。それで行きましょう」と応じて、関係者に伝えました。

それまであまりにいろんな事件があったので、みんな公開できるだけでも、ホッとしていましたね。

最初の試写の時のことはよく覚えてます。通常、試写はお昼ごろに行われるのですが、

『火垂るの墓』の場合、朝の八時ごろだったんです。配給会社に引き渡す直前のギリギリまで、徹夜で作業していましたから、そんな異例の時間になった。それで新潮社の方々も一緒に、その試写を観たわけですが、映画が終わっても、誰も何も喋らない。普通だったら、「良かった」とか何とか言うものなんですが、重苦しかったですね。

『火垂るの墓』がジブリにもたらしたもの

結局、一九八八年四月に公開された時点では、二カ所の色塗りが間に合わず、シロのままになりました。関係者の一人として、もちろん忸怩《じくじ》たるものがありましたが、表向きには、これが未完成品であるということは一切、言いませんでした。「ちゃんと言うべきだ」という人もいましたが、説明すればするほど話がややこしくなるから、「こういう時は黙ってりゃいいんだ」と腹を括ってました。

問題の場面が、清太が野菜泥棒をする一種壮絶なシーンだったため、実際に観た人の中には、演出と受け取られた方も多く、未完成品だとは気付かれませんでした。

だけど世の中、恐ろしいですよ。僕が家族を連れて、渋谷の映画館に『火垂るの墓』を観にいったら、たまたま宮崎駿の弟で、『ナウシカ』などでスタッフとして活躍した宮崎至朗さんが家族連れで来てたんです。それで映画が終わった瞬間、至朗さんがパッと立ち上がって、大声で僕を呼ぶんです。

「トシちゃん、これ完成してないんじゃない？」って。

そこにいた人全員が、それを聞いちゃって、これには弱りました。

『火垂るの墓』は映画が公開された後も、つくり続けられて、最終的に完成したのは、五月の半ばころですかねえ、公開から約一月後でした。

結局、『火垂るの墓』は、多くの映画賞を獲得し、特に海外での評価が非常に高く、フランスでは、約二十年間、連日上映されるという快挙を成し遂げました。これはやはり、高畑さんの映画に近代合理主義的なセンスが息づいていることの証左なんでしょう。

じつは『火垂るの墓』の打ち上げを吉祥寺の『いせや』という店でした時も、僕が司会の方からご指名を受けて、十八歳の時に初めて原作を読んで云々……という話をしたんです。するとその後に挨拶に立った高畑さんが、「鈴木さんの（センチメンタルな）期待には応えられなかった」とわざわざ言うわけです（笑）。めでたい席なのに、そういうことにこだわる。作り手というのは、どこかでそういうところがあるんですね。

ところで、あれだけ『火垂るの墓』が気になっていた宮崎駿がこの映画をどう受け止めたかというと、そこは複雑なものがあるわけです。やっぱり素直に褒めたくないんです。だから、「日本の軍隊というのは、もう少しちゃんとしたところだ。軍人の息子があぁいう目に遭うのはリアリティがない」と、妙なポイントからブツブツ言う。でも、後に、「代表作は、やっぱり『火垂るの墓』だろう」とちゃんと認めています。

一方で高畑さんは、『トトロ』は、これまで宮さんと二人で目指してきたものの頂点だ」と、絶賛しました。「二人で目指してきたもの」とは何かというと、平凡な普通の人の身に降りかかるささやかな喜怒哀楽のなかにドラマを見出すことといえるかもしれません。例えば、リンドグレーン（スウェーデンの児童文学者。『長くつ下のピッピ』など）の書いたものにある一家の引っ越しを描いた作品があるんですが、見事にお話として成立している。高畑さんはこういうことをやりたがっていたんですね。宮さんはどちらかというと『ナウシカ』や『ラピュタ』のように大きな設定の話のほうが得意ですが、『トトロ』においては、サツキたちが田舎に引っ越してくる場面を見事に描いています。二人をよく知る人は、『トトロ』を観て、「前半は高畑作品のようだ」という感想を持ったんですが、だからこそ宮さんとしては、余計に高畑さんがどう評価するか、気になってしょうがなかった。それを高畑さんが、「これは二人で培ってきたものじゃないか」と言ってくれた。

宮さんは、心の底から喜んでましたね。

今振り返ると、『となりのトトロ』と『火垂るの墓』をやったことは、ジブリにとって本当に大きな礎となったと思います。『ナウシカ』『ラピュタ』に続けて、〝血湧き肉躍る冒険活劇〟を三作続けて、この路線に自らを限定していたら、どんどんジリ貧になっていたはずです。『トトロ』と『火垂る』である種の文芸作品をアニメーションでつくることにチャレンジし、しかもそれが広く受け入れられたことで、ジブリの幅が広がったことは間違いないと思います。

その後、『魔女の宅急便』をつくっている最中に僕は、ジブリにプロデューサーとして専従になるように宮さんに迫られるわけですが、既に述べた通り、当時は雑誌の編集長とジブリの裏方という二足のワラジを履いた状態でした。そのおかげで日々のスケジュール的には確かに過酷でしたが、ある意味では身軽な立場で、宮崎駿と高畑勲という二人の天才と、しんどくなるまでつきあえたのは、僥倖だったと思います。人から「鈴木さんは猛獣使いですね」なんて言われると、自分でも「何やってるんだろう、オレは……？」と我に返っちゃうこともあるんですけどね（笑）。

ジブリの初挑戦

魔女の宅急便

宮崎駿〝思春期〟に挑む

『魔女の宅急便』は、スタジオジブリとしては初となる外部からの持ち込み企画としてスタートしました。

広告代理店を通じて話が来たのは、一九八七年の春、ちょうど『となりのトトロ』『火垂るの墓』の制作が始まった頃でした。バブル景気とともに、日本映画も元気になりかけていた時期です。映画制作に本格的に企業がタイアップするのが始まったのもこの頃。『魔女の宅急便』はその最初ともいえるかもしれません。なんといっても、原作に「宅急便」がついているということで、広告代理店からすると、これ以上分かりやすい企画はなかったんでしょう。

じつはこの企画、最初は「高畑勲監督作」ということで持ち込まれました。ところが、高畑さんが断ったので、宮さんに「こういう企画が持ち込まれてるんですけど、どうします？」と聞いてみたんです。そしたら、「おれ読んでる暇ないから、鈴木さん読んでよ」

と言われてしまった。

そういう場合、宮さんという人は必ず次の朝に感想を聞くんですよ。だから、仕事の終わった夜更けにいっきに読みました。もちろん児童文学としては素晴らしいと思いました。でも、それをどういう切り口で映画にしたらいいのかとなると、話はとたんに難しくなる。

悩みながらその日は寝ちゃったんですけど、明くる朝、案の定、宮さんから「どうだった？」と聞かれました。僕もその頃にはずいぶん宮さんに鍛えられていたんでしょうね。そういうときには反射的に言葉が出るようになっていました。

「この原作、見た目は児童文学ですけど、たぶん読んでいるのは若い女性じゃないかと思いますね」

「どうして？」

「たぶん田舎から都会に出てきて働く女性たちのことを描いた本なんですよ。彼女たちは好きなものを買って、好きなところへ旅行し、自由に恋愛も楽しんでいる。でも、誰もいない部屋に帰ってきたとき、ふと訪れるわびしさみたいなものがあるんじゃないかと思うんです。それを埋めることができれば映画になりますよね」

と、その場の思いつきで言ったんです（笑）。すると宮さんが「おもしろいじゃない」と俄然興味を示しました。自分で言っておきながら、ほんとうにそういうテーマで作るべきなのかどうか、最後まで悩むことになるんですが……。

宮崎駿の脚本執筆スタイル

とはいえ、宮さんは『トトロ』の制作の真っ最中。自分で作業することはできません。と同時に、「いつまでも俺たちジジイが映画を作っていてもしょうがない。若い人に機会を与えようよ」という思いもあった。そこで、自らはプロデューサー兼脚本家を務め、監督には宮さんの元で演出の勉強をしていた片渕須直くんを抜擢することになりました。ちなみに片渕くんは後に『この世界の片隅に』の監督として名をはせます。

『トトロ』の制作が終わると、宮さんはすぐに脚本執筆に入ることになりました。ところが、原作を読んでの第一声は、「鈴木さんの言っていたことなんて、どこにも書いてないじゃないか！」というもの。いや、直接書いてあるわけじゃないんですけれど……と話し合ううち、結局、シナリオを書く作業にぜんぶ付き合うことになってしまいました。

宮さんの事務所があった阿佐ヶ谷に脚本の完成まで毎日通い詰めました。何か聞かれたり相談されるごとに、すぐにパッと答えられるよう、朝から夜までずっと隣にいました。

宮さんの執筆というのは変わっていて、僕に向かってあれこれしゃべりながら鉛筆を走らせていくんですよ。そして、一シークエンス終わるごとに、すぐに原稿を見せてくれる。それで「どう？」と聞かれるので、「ここはもう少しこうじゃないですか」と感想を言うと、すぐにパッと書き直す。そんなふうにして書く作家っていないですよね。普通ひとりで書斎に籠もって集中するものじゃないですか。

書き方のスタイルもそうなんですが、シーンを組み立てる手際のよさにも感心しました。物語の冒頭、十三歳になった魔女は独り立ちしなければいけないということで、キキが故郷から旅立っていくわけですが、原作ではけっこうなボリュームが割かれています。凡庸な人がやったら二十分ぐらいかかりそうなそのシーンを、わずか五分ほどにまとめてしまったんです。基本設定を手短にまとめて分かりやすく見せるだけでなく、非常に印象的なシーンにもなっています。原稿を読んだ瞬間、思わず「宮さん、これすごいですよ」と言ったのを覚えています。

そして、キキがコリコの町へ着くと、いきなりトンボという男の子に出会う。男女がすぐに出会うというのが宮崎駿の映画の特徴ではあるんですけど、ただ今回はちょっと違うんじゃないかなあと僕は思ったんですね。「普通はまず同性の子を友達にして、安定を得てから異性に向かうんじゃないですかね」と言ってみたら、「世界は男と女でできているんだから、これでいいんだ」と言われました。宮さんらしいですよね。

逆にその後、しばらく話が進んでから、森の中でウルスラという女の子と出会うじゃないですか。彼女の設定を宮さんは二十七歳としていたんですが、僕は同年齢がいいと思っていたので、ずいぶん話し合いました。それで結局、間をとって十八歳ということになったんです（笑）。

ウルスラについて思い出深いのは、なんといっても彼女が劇中で描いていた絵です。じつはあの絵、宮さんの義父が教えていた養護学級の生徒の作品がもとになっているんです。戦争中、反戦活動で投獄された経験もあるという骨のある方で、その後、長く障害のある子供たちの社会復帰に尽力されたそうです。そのつながりで絵を使わせてもらったわけですが、ああいう印象的な小道具の使い方が、宮さんはじつにうまいですね。

キキとトンボの関係でいうと、物語の中盤でトンボがキキをパーティに誘う場面があります。ところが、〝奥様〟の作ったニシンのパイを届けているうちに時間に遅れ、雨にも降られて、キキは風邪をひいて寝込むことになります。その後、再会したとき、ふたりの距離はいっきに縮まるんですけど、僕はその前に微笑ましい痴話げんかのようなシーンを入れたらどうかと提案したんです。それを踏まえて二人はより仲がよくなっていくという表現がいいんじゃないかと思ったんですね。

宮さんはそれを受けて、書き直してはみたものの、「そんなの書けない！」とギブアップしました。宮さんというのは主観的な人ですから、男女関係を客観的に見るのはあまり得意じゃないんですね。そういう人にあえて要求してみると、どんなことになるんだろう？　といういたずら心もちょっとあったんですけれど（笑）。

そうこうしてシナリオはできあがっていき、問題のラストシーンにさしかかりました。ウルスラの小屋から帰ってきたキキは、ニシンのパイを運んだ〝奥様〟からの思わぬプレゼントに涙ぐみます。当初、宮さんはそこで話を終えるつもりでした。それはそれで非常にウェルメイドないい話でしょう。ただ、僕としてはそれだけじゃ物足りないという思いがあった。やっぱり娯楽映画ですから、最後はお客さんへのサービスとして派手なシーンがほしいと注文を出したんです。それで飛行船からトンボを救うスペクタクルなシーンを付け加えることになりました。後に作画に入る段階で、そのシーンの是非がスタッフの間であらためて問題になっていくんですが……。

監督交代という苦渋の決断

脚本ができた後、原作者の角野栄子さんが自分の作品がどんな映画になるのか心配しているという話が伝わってきました。

そのことを宮さんに話したら、「鈴木さん、ふたりで会いに行っちゃおう」ということになりました。そういうとき、宮さんの行動はすごく早いんです。

角野さんのご自宅にクルマで訪ねていって、「いちどジブリに遊びに来ませんか」と言って、吉祥寺のスタジオまでお連れすることにしました。その道中、普通に行けば十五分ぐらいのところをじっくり一時間ぐらいかけて走り、宮さんは角野さんに武蔵野の風景を見せてまわったんです。宮さんはそのあたりの道をすべて知り尽くしていて、どこにどういう緑があるのか、ぜんぶ頭に入っているんですね。

これには角野さんも「こんなきれいなところがあったんですか！」と喜んでくれて、ジブリに着いた頃にはすっかり心の距離が埋まっていました。

宮崎駿という人は、計算じゃなく、本能でそういうことができてしまうんです。じつは僕も後に同じことをやってみたことがあります。フレデリック・バックさんというカナダのアニメーション作家をジブリ美術館からスタジオまでお連れするとき、いろんな緑を見せてまわったんです。そうしたら、バックさんも「東京にもこんな素晴らしいところがあるのか！」と喜んでくれました。

宮さんが脚本執筆に取り組む傍ら、演出の片渕くんや、キャラクターデザイン・作画監督の近藤勝也くんたち主要スタッフは、スウェーデンのストックホルムとゴトランド島へロケハンに出かけました。

それはかつて宮さんがリンドグレーンに会うために訪れた場所でもあります。宮さんにとっては初めての海外旅行。同行した人によると、宮さんは緊張のあまり、右手、右足が一緒に出る、いわゆる「ナンバ歩き」になっていたそうです（笑）。そんな状態で見たものだから、より深く印象に残っていたのかもしれません。自分が初めて触れたヨーロッパの美しい景色を、若い人にも見てもらいたかったんでしょう。

スタッフがロケハンから帰国し、脚本も完成。いよいよ本格的な制作に取りかかろうとしていたとき、徳間書店の上層部に企画の説明と監督の紹介をすることになりました。その会を終えてみて、僕としては正直なところ、この体制でいいものが作れるんだろうかと不安になってしまったんです。徳間書店を出て、みんなと別れた後、僕は宮さんを喫茶店に誘いました。

「このままでうまくいくんですかね？」

率直に聞いてみると、宮さんも、

「俺も同じことを考えていた。どうしようか、鈴木さん」と言います。

「トトロから連投になってもうしわけないですけど、やっぱり宮さんがやってくれないですかね」

そうお願いすると、宮さんはその場で「分かった」と了承してくれました。

数日後、スタッフを集めてそのことを話し、片渕くんには引き続き演出補として仕事を続けてもらうことになりました。

僕が見る限り、宮崎駿という人は、ものを教える人間としてはあまり優秀じゃないんです。たとえば、当時ジブリには録音スタジオがなかったので、外のスタジオに行かなきゃいけなかったんですが、そのとき宮さんをクルマに乗せていく人は大変な目に遭っていました。どのルートを使うか、どのタイミングで方向指示器を出し、どこでブレーキを踏むか、一挙手一投足すべてにわたって細かく口を出すんですね。これにはたいていの人がノイローゼになっちゃう。その結果、あるときから宮さんを乗せて運転するのは僕の担当になりました（苦笑）。

その性格は当然、絵を描くときにも出ますから、宮さんが顔を出すと、みんな落ち着いて作業できないんです。宮崎駿がスタッフに求めているのは、その人の中にいいものを見つけて伸ばすというよりも、〝自分の分身〟なんですね。だからこそ、いい映画が作れるという面もあって、そこのところはなかなか難しい問題ですが……。

監督交代が決まった後、宮さんがめずらしく「鈴木さん、散歩に行こう」と言い出しました。三時間ぐらいほとんど無言で吉祥寺の街や井の頭公園を歩きまわったでしょうか。それから、喫茶店に入ってコーヒーを頼むと、「何をやったらいいんだろう？」と言うんです。こういうときはやはり即座に具体的な答えを言わなきゃいけない。

「思春期じゃないですか」

僕は反射的に答えていました。

「宮さんはこれまで、コナン、ナウシカ、ラピュタと少年少女は描いてきたけれど、〝思春期〟は扱ってないですよね」

「思春期か……」と宮さんは唸っています。

「まだ何者かになっていない猶予期間ってことなんじゃないですかね……」と話していると、ふいに宮さんは「分かった」と言って、ナプキンにキャラクターを描き始めました。キキの髪にはすごく大きなリボンがついていました。僕は鈍感で、そのときは理解していなかったんですけど、あのリボンはまだ自分を守ってくれる確かなものを持っていない思春期の象徴だったんでしょうね。

「十三歳の女の子ってどういう感じなんだろう？」

宮さんから聞かれて、ちょうどそのときうちの娘が十三歳だったこともあって、あれこれ具体的な話をたくさんしました。思春期について考える中で、ジジの役割もすごくはっきりしていきました。あれはただのペットじゃなくて、もうひとりの自分なんですね。だからジジとの会話っていうのは、自分との対話なんです。ラストでジジとしゃべれなくなるというのは、分身がもういらなくなった、コリコの町でちゃんとやっていけるようになりました、という意味を持っているわけです。

ラストシーン問題とタイアップ

絵コンテと作画の作業を進めていくうちに、あらためてラストシーンをどうすべきかという議論が起きました。メインスタッフの間では、キキが奥様からケーキをプレゼントされるシーンで終わったほうがいいという意見が大勢を占めていました。

そこで僕は宮さんのいないところでメインスタッフを集めて説得することにしました。「監督が宮さんじゃなかったら、僕も飛行船のシーンはないほうがいいと思う。でも、宮さんがやるなら、必ずおもしろいシーンになるはず。しんみり終わる映画もあっていいけれど、娯楽映画というのは、やっぱり最後に〝映画を見た〟という満足感が必要なんじゃないか。そのためには、ラストに派手なシーンがあったほうがいい」

そんなことを話すうちに、いままで反対していたスタッフも納得してくれました。

ただし、この問題については後日談があります。映画が公開された後、『キネマ旬報』の映画評にこう書かれていたのです。――いい映画だったが、ケーキのシーンで終わっていたら、もっと名作になっていただろう。

僕もまだ若かったから、「何言ってんだ。お客さんの気持ちが分かってないな」と反発しつつも、心の底では「これを書いた人はすごいな」と感心しました。たしかにウェルメイドなストーリー構成という意味ではそのほうがいいのかもしれません。でも、僕は映画っていうのはワンシーンごとに釘付けになってワクワクしながら見るものだという気がするんです。お客さんの満足度という観点でいえば、あれでよかったんだといまでも思っています。

『魔女の宅急便』では、企業との本格的なタイアップにも取り組むことになりました。それを受けて、プロデューサーとしての僕の仕事も、この作品から大きく変わっていくことになります。

制作が始まる前の顔合わせで、ヤマト運輸の社長さん以下、幹部のみなさんがジブリにお見えになったことがありました。そのとき宮さんは開口一番こう言ったんです。

「僕はヤマト運輸の社員教育のための映画を作るつもりはありません」

あくまでお客さんのための映画として作るという宣言です。その一点をはっきりさせた。それを聞いて、やっぱりすごい監督だなと思いました。

ヤマト運輸の都築幹彦社長も、それを受け止める度量のある方でした。喜劇役者のエノケン（榎本健一）の甥にあたるそうで、映画というものに対して非常にご理解がある方で助けられました。

そんなわけで出だしはよかったものの、その後は苦労の連続でした。当時の僕はまだタイアップというものに対する認識が甘かったんでしょうね。

テレビというのはそもそもコマーシャルを前提にしているわけですから、最初からタイアップありきで作られます。それに対して、映画にはそれまでタイアップという発想があまり入ってきていませんでした。この『魔女の宅急便』あたりから、ようやく商業主義がスタートしたといってもいいぐらいです。

いちばん大きく変化したのは宣伝のあり方でした。映画の世界には古くから松竹、東宝、大映、東映、日活という大手五社があって、制作・配給・宣伝を管理していました。お客さんはある映画を見に行ったときに次の映画の予告編を見て、また劇場に足を運ぶ。それが宣伝として非常に大きな役割を担っていたんです。

ところが、八〇年代にはもう映画を習慣的に見に行くという人がかなり減っていました。いくら一生懸命作っても、作品を知ってもらうのが難しくなっていたんです。そこで出てきたのが、企業とのタイアップを使った宣伝です。

僕としては、ヤマト運輸のテレビCMなどの力を借りて、『魔女の宅急便』を多くの人に知ってもらいたい――そんなふうに単純に考えていました。ところが、いざ広告代理店との交渉が始まってみると、向こうの無理な要求や、こちらの認識不足もあって、ずいぶん揉めることになりました。結局、代理店とは正式な契約が成立しないまま、仕事を進めていくことになりました。

「宮崎さんもそろそろ終わりだね」

ヤマト運輸とのタイアップでもいろいろなことがありました。東映としては、ヤマト運輸の全国の営業所を利用して、数万枚単位の前売り券を販売しようと考えていたんです。ところが、結果的に販売できないということになって、「なんのためにタイアップしているのか分からないじゃないか」と、僕は東映の担当者、原田宗親さんから怒られる破目になりました。僕も懇意にさせてもらっていた方でしたが、その原田さんが続けて、こう言ったのです。

「宮崎さんもそろそろ終わりだね」

僕がびっくりして「え、どういうことですか?」とたずねると、「いや、だって興行成績がどんどん下がっているじゃない」と言うのです。

腹は立ちましたけど、原田さんはあくまで事実を教えてくれたんです。映画というのはいいものを作るのも大事だけど、興行成績も大事。いま考えればあたりまえのことなんですけど、僕はともかく作ることが楽しくてやってきたというところがあった。でも、原田さんの一言で、初めて映画の成功には二つあるんだということを思い知らされたわけです。

親しい人から厳しい言葉を突きつけられて、僕は頭を殴られたようなショックを受けました。そして、その足ですぐ日本テレビへ向かったんです。観客動員を上げるには、ともかく宣伝が大事だということは分かっています。でも宣伝の具体的なことについては右も左も分かりません。とりあえず、テレビで何かやってもらえば宣伝になるだろうという素朴な発想でした。

そこで、『ナウシカ』以来、ジブリ映画のテレビ放映でお世話になっていた映画部の横山宗喜さんと会って、相談に乗ってもらいました。いろいろと話し合う中で、急きょ日本テレビにも出資の仲間に加わっていただくということが決まったのです。

これで宣伝も大いにしてもらえるだろう、と安心したのも束の間、横山さんの部下の奥田誠治さんから連絡が入りました。

「鈴木さん、ジブリのいろんなグッズがありますよね。それを大量にもって来てくれませんか」

なんでそんなものが必要なんだろう？　と不思議に思って聞くと、「出資が決まったからといって、それですぐに日テレの全員が協力してくれるわけじゃないんですよ」と説明してくれました。要するに各番組のプロデューサー、ディレクターにグッズを渡しながら挨拶まわりをしなければならないというんです。それで僕は奥田さんといっしょにグッズを持って、日本テレビの局内を歩いてまわりました。そうか、こういうことをしなきゃいけないのか、宣伝って大変なんだなと気づいた瞬間でした。

その甲斐あってか、日本テレビで『魔女の宅急便』の特別番組を作ってくれることになりました。これはすごい宣伝になりそうだと喜んでいたら、番組の枠が三十分しかないことが分かりました。しかも、奥田さんが言うには「じつは予算もないんです」とのこと。

「え、じゃあどうするの？」

「鈴木さんの娘さんとその友達に出てもらって、〝魔女の宅急便ごっこ〟をやるってのはどうですか？」

「それで特番になるの……？」

そんなわけで、「テレビに出られるぞ」と娘を説得して、その友達にも協力してもらうことになりました。〝魔女の宅急便ごっこ〟と十三歳の女の子たちが考えていること、さらに本編映像の一部と制作現場の様子を合わせて、何とか特番はできあがったものの、僕にとっては宣伝の仕事の洗礼のようなものでした（苦笑）。

前売券はだめでしたが、宣伝においてはヤマト運輸とのタイアップは大きな効果を発揮しました。各営業所にポスターを貼ってもらい、さらに『魔女の宅急便』の映像を使ったテレビのスポットＣＭもオンエアされることになったのです。

ＣＭ制作についても勉強の連続でした。ユーミンの『やさしさに包まれたなら』をバックに予告編の映像が十五秒間流れて、原作・角野栄子／福音館書店というテロップが入るんですが、これが映画と書籍のダブルスポンサー、さらに歌も入れるとトリプルにあたるのではないかという問題が出てきたのです。そこで各テレビ局の考査部門との話し合いになりました。原作まではいいけれど歌はだめだとか、その逆だとか、テレビ局によって結論が違うので、ＣＭもそれに合わせてさまざまなバージョンが作られることになりました。

映画と企業のタイアップといっても、当初はこんな次第で、けっして整ったシステムや戦略があったわけじゃないんです。すべては手探りの状態でした。

僕自身、当時はそういうことに疎かったということもあるし、本当のことをいうと、映画を作ることに専念したいのに、なんでこんなことをやらなきゃいけないんだ？　という気持ちもありました。でも、制作プロデューサーから宣伝プロデューサーの領域に足を踏み出して、いろんなところに頭をぶつけながら進む中で、たくさんのことを勉強させてもらいました。そうすると、人間、次からはもっとよく考えてうまくやろうという気持ちも出てきますよね。

原田さんの一言で発奮し、大事なことに気づかされて、生まれて初めて「当てなきゃいけない」という気持ちになった作品が『魔女の宅急便』でした。あの一言が、ある面では僕の人生を変えちゃったんです。

ジブリの「所得倍増計画」

おかげさまで映画は大ヒットしましたが、その一方で、大きな課題も抱えることになりました。制作の最中、宮さんが「いったんここを閉じようよ」と言い出したのです。

宮さんはジブリの設立当初から、「ひとつのスタジオで映画を作るのは三本まで、三本も作ると人間関係がぐちゃぐちゃになってきて、ろくな作品が作れなくなる」と言ってきました。それなのに『魔女の宅急便』は、もう五本目。

でも、僕としてはタイアップをはじめ、新たに覚えたことを活かしてもっと作りたいという思いが強くあった。そこで、宮さんを説得したところ「だけどいまの現実はどうするの？」と言われました。

現実というのは、ストレートにいうとお金のことです。『魔女の宅急便』の制作費は四億円かかりました。一億円も行かない映画が多かった時代、それはすごい金額です。それだけ用意しても、宮崎駿の求めるクオリティで仕事をしていくと、出来高払いのアニメーター一人あたりの報酬はだいたい月に十万円。一年かけて全身全霊で仕事に打ち込んでも百二十万円にしかなりません。当時でいっても普通の仕事の半分ぐらいですから、宮さんはすごく心苦しく思っていたんです。

そこで、ジブリではスタッフの社員化と〝所得倍増計画〟を打ち出しました。ただ、全制作費の九〇パーセント以上が人件費ですから、単純にいうと四億円の制作費が八億円になるということです。それをいったいどうやって工面すればいいのか？『おもひでぽろぽろ』で僕たちは新たな課題に取り組んでいくことになります。

おもひでぽろぽろ

二人の巨匠の「分かれ道」

「これ、パクさん（高畑勲監督）に作らせちゃおう」

『魔女の宅急便』の次回作を検討していたある日、音響監督の斯波重治さんから持ち込まれた『おもひでぽろぽろ』の企画を前に、宮さんがふいに言い出しました。

その理由がふるっているんですよ。高畑さんは『火垂るの墓』で未完成の映画を公開するというスキャンダルを起こしてしまった。いくら作品がすばらしくても、そういう監督に声をかける人はもういない。でも、その才能をこのまま埋もれさせるわけにはいかない――そう考えた宮さんは、自らがプロデューサーとなって高畑さんを再起用するというストーリーを思いついたんです。高畑さんに対する心からの友情もあるんでしょうけど、自分のアイデアに酔いしれているようなところもありました（笑）。

そこで僕はさっそく高畑さんのご自宅へうかがって、「こういう企画があるんですけれど」と打診しました。もちろん高畑さんのことですから、「はい、やりましょう」という

二つ返事はありえません。「なぜ自分がこの映画を作らなければいけないのか？」ということを、ありとあらゆる角度から検討します。ありていにいえば、いろいろ難癖をつけるわけですけど、プロデューサーとしてはそれにじっくり付き合わなければいけません。そこで毎日のようにご自宅に通って、何とかやる気になってもらおうと話し合いを続けました。

半年ぐらい経ったころでしょうか。一向に状況が進展しないことに業を煮やした宮さんが、「鈴木さん、おれも行くよ」と言い出しました。高畑さんの家に着くなり、宮さんは「パクさん、やろうよ」と熱弁をふるい、「こういう切り口はどうか」と、アイデアを矢継ぎ早に出しました。中でも印象に残っているのが、映画の冒頭でタエ子の一家が引っ越しをするところから始まるというものです。もう大人になったタエ子が取り壊される家に別れを告げていると、お姉ちゃんのバッグが出てくる。それを見たタエ子が「あっ」と言って駆け寄り、ふいに小学校五年生の自分を思い出す——宮さんらしい案ですよね。

高畑さんは宮さんの話をじっと聞いた上で、「宮さん、それだと過去を懐かしむ映画になりますよね。それはどうなんだろう。僕らはこれまでそういう視点から映画を作ったことはないでしょう」などと言って次から次へと否定していく。我慢強い宮さんも最後には怒りを爆発させました。

「いい加減にしろ！　パクさんはひとつもアイデアを出さないで、人が出した企画を壊すだけじゃないか。やる気がないなら、ないと言ってくれ！」

宮崎駿というのは根っからまじめな人です。目標を定めて、それに到達すべく一歩一歩努力するタイプ。それに対して、高畑さんは日がな一日ぶらぶらして幸せに過ごせればいいというタイプ。その延長線上で映画も作れればいいと考えているようなところがあります。好対照ですよね。宮さんは高畑さんのことを「大ナマケモノの子孫」と言っていますけど、若い頃から、ほんとうに仕事をしなかったそうです。

なんせデビュー作『太陽の王子 ホルスの大冒険』からして、一年の制作期間を三年に延ばした人でしょう。ひとつ作品を作り終えると、会社に来ないこともよくあったそうです。しょうがないから、宮さんが自宅に押しかけて、「パクさんまずいよ。会社行こうよ」と起こして連れてくる。『アルプスの少女ハイジ』（一九七四年、TV版）のときも、一年間、一回も放送休止などのトラブルがなかったのは、宮さんのがんばりが大きかったんですね。宮さんに言わせると、「おれはずーっと高畑さんの面倒を見てきた」ということになるんですけど、僕はそうした宮さんの至れり尽くせりの姿勢こそが、現在の高畑勲を作ってしまったんじゃないかと睨んでいるんですけどね（苦笑）。

さて、宮さんが怒って机を引っ繰り返して帰っちゃった後、僕は高畑さんとふたりで取り残されました。さすがの高畑さんも宮さんの怒りが刺激になったのかもしれません。こんなことを言い出しました。

「『おもひでぽろぽろ』という以上、原作の漫画の中には描かれていないけれども、思い出している大人がいるわけですよね。だとしたら、その人はどれぐらいの年齢でしょうか？」

そこから、大人のタエ子と、小学生時代の回想シーンを交互に描くという切り口が決まっていきました。そして、「企画の是非はともかくとして、やってみますか」と、高畑さんがようやく重い腰を上げてくれました。もう夜中になってましたけど、僕はほっとして、宮さんに電話をかけました。「高畑さん、やってくれることになりました」。宮さんは電話の向こうで「すぐにやるって言えばいいんだ。もったいつけて……」と怒ってましたけど。

前代未聞の「二十七歳のヒロイン」

そんなこんなで制作が緒につき、高畑さんによる脚本執筆が始まりました。当初、思い出すほうのタエ子は高校生という設定だったんですが、あるとき急に二十七歳に変わりました。これは推測ですけど、高畑さんのお嬢さんがちょうどそれぐらいの年齢だったということがあるんだと思います。ふたりの作品って、だいたい子どもたちの誰かを想定しているフシがあります。

二十七歳ということに決まると、「じゃあその年齢にはいったいどんな意味があるんだろう?」という話になりました。当時はトレンディドラマが大流行の時代。いわゆる女性の自立をテーマに、キャリアウーマンが男たちに伍しながら仕事でも私生活でもがんばる姿が描かれていました。二十七歳というのは、そうした女性たちにとって、ひとつの岐路に立つ年齢です。それに対して高畑さんは「そういう女性が実際に望む仕事と地位を得て、社会で成功する確率は何パーセントぐらいなんですかねえ?」と聞きます。僕が「たぶん五パーセントもないんじゃないですか」と答えると、高畑さんは「そうしたら、残りは九五パーセントもいるわけですよね」と言う。だったら、その九五パーセントのひとりを主人公にしたほうが、より多くの人の共感を得られるんじゃないか——そうやってタエ子像が固まっていきました。

一方、農家の青年トシオは、じつはシナリオの初期段階では出てきませんでした。僕としてはちょっと物足りないものを感じていて、「女性のひとり旅といったら、やっぱり男と出会うもんですよね」と高畑さんに言ってみたんです。そうしたら高畑さんは「そんなことやらなきゃいけないんですか!?」とびっくりしている。「でも、娯楽映画としてはほしいですよね」とお願いするなかで、トシオというキャラクターが生まれるんです。そんなわけで、彼には僕の名前がついているんです(笑)。

旅の舞台に山形が選ばれた理由のひとつには、美術を担当した男鹿和雄さんの絵を最大限に生かしたいという高畑さんの考えがありました。『となりのトトロ』の美術にいたく感心した高畑さんは、どうしてもいちど男鹿さんと組んで仕事をしたかったんです。

自然を描くときって、やっぱり生まれ育った土地の影響が大きいんですよ。北国の人は空気が澄んでいるし、土の色も違います。たとえばトトロのとき、宮さんとしては関東ローム層の赤い土を描きたかったんですが、男鹿さんは秋田の人だからどうしても土の色が黒くなるという問題がありました。そうしたことを踏まえ、男鹿さんにいい絵を描いてもらうために、舞台を秋田の隣の山形にしたんです。

さらに、山形という土地を描くにあたって、「目玉になるものがほしい」ということで高畑さんが持ち出してきたのが紅花でした。栽培方法を取材するために、山形へロケハンに行ったんですが、そういうときの高畑さんってすごく大胆です。何のあてもなしに現地に出かけ、市の観光課で紅花農家を紹介してもらって訪ねていくんです。そこで紅花の栽培の仕方について詳細に教えていただきました。

高畠地区では大規模農業の見学もさせてもらいました。唱歌「故郷」の中に「兎追ひし彼の山　小鮒釣りし彼の川」という歌詞があるじゃないですか。山間を川が流れている情景を歌っているわけですけど、じつはそういう土地の農業はだめになっているということも、このときの取材で初めて知りました。日本の伝統的な風景が残っていてほんとうに美しいんですけど、経済合理性が求められる現代の大規模農業には向いていないわけです。

そんな発見も映画の中で重要なモチーフになっていきます。

取材から帰ってくると、高畑さんが一心不乱に何かを書き始めたので、シナリオをやってくれているのかな……と思ったら大間違い。紅花に関する本を片っ端から集めて、栽培方法を大学ノートにまとめているんです。絵コンテ作業も始まっているというのに、監督は紅花に夢中。挙げ句の果てには、取材した栽培法について「あれはすこし間違っているんじゃないでしょうか。僕の研究によると、米沢の人の作り方が正しい」と言って、もういちど取材に行くというんです。さすがにそんな時間はもうなかったので、演出助手に行ってもらい、やりとりをぜんぶビデオにおさめて来てもらいました。ちなみに、高畑さんが書いた研究ノートを見た方は、「この方はどなたなんでしょうか？」と驚いていたそうです。高畑さんって、映画の取材を超えて、研究者の領域まで行っちゃう人なんです。

『ひょっこりひょうたん島』のエピソードも忘れられません。高畑さんも評判は知っていたものの、放送を見たことはなかったので、雑誌の特集記事などで劇中に登場する歌を調べあげ、「トラヒゲとドン・ガバチョの歌を聴いてみたい」ということになりました。そこで、さっそくNHKに連絡してビデオを借りてきました。

「おもしろいですねえ。こんなに傑作だったとは。これを毎日作るなんて井上ひさしさんはすごいな」と、高畑さんも感心することしきり。でも、肝心な歌が出てくる回がない。じつは、当時はビデオテープが高価で、放送が終わるとほかの番組に使い回されていたため、NHKにも録画がほとんど残っていないんです。

レコードを出していた日本コロムビアに問い合わせても、主題歌の音源しか残っていない。高畑さんが「作曲家のところには楽譜が残っているんじゃないか」と言うので、宇野誠一郎さんのご自宅にもうかがったんですが、残念なことに何も残っていない。高畑さんに事の次第を説明すると、じっと黙って聞いた後、ただ一言「聴きたいんです」と呟く。

監督にそう言われると、プロデューサーとしてはもうひとがんばりせざるをえませんよね。僕が編集長をやっていた『アニメージュ』の周辺にはマニアがたくさんいましたから、その一人に声をかけてみたところ、インターネットのない時代にもかかわらず、全国の知り合いに連絡をとってくれて、なんと三日後に放送を録音したカセットテープが見つかったんです。「こういう歌だったのか」と高畑さんも大喜びで、聴きながらすぐに自分で楽譜を起こしてしまいました。

さて、それでめでたし、めでたし……となるかと思いきや、次は「振り付けはどうなっていたんですかね?」ときました。参りましたねえ。人形劇を担当したひとみ座に行っても昔のことなのでもう分からない。そこで当時の演出家を探して、振り付け師の方に辿り着き、なんとか振り付けを教えてもらいました。じつは、あの短いシーンの背後に、こんな汗と涙の捜索があったんです。高畑さんと映画を作っていると苦労もたくさんありますけど、ほんとにいろんなことが勉強になっておもしろい。映画作り自体が一種のドキュメンタリー、知的エンターテインメントになっているんですよ。

企画者宮崎駿が怒鳴った日

『おもひでぽろぽろ』は、高畑さんが内容と表現手法を一致させるということに本格的に取り組み始めた作品でもあります。中でも大きな課題になったのが、キャラクターの顔の立体感でした。

佐藤忠良《ちゅうりょう》さんという彫刻家の代表作に「群馬の人」という作品があります。ヨーロッパに留学して勉強した日本人彫刻家の多くが西洋人の顔を作っていたなか、佐藤忠良さんは日本人の立体的な顔を初めてヨーロッパに紹介したということで高い評価を受けていました。高畑さんとしては、同じことをアニメーションの世界でもやりたいという思いが強かった。そこで先生のアトリエにうかがって、いろんなお話をうかがいました。作品の写真も撮らせていただいて、日本人の顔をどうやって二次元の絵で再現するかという研究が始まります。

そのなかで、高畑さんは女優の今井美樹さんの顔に注目しました。とくに頬骨の形に惚れ込んで、「あの人の顔はまさに日本人だ」と言うのです。さっそく出演のお願いに行くと、当時はとにかく大人気でお忙しく、ことわられてしまいました。高畑さんに報告すると、やっぱり一言、「彼女でやりたいんです」と呟くわけです。こうなるとテコでも動きません。そこで再度交渉に出かけ、なんとか引き受けていただけることになりました。

相手役のトシオを柳葉敏郎さんにお願いしたのは、彼が秋田出身で、しゃべるときの口の形などもすべてリアルに表現できるからです。高畑さんの場合、絵ができる前に、俳優さんの声を録音するプレスコ方式で映画を作っていきますが、このときは、さらに表情や演技もビデオにおさめて、絵を描くときの参考にしました。そうすることで声と絵のタイミングが合うだけじゃなく、口の形や顔の動きまで再現できて、アニメーションにもかかわらず、人間のなまめかしさが出るんです。そもそも「アニメート」という言葉は、絵に命を吹き込むという意味ですが、高畑さんはこの作品で、まさにその本質を体現してみせたわけです。『かぐや姫の物語』もそうですが、高畑作品が普通のアニメーションと違うのは、まさにこの点にあります。

ある意味では、このあたりから高畑勲と宮崎駿のめざすものが分かれてきたんだと思います。宮さんの映画というのは、いわゆる漫画アニメーションなんですね。漫画っぽいキャラクターが漫画っぽく動く。高畑さんは宮さんといっしょにやっていたときは、それを受け入れてきたけれど、宮さんが監督として自立した以上、自分も同じ土俵で勝負するわけにはいかない。そこで、キャラクターデザインと作画監督を務めた近藤喜文に要求したのが、顔の立体感、リアルなアニメーションだったわけです。

とはいえ、それは技術的にはものすごく難しいことでした。近藤喜文は期待に応えようと、いろいろと試行錯誤していました。でも、頬骨の線をアニメで描くと、どうしてもシワにしか見えないんですね。そこで彼は、「高畑さんの考えはわかる。でも、これはうまくいかない」という結論に達しました。そして、僕を呼び出してこう言いました。「ほんとうにこの線を描きますか？　どうしてもやれというのならやるけれども、それはプロデューサーが決めるべきでしょう」。そこで僕は腹をくくって、首を縦に振りました。高畑さんの夢を実現したかったからです。

近藤喜文という人は合理的な人でしたから、「分かった」と受け入れてくれました。でも、それをやり始めたら、絵の全工程を自分だけで見るのは物理的に不可能だというんです。アニメーションの場合、たくさんのスタッフで手分けして絵を描きますから、それを整理してクリーンアップし、芝居を統一する作業が重要で、作画監督にかかる負担はものすごく大きいんです。そこで近藤喜文は、「もとになる絵は自分が用意するので、芝居は高畑さんに見てもらいたい」という案を出してきました。

僕は最初、彼の言わんとすることがよく分かりませんでした。宮さんの場合、そういった工程はすべて自分で一括して見ています。はたして、その作業を分解して芝居だけを監督が見るなんてことが可能なのかどうか。皆目見当もつきませんでした。

でも、彼らは実際にそういう分担作業を始めるんです。近藤喜文らが描いた絵に対して、高畑さんは原画と動画を撮影して動きを見るクイックアクションレコーダーという機械を駆使してキャラクターの芝居を確認します。そこで部分的に絵を抜いたり、タイミングやスピードを変えることで、みごとに芝居の意味を変えていくんですね。もちろん、プレスコで録音してある台詞と芝居を合わせる作業も同時に行っていきます。この演出はまさに名人芸、高畑さんならではのものです。

ただし、それだけきめ細かい作業をやれば、当然スケジュールは遅れます。『火垂るの墓』のときと同様、「このままでは公開に間に合わない！」という事態に陥りました。そこで、今回の企画の言い出しっぺである宮崎駿はどうしたか？　会議室にメインスタッフを全員集めて、スタジオ中に響き渡る大きな声で檄を飛ばしました。

「絵の描き方を変えろ！　こんなことをやっていては、いつまでたっても終わらないぞ！」

宮さんのあんな声は、後にも先にも聞いたことがありません。一方、当事者の高畑さんはうなだれるばかりです。宮さんが「パクさん、なんか言ってください！」と水を向けても、「はい」と言うだけ。ところが、宮さんが帰った後、高畑さんはこっそりスタッフの間をまわって、「いままでどおりの描き方でいいですからね」と言うんです。それを聞いたスタッフは、「宮崎さんがあれだけ怒っているのに、そのままでいいなんて、この人は映画の公開というものをどう考えているんだろう？」と、空恐ろしさを感じたようです。それ以来、「なんとか自分たちでがんばって公開に間に合わせなきゃいけない」というスタッフの士気が高まって、作業はいっきにスピードアップしました。

その三日後、宮さんが僕のところにやって来ました。「すごくでかい声を出したじゃない。あのあと震えが止まらなくて、三日間眠れなかった」と言うんです。宮さんとしても、決死の覚悟だったんでしょうね。でも、宮さんっておもしろい人で、みんなのいないところで、こっそり自分でも頬骨の描き方を練習していたりするんですよ。じつは、『かぐや姫の物語』でも、高畑さんが打ち出した新しい絵の描き方に陰で挑戦していました。つくづく、まじめな人ですよね（笑）。

プロの見立てを大きく裏切る大ヒットに

この映画から、ジブリでは初めて研修生を募集して定期採用を始めました。それと同時にスタッフも社員化して報酬も倍にしたので、製作費は『魔女の宅急便』の倍に膨らみました。僕自身は楽観的に考えていたんですが、配給の東宝としては、今回は地味な企画だし、『魔女の宅急便』に続けてのヒットは難しいだろうと考えていたようです。実際、プロモーションで全国の映画館を回ってみると、東京のメイン館はさておき、地方では封切り館が普段ポルノをやっているような劇場だったりしたんですよ（苦笑）。

ところが、公開初日、全国から入ってくる観客動員の速報に、東宝社内は大騒ぎになりました。予測値を大幅に超えているんですね。「なんだ、この数字は!? 一桁間違ってるんじゃないか？」。興奮して叫んでいる人もいました。東宝の目標・四億円に対して、結果の配給収入は約十八億円。興行収入に直すと三十億円ほどになります。もちろん、その年の日本映画のナンバーワンヒット。配給のプロたちの見立てを大幅に裏切ったわけです。だから、関係者の間では『おもひでぽろぽろ』こそジブリ最大のヒット作だということで、しばらく語り種になりました。地方をまわるたびに、映画館主から「あれはすごかった」とよく感謝されましたね。

紅の豚

驚くべき決断「女性が作る飛行機の映画」

『おもひでぽろぽろ』（一九九一年）はスタジオジブリがスタッフを常雇いにして作った最初の映画でした。社員を抱えてスタジオを運営していくということは、間断なく映画を作り続けなければいけないということを意味します。

つまり『おもひでぽろぽろ』を作りながら、次の作品の準備も始めなければいけない。そこで、宮さんは『おもひでぽろぽろ』をプロデュースする傍ら、自らが監督する次回作の構想に入りました。

そういう会社にしようと言い出したのは宮さんですが、連続して長編を作り続けることにいちばんプレッシャーを感じていたのも、他ならぬ宮さん自身でした。自分で決めたのはいいけれど、実際にやろうとすると、ものすごく大変なことだと気づく。長編アニメーション映画というのは、ただ作るだけでもすさまじいエネルギーを使いますが、その上、お客さんに楽しんでもらって、ヒットさせなければいけないとなると、精神的にもぎりぎりまで追い詰められます。『風の谷のナウシカ』『天空の城ラピュタ』『となりのトトロ』『魔女の宅急便』と立て続けに作ってきて、さすがの宮崎駿も疲労困憊していました。

　自分で言い出した手前、次回作は間を空けずに作らなければならない。けれども長編はしんどい——宮さんは両方をいっぺんに解決する方法はないものかと考えた。そこで出てきたのが十五分ほどの短編フィルムを作るというアイデアでした。

　ベースになるのは、自ら模型雑誌に連載していた『飛行艇時代』という漫画。宮さんの好きな飛行機もので短編とくれば、気分としてはプライベートフィルムですよね。でも、それを道楽としてではなく、ちゃんと経営上も建前が立つような形にする。それが僕に課せられた仕事でした。

そこで僕が思いついたのは、非常に素朴なアイデアです。「飛行機の話なんだから、飛行機会社にお願いしてみよう」ということでした。以前、『魔女の宅急便』をロサンゼルス在住の日本人向けに上映するという企画で、日本航空（ＪＡＬ）の文化事業センターと仕事をしたことを思い出し、そのとき知りあった池永清さんという方を訪ねることにしました。

「スタジオジブリ・宮崎駿の最新作、飛行機の映画を機内上映しませんか？」と率直に持ちかけたところ、池永さんは「それはおもしろいですね」と乗ってきてくれました。ただ現実的には、クリアすべき問題がたくさんあるだろうとも言われました。

とりあえず検討してくれることになったものの、さて、どうしたものか……と思っていた矢先、僕の大学時代の友人、生江隆之くんのお父さん（生江義男氏）が亡くなるという出来事がありました。桐朋学園の理事長をしていた方でしたから、お葬式には二千人もの参列者が集まっていました。僕が焼香の列に並んでいると、なんと二つ前に先日会ったばかりの池永さんがいる。

「あ、鈴木さん！　まさかこんなところで会うとは……」

じつは池永さんも生江家とは懇意にしていたそうなんです。そんな偶然もあって、彼が俄然やる気になってくれた。ただし、池永さん本人は当時関連会社にいて、直接プロジェクトに携わることはできず、実務は文化事業センターの川口大三さんという方を紹介してもらい、進めていくことになりました。

俺ひとりでやれというのか

こうして、『紅の豚』の製作はＪＡＬありきで始まっていくのですが、一方でスタジオは大変なことになっていました。

『おもひでぽろぽろ』の制作が遅れに遅れていたのです。当初一九九〇年十二月にアップする予定だったものが、翌年の六月まで延び、結局まる二年の制作期間をかけることになりました。

それまでの長編アニメーションの大作というと、たとえば『さらば宇宙戦艦ヤマト　愛の戦士たち』（一九七八年）でさえ、作画期間は三カ月。押井さん（押井守監督）の『うる星やつら　オンリー・ユー』（八三年）も三カ月。宮さんの『ルパン三世　カリオストロの城』（七九年）も当初は三カ月の予定で、延びたとはいえ四カ月に収まっています。それらと比べると、『おもひでぽろぽろ』の二年という期間の異常さが分かっていただけると思います。

そのあおりを受けて、『紅の豚』の制作スタートも遅れ、宮さんはひとりで準備室を立ち上げることになります。

『おもひでぽろぽろ』が最後の追い込みにかかっていたある日、僕の机の上に一枚の書き置きが残されていました。

「紅の豚、俺ひとりでやれというのか」

これがまたでっかい字で書いてあるんですよ。そんなこと言われても、全スタッフを『おもひでぽろぽろ』に投入してあるんだからしょうがないですよね。初めて人を常雇いにした第一作が成功するかどうかという重要なときです。作るのも大変なら、公開や宣伝などの仕事も大忙し。僕としても『紅の豚』にかまっている暇はないわけですよ。だから、その書き置きは無視しました（苦笑）。

さて、『おもひでぽろぽろ』の公開直後、ようやく一息ついて、現場を二週間休みにすることにしました。ところが、まだ『紅の豚』の絵コンテができあがっていない宮さんは、ひとりでスタジオに来て仕事をすることに。さすがに放っておくというわけにもいかないから、僕も休み返上で絵コンテ作りに付き合うことになりました。

社内にまるまる二週間、二人きりです。昼飯を食べるのも雑談もずっと二人。絵コンテを描いている宮さんが「鈴木さーん」と呼ぶから、「何ですか」と寄っていくと、「うちの家内が『おもひでぽろぽろ』を観たんですよ」と言う。

「へえ、なんておっしゃってました？」

「それがパクさん（高畑勲監督）の最高傑作だって言うんですよ。俺の作品なんて今まで一度も褒めたことないのに……」

そんなことをブツブツ言いつつも、手は動いています。

十五分と短いこともあって、絵コンテは順調に進んでいきました。ただ、少し進むごとに見せてくれるものを読みながら、僕としては悩んでいたんです。というのも、冒頭から主人公がいきなり豚の姿で登場するじゃないですか。しかも、普通に行動していて、町の人たちは誰もそれを不思議に思っていない。「何なんだろう？　この話は」って思いますよね。

そうこうするうちに「完成したから通しで読んでよ」と言われました。僕としては集中して読みたいんですが、そういうとき宮さんは必ず後ろで見張っているんです。そして、ページをめくるたびに、「ここはこうなんだ」と、いろいろうるさく言ってくる（苦笑）。

最後のページに来ると、豚がマンマユート団から子供たちを救うところで終わっています。つまり、最終的な完成版の冒頭部分だけだったんです。そこで僕は思わず「え、これで終わりですか⁉」って言っちゃったんですよ。

「そもそもなんでこいつ豚なんですか？」

そしたら、宮さん怒りましたねえ。

「だいたい日本映画ってくだらないんだよ。すぐに原因と結果を明らかにしようとする。結果だけでいいじゃないか！」

「でも、こいつがなぜ豚なのかということにお客さんは当然興味を持つでしょう。そこだけでも何とかしてくれませんか？」

そうお願いしているうちに、ジーナが登場するくだりを作ってくれたんです。「あなただけになっちゃったわね。古い仲間は……」と言って、ポルコが人間だったときの写真を見るシーンです。それで、三十分ぐらいの絵コンテになりました。

「これで終わりだよ、鈴木さん」と宮さんは言うけれど、それだけじゃ、やっぱりお客さんは納得できないですよね。そこで、「もう一個ぐらい、こいつが豚になった理由を描いてくださいよ」と言ったら、「またそんなことを言う！」と怒ってました。でも、まじめな人だから、文句を言いながらも、まだ人間だったポルコが飛行艇に乗っているシーンなども描いてくれたんですよ。

そういうやりとりを繰り返すうちに、絵コンテは全体で六十分ぐらいになってしまいました。そこで僕は逆提案をしたんです。

「宮さん、最初は短編ということでJALさんと話し合ってきたけれど、これだけ長くなってくると、もうその枠組みには収まらないでしょう。このまま続けるなら、さらに長くして、劇場用の長編映画として作っていきましょう」

宮さんは「いまさらそんなことを……」と言いつつも、さらに絵コンテを描き足していき、最終的には九十三分の長編にしてくれました。

最後はご存知のとおり、空中戦をやめて豚とライバルのカーチスが殴り合うシーン。ジョン・フォードの映画そのものですよね。でも、もうこれで終わらせるしかないというのは僕も感じていたから、共犯だと思ってそのまま行くことにしました。

女性スタッフの抜擢と新社屋建設

休暇を終えたみんなが出社してきて、いよいよ作画が始まりました。

このとき僕は、宮崎駿という人の経営者的能力に驚くことになります。社員制度を始めるにあたって、「映画は俺が作るから、会社の経営は鈴木さんがやってよ」と言っていた宮さんですが、ちゃんと会社の運営にも配慮してくれるんです。

たとえば、メインスタッフの選定です。長期間にわたる『おもひでぽろぽろ』の制作で、作画監督の近藤喜文さんも美術監督の男鹿和雄さんも神経をすり減らし、クタクタになっていました。作品の質を維持するためには、エースの彼らに連投をお願いしたいところですが、スタジオをうまく回していくためには、その下のスタッフから誰かを選抜すべきかもしれない。僕が「どうしたものか……」と悩んでいると、宮さんがこんなことを言い出したんです。

「鈴木さん、今度はスタッフを一新して、すべての重要な仕事を女性に任せよう」

女性が作る飛行機の映画——作品の弱体化を招きかねない状況を逆手にとって、現場の空気を盛り上げた。この発想には僕も感心しました。

そこで選ばれた作画監督は賀川愛《めぐみ》ちゃん。アニメーターとしての腕はいいけれど、それまで作画監督の経験はありませんでした。美術監督には久村佳津《ひさむらかつ》ちゃんという男鹿さんの弟子を起用しました。アニメーション映画を作るとき、監督を両脇で支える最も重要な存在が作画監督と美術監督。そこをまず女性で固めた。さらに、録音演出にも浅梨なおこちゃんという女性を抜擢。

そうやって要となるポジションをすべて女性が占めていきました。これはジブリのみならず、当時のアニメーション界全体を見渡しても画期的なことでした。

映画の中でも、ポルコが飛行艇を直すピッコロ社の作業員はフィオをはじめみんな女性だったじゃないですか。あのシーンは自分たちがスタジオでやっていることの投影だったんですよ。

それにしても、宮さんはなぜこんな名案を思いついたのか？

いまでこそ宮さんはフェミニストと言われますけど、もともとは古い日本人。きっと若いころは男尊女卑だったんじゃないかと思います。ただ、最初に勤めた東映動画が非常に女性の多い会社だったそうです。つまり、女性を大事にしないと映画が作れなかった。その経験が宮さんをフェミニストに変えていったんじゃないかと、僕はにらんでいます。

スタッフ選びだけでなく、映画の作り方の上でも、宮さんは経営者的な現実主義を見せました。『おもひでぽろぽろ』の二年に対して、『紅の豚』は半分の一年で完成しています。それは、一年で作れる内容にしたからなんです。

正直な言い方をすると、起用しているメインスタッフはそれまで二番手だった人たちです。彼女たちの負担をなるべく減らすことを考えなければならなかった。

たとえば、作品の品格を決めるともいわれる美術。宮さんはいつも複雑な建物を設計して、その中をキャラクターが行ったり来たりすることでおもしろいシーンを作っていきます。ただ、そういう世界を描くには大変な労力が必要なんです。そこで、『紅の豚』では飛行艇の映画であるという利点を活かして、背景は空と海を中心にした。そのおかげで美術スタッフの負担はだいぶ軽くなりました。

作画においても、難しい芝居が要求されるシーンをなるべく減らしています。アニメーターがキャラクターに芝居をさせるとき、じつはいちばん手間がかかるのは日常のさりげない動作です。たとえば『耳をすませば』で、朝食の後、主人公の雫《しずく》が立ち上がって腰掛けを元に戻すシーンがあります。お客さんからすると、何気ないシーンに見えるでしょう。でも、日常の動作というのは誰もがよく知っているだけに、説得力のある絵にするのが難しい。むしろ空を飛んだり、殴り合ったり、非日常の派手なシーンを描くほうが楽なんです。

ジブリ作品の最大の特徴って、そういう日常芝居を徹底的に描いてきたところにあります。逆に、そういった日常生活の描写を減らせば作画スタッフはかなり楽になる。

美術においても作画面でも、いろんな制約を飲み込みながら、それでも最大限のおもしろさを保証する。そういう困難な映画作りに挑戦し、実際、見事にやってのけてしまう。それが監督・宮崎駿のすさまじさであり、経営者・宮崎駿の現実主義です。

制作が佳境に入る中、僕は心の中で宮さんに手を合わせて感謝していました。

税務署員が驚いた設計センス

さらに、もうひとつ宮さんが経営者的感覚を発揮したのが、新社屋の建設でした。社員を常雇いにするだけじゃなく、土地を買って新しいスタジオを建て、しっかりした拠点を構えようと言い出したのです。

たしかにこれまでいい作品を作ってきたし、興行的にも成功した。でも、働いているスタッフは厳しい環境、苦しいスケジュールの中で疲弊しきっている——当時、宮さんの目にはスタジオの状況はガタガタに見えていました。それを『紅の豚』という作品と、新しいスタジオを同時に作ることで立て直そうと考えた。映画作りのいちばん大変な時期に、さらに大きな課題を持ち出すことで、監督業のプレッシャーを自分自身に軽く思わせようという狙いもあったかもしれません。

新社屋の設計は、宮さんが自ら手がけました。いちばんの目玉は女性トイレでした。男性トイレの倍の広さにしたんです。しかも、当初はそこに机と椅子まで置こうとした。フェミニスト的な優しさだけじゃなくて、女性を上手に働かせようという魂胆もあったんです（笑）。

他にも、吹き抜けの螺旋階段、インターロッキングブロックを敷いた駐車場、樹木の配置など、宮さんらしいアイデアが随所にあふれる設計になっています。

ただ、僕がいちばん感心したのは素材の選び方でした。業者任せにすることなく、天井から床材まですべて自分でカタログを確認して決めていきました。

建築素材というのは、一番上と一番下では価格に二十倍ぐらいの開きがありますが、宮さんは必ず一番安い材料を選ぶんです。それでも、安っぽくならないように色とデザインは巧みに組み合わせる。それを全フロア、部屋の隅々まで徹底的にやるんですよ。普通に作ったら途方もない予算がかかるようなものを、自ら超人的な激務をこなすことで、じつに安く作りあげてしまう。映画作りもまったく同じです。ほんとうに働き者で感心しますよね。

さて、新しいスタジオができあがると、税務署の人がうれしそうな顔をしてやってきました。固定資産税を算定するために、ちゃんと建築途中に撮った写真まで持っています。「いままで外側からしか見ていないから、今日は中も見せてください」とニコニコしています。自信があるんでしょうね。

ところが、中を案内して見せているうちに、その人の顔が青ざめていきました。そして、全フロアを見終えて一階に降りてきたところで、無言になっちゃった。しばらくしてやっと重い口を開きました。

「私たちはこういう建築物を見て資産価値を計算するプロです。でも、ここまで創意工夫して安くできている建物は見たことがありません……。いったいどなたが設計なさったんですか？」

そこで僕が「宮崎駿が自ら設計しました」という話をしたら、税務署の人たちは驚いていましたねえ。

ちなみに、ほとんどのフロアでいちばん安い素材が使われる中、僕の提案で一カ所だけ最高の素材を使ったところがあります。僕らが「バー」と呼んでいる一階の休憩スペースの床材です。例によって宮さんがいちばん安いものを選ぼうとしたとき、「みんなが寛いだり、お客さんをもてなしたりするところだから、ここだけは一点豪華主義でいきましょうよ」と頼んだんです。

宮さんは最後まで「鈴木さん、そんなにお金を使ったらまずいよ」と気にしてましたけどね（笑）。

日本航空も絶句「えっ、豚ですか!?」

当初、機内上映用の短編というところからスタートした企画が六十分になり、九十三分になり、劇場公開することになって、関係者は喜んでいました。

ただ日本航空の社内では大問題になりました。機内上映の短編映画を製作する。そこまでは何とかクリアできていたんですが、本格的な劇場公開作に出資するとなると、会社の定款から変えなきゃいけない。最終的には社長の決断次第だというのです。

先の川口さんに加えて、木内則明さん、堀米次雄さんの三人が主に担当してくれていたんですが、どうやって社内を通していくか、彼らも頭を悩ませていました。ある日、「社内でどこを突かれても問題がないように、いろいろ確認したい」と三人がやって来ました。

開口一番、彼らが聞いてきたのが、「最大いくら損しますか？」ということ。映画興行というのは、ある意味やくざな世界です。僕もそういう計算はしたことがありませんでした。さすが堅い会社は違うなあと驚きつつ、レポートを作ることになりました。

次に問題になったのがタイトルです。最終的に『紅の豚』に決まったと伝えると、堀米さんは、「えっ……豚ですか⁉」としばらく絶句しています。

会社に帰った後、彼は周囲の女性たちに意見を聞いてみたそうです。そしたら、みんな「へえ、『紅の歌』ですか。いいタイトルですね」と喜んでいる。『となりのトトロ』を作った会社だから、さぞ素敵な映画に違いないと思っていたんですね（苦笑）。ポスター案を見て豚だと分かったときは、みなさん相当びっくりしたらしい。

そこまでは笑い話で済みましたけど、役員会に報告すると、「ＪＡＬが初めて製作する映画が豚では困る」という意見が出た。しかも、そのタイトルでは宣伝部も動いてくれないという。三人がまた困った顔をしてやって来ました。

そこで僕が宣伝部の木村建部長と会うことになりました。本社に連れて行かれて、部屋に通されると、三人はササッと出て行ってしまい、部長と二人きりになってしまいました。そこで膝をつき合わせて侃々諤々議論することになったんですが、そのおかげで後にその方とも仲よくなりました。

新聞広告をめぐっても一悶着がありました。機内での先行上映が決まり、「飛べば、見える。世界初・スカイロードショー」という謳い文句で全十五段のタイアップ広告をJALが打ってくれることになったんですが、なんとその段階でもまだ社長に『紅の豚』というタイトルを報告していないというんですよ。

だから、広告の最初の案にはタイトルが入っていなかった。ポルコの顔もなし。旅客機の窓の外を飛行艇が飛んでいるだけです。さすがにそれじゃ宣伝にならないということで、交渉した結果、ポルコの顔は大きく、ただしタイトルはよく見ないと気づかないように小さく入れるということになりました（苦笑）。

そして、迎えた最後の関門。利光松男社長に試写を見てもらうことになりました。今だから笑って話せますけど、当日まで社長はタイトルを知らなかったそうです。僕らが劇場の外で固唾を呑んで待っていると、利光さんが出ていらっしゃって、開口一番「よかったよ」と言ってくださった。そこでようやくすべて一件落着となりました。

『魔女の宅急便』でヤマト運輸とタイアップしたときは間に電通が入っていたんですが、『紅の豚』のときは博報堂。鈴木伸子さんという担当者が日本航空との間に入って、ほんとうにいろんな苦労をかけました。

でも、そのおかげで日本航空とはその後もいいお付き合いが続くことになります。僕がやっているラジオ番組「ジブリ汗まみれ」のスポンサーになってもらい、植木義晴社長に番組に登場してもらうなんてこともありました。

余談ですが、植木社長のお父様は何と昭和の大スター、片岡千恵蔵です。僕は子供のころから大ファンでしたから、いろいろなエピソードを聞かせてもらい、宮さんも入って非常に楽しい鼎談になりました。

初の全国キャンペーン

無事に映画が完成し、ＪＡＬの了解を取りつけることができたものの、公開に際してはもうひとつ大きな壁が待っていました。

東宝の洋画系で配給することが決まっていたんですが、二系統ある映画館のうち、収容人員の大きいほうはすでにスピルバーグの『フック』に押さえられていたんです。そのままでは『紅の豚』に割り当てられるのは小さい映画館のみ。それではどんなにうまくいっても『フック』の半分しかお客さんが入りません。

その劣勢を何とか少しでも挽回しようということで、初めて全国キャンペーンを企画することになりました。ただし、東宝は当初これに大反対。本格的な全国キャンペーンなんて、それまで誰もやったことがなかったからです。

そのとき助けてくれたのが西野文男さんという東宝の常務でした。彼とは以前、『トトロ』『火垂るの墓』のときに配給をめぐって大げんかをしたことがあるんですが、それ以来むしろ懇意にさせてもらっていました。西野さんは僕が全国キャンペーンで何とか観客動員を伸ばそうと奮闘しているのを見て、「鈴木さん、本気でがんばるんだな？」と言って前代未聞の作戦を実行してくれたんです。

もう時効でしょうからお話しします。契約している手前、初日だけは大きい小屋で『フック』を上映する。でも、一晩で看板から何からすべて突貫工事で入れ替えて、二日目以降は『紅の豚』にしてしまう。そんな荒技をやってのけたのです。全国の映画館主から信頼されている西野さんでなければ不可能な芸当でした。ただし、さすがに関東地区でやるわけにはいかず、あくまで地方だけでの方策でした。

そこで効いてくるのが全国キャンペーンです。映画の興行収入を関東とそれ以外に分けると、通常、関東が六〇～七〇パーセントを占めます。僕らはそれを引っ繰り返して、大きい映画館を使える地方での観客の掘り起こしを図ろうとした。

全国津々浦々、十八カ所に宮さんや声優さんを連れて行き、現地の新聞、雑誌、テレビ、ラジオの取材を受け、試写会もやりました。

じつはこの試写会が重要なんです。お客さんに来てもらって、口コミで映画の魅力を伝えてもらうと同時に、試写会への応募告知をテレビでやってもらうこと自体が、映画を知ってもらう上で大きな宣伝になる。そのとき日本テレビと組んでいることが大きな力を発揮します。全国各地の系列局それぞれで試写会を企画し、何十本もの告知を打ってもらうわけです。

こうして宣伝、配給、タイアップ広告など、すべての要素が有機的につながっていきました。その結果、『紅の豚』は配給収入二十八億円、『フック』は二十三億円という大逆転が起きたんです。

映画は企画が大事、作るのも大事、宣伝も大事。でも、最後の配給ものすごく大事です。作る、売る、観てもらう。三つが一体にならないとヒット作は生まれません。『紅の豚』は、僕がそれを意識的に組み合わせることができるようになった記念すべき作品でもありました。

総天然色漫画映画　平成狸合戦ぽんぽこ

「高畑さんには狸をやってもらおう」

「俺が豚をやったんだから、高畑さんには狸をやってもらおう！」

『紅の豚』を制作中のある日、突然、宮さんが言い出したんですよ。

ジブリというのは、もともと宮崎駿の作品を作るためのスタジオとして始まりました。それがスタッフを社員化し、新社屋を建て、規模が大きくなっていく中で、一定のペースで作品を作り続ける必要が出てきたんですね。そうなると、宮さんが新作を作っている期間を別の作品でつながなきゃいけない。こういう言い方をすると大変失礼なんですけれど、結果的には高畑さんがその役割を担ってきてくれた。だから、いつの間にかみんな、「次は当然、高畑さんの番だろう」という気分になっていたんです。

そんなときに宮さんが「狸だ」と言い出した。僕は「そんな無茶苦茶な」と思いつつ、「可能性はあるかな」とも感じました。

というのも、高畑さんは以前から、「日本固有の動物として、狸にまつわる話というの

総天然色漫画映画　平成狸合戦ぽんぽこ

はおもしろいものが数多くあります。誰かが映画にすべきじゃないでしょうか」と言っていたんです。過去、実写のほうでは『狸御殿』（木村恵吾監督・一九三九年）などがあるけれども、本格的なアニメーション作品はありません。『かぐや姫の物語』もそうでしたけど、高畑さんはそういうとき、「誰かが作るべきだ」という言い方をするんです。

もともと高畑さんは、自分のほうから「この作品をやりたい」ということをあまり口に出さないタイプの監督です。言ったとしても地味なものが多い。だから、『火垂るの墓』にしろ、『おもひでぽろぽろ』にしろ、最初はこちらから押しつける格好で始まりました。最初はたいてい「なぜ作れないのか」を延々説明するというのも高畑さんの特徴です。でも、いったん引き受けてくれたら、こちらがびっくりするような素晴らしい作品に仕上げてくれる。そういう監督なんです。

いままで高畑さんと付き合ってきた経験上、今回はごちゃごちゃ言うよりも、とにかく率直に話をぶつけるしかないと思って、宮さんの言葉をそのまま伝えることにしました。「高畑さん、また宮さんが無茶を言い出しました。『俺が自分を主人公にして豚を作ってるんだから、高畑さんは狸だ』って言うんです」

そうしたら、「いったい何考えてるんですか！」と怒られました。僕じゃなくて宮さんが言ったんですけどね（苦笑）。

「でも、高畑さん、前に誰かが狸の話を作るべきだとおっしゃってたじゃないですか。〝誰か〟が高畑さんになってもいいんじゃないですか？」

ところが、高畑さんの抵抗は想像以上でした。そこから、毎日のように高畑さんの家へ通って、何時間も話し合う日々が始まりました。

宮さんと僕が好きな漫画家、杉浦茂さんの作品に『八百八だぬき』というのがあります。そこで宮さんは、「『八百八だぬき』でやったらどうかな」と言っていたんですけど、高畑さんはそんなに簡単に受け入れないだろうという気がしました。他に狸の昔話をもとにした小説や漫画はないだろうか……ということで、いろいろ調べていく中で辿り着いたのが、井上ひさしさんの『腹鼓記《ふつこき》』でした。これはある意味、非常に便利な小説で、古今東西、狸を扱ったあらゆる話がぜんぶ詰め込んであるんです。教えてくれたのは、誰あろう、高畑さんでした。

その時点ですでに数カ月を要していたので、僕としては一気に決めたい。そこで「ものになるかどうかはともかく、井上さんに一回会って、いろいろ相談してみませんか」と持ちかけました。

じつは、『おもひでぽろぽろ』を作っているとき、『ひょっこりひょうたん島』の資料を探す過程で、井上ひさしさんの片腕である渡辺昭夫さんという方と知り合っていました。そこで連絡してみると、「そういうことなら時間をとりましょう」と快諾してくださったのです。

井上ひさしさんとの〝名対局〟

高畑さんといっしょに待ち合わせ場所の青山の喫茶店で待っていると、渡辺さんが井上さんを連れて来てくれました。井上さんとはそのときが初対面だったんですけど、会った途端、挨拶もそこそこに、いきなり「こういう話はどうですか」と、具体的なストーリーの提案を始めたんです。しかも、一つじゃなくて、A案、B案、C案……と次から次へと何個も出てくる。これにはびっくりしました。

ところが、もっと驚いたのは、それに対する高畑さんの反応です。それらの案について、一つひとつダメ出しをしていくんです。もちろん、おもしろい点はおもしろいと認めつつも、弱点は弱点として率直に挙げて、どうしてその案ではダメなのかを伝える。

高畑さんが「しかし、それはトトロを狸に置き換えただけじゃないですか」と言えば、井上さんは「そういえば、そうですね」と素直に受け入れて、次の案を話し始める。そのやりとりを隣で聞いていて、僕はハラハラしながらも、感銘を受けていました。いくつも案を出してくる井上さんもすごいけれど、それをすべて否定する高畑さんもすごい。普通はそこで怒るかへこたれるかしそうなものですけど、井上さんはそれを平気で受け止める。その度量の大きさは計り知れないものがあります。

たしか四時間ぐらいそういうやりとりが続いたと思います。最後に出てきたのが、『腹鼓記』の話でした。

「私の書いたものの中に『腹鼓記』という小説があります」

「ええ、読ませていただきました」

「そうでしたか。あそこにはご承知のように、日本の狸の話がぜんぶ詰まっています」

「しかし、あの『腹鼓記』は、作品としては……」

高畑さんが言い淀むと、井上さんは、「うまくいってません」と自らおっしゃった。高畑さんが「井上さんの本領は小説ではなく、芝居の戯曲にあるんじゃないでしょうか」と伝えると、井上さんはそれも認めていました。

名人同士の対局というんですかね。言った高畑さんにも、受けた井上さんにも感心するばかりでした。

帰り際、井上さんはこんなことをおっしゃってくださいました。

「私は米沢に遅筆堂文庫というのを持っているんです。『腹鼓記』を書くにあたって集めた狸話の資料がぜんぶ置いてあるので、そこに行ってみませんか。何かの役に立つかもしれません」

そこで、高畑さんと僕は二人で米沢を訪ねることになるんです。ただ、高畑さんはあまり乗り気じゃありませんでした。「慌てて狸の本を読んだってしょうがないでしょう。それが直接映画に結びつくわけがありませんよ」と言うんです。「でも、井上さんもああおっしゃってくださってるんですから、まあ旅に行くつもりで」と説得して、新幹線に乗り込みました。

遅筆堂文庫に着くと、大量の本や雑誌が保管されていて、ちょっとした図書館のようでした。その中に、たしかに狸のコーナーがあります。高畑さんはいくつか手にとっては、気のなさそうにパラパラ見ています。そこで、僕は一計を案じて「この中から三冊借りるとしたら、どれがいいですかね？」と水を向けてみました。そうしたら、高畑さんも乗ってきて、「三冊ですか。そうですねえ……」と、真剣に選び始めてくれました。

僕からしてみれば、実際にその本から収穫があるかどうかは重要じゃありませんでした。井上さんにお会いする。あるいは本を借りる。そういうきっかけ作りを積み重ねれば、どこかで作品作りに対して前向きになってくれるんじゃないか――そう考えていたんです。

「これは映画にするに値するテーマですよ」

そうこうするうちに半年ぐらいがたっていたでしょうか。米沢から帰ってきてしばらくしたある日、高畑さんが突然こんなことを言い出しました。

「自然でもやりますか」

「自然、ですか？」僕は真意をはかりかねて聞き返しました。

「多摩ニュータウンって知ってますか。あそこは山を切り崩して造った住宅地なんですよ。一つの山をまるごと壊して街に変えてしまう。世界の歴史上、こんな大それた行いがあったでしょうか。これは映画にするに値するテーマですよ」

僕が黙って聞いていると、「もしやるならですが」と前置きした上で、高畑さんは続けます。

「よく動物を描くとき、擬人化するのが日本人の特徴でしょう。でも、狸が狸として登場する。そういう映画が作れないでしょうか」

もともと高畑さんは動物が好きで、ドキュメンタリー番組などもよく見ていました。そういう下地もあったんでしょう。住処である里山を宅地開発で追い出されることになった狸たちはどうなったのか？　人間にささやかな抵抗をしようとした狸もいたんじゃないか？　それを一種の架空のドキュメンタリーとして描けないか？

それが高畑さんのアイデアでした。

——もちろん、戦うといったって、狸たちに武器があるわけじゃありません。あるとしたら〝化け学〟を復興させて、それで人間を脅かすというのが精一杯。戦いと呼ぶにはあまりにもおそまつで、結局、狸たちは居場所を失っていくでしょう。そこで見ている人たちが、狸に感情移入しながら、自分たち人間のやってきたことについて思いを巡らせる。そういう映画だったら、やろうと思えばできるんじゃないでしょうか。

もう立派に話ができているんですよ。感心する一方で、そこまでできているなら、どうしてもっと早く言ってくれないのか……と思ったのも事実ですけど（苦笑）。

さて、いよいよ制作開始です。架空とはいえ、ドキュメンタリーですから、まずは取材をしないことには始まりません。

まずは狸の生態観察です。実際に多摩で狸を捕獲していらっしゃる人や、家で飼っている人を訪ねてまわりました。観察したり、話を聞いたりする中で、狸というのは小っちゃいころは温厚なのに、ある年齢になると突然凶暴になるということが分かってきました。

次は、狸の研究者。そして多摩ニュータウンの開発についての取材です。造成が行われるとき、山を崩すことに反対した人たちにも話を聞きました。高畑さんの作品にはいつもこうした取材が付きまといます。それが作品に厚みを与えることにもつながっているんじゃないかと思います。

取材をもとにシナリオを作る一方で、タイトルも決めなければいけません。いろいろ相談するうちに、昔話に出てくる「狸合戦」という言葉が浮上してきました。さらに、高畑さんの「ばかばかしさを感じさせる〝平成〟という言葉を付けてはどうでしょう」というアイデアで、『平成狸合戦』というタイトルになりました。

ところが、それを見た日本テレビの奥田誠治さんがボソッと言ったんですよ。

「高畑作品にはいつも〝ぽ〟の字が入りますけど、今回はないんですね」

そこで高畑さんがもう一捻りして出してきたのが〝ぽんぽこ〟でした。こうして『平成狸合戦ぽんぽこ』というタイトルができあがっていったのです。

「制作中止にしよう」

宮崎駿という人は映画監督だけでなく、会社の経営者としても非常に優れた人であるということは、これまでもお伝えしてきたとおりです。優秀な経営者というものは社内の情報収集に抜かりがありません。じつは、宮さんも社内のいたるところにスパイを放ってあり、あらゆる情報が逐一届くようにしていたのです。だから、僕が何も言わずとも、『狸』のシナリオ脱稿の日を察知していました。

当日、宮さんは僕のところにぶらりとやって来ました。

「シナリオできたんでしょ、鈴木さん」

「ええ、おかげさまで、何とかできあがりました」

「多摩ニュータウンが舞台なんだって」

「そうなんですよ。おもしろくなりそうです」

次のひと言に、僕は一瞬凍りつきました。

「制作中止にしよう」

冗談を言っている顔じゃありません。真剣なんですよ。

——俺はいつも作品を一年で作ってきた。でも、パクさんは二年かけて作る。これじゃジブリの主流はパクさんで、俺は傍流じゃないか。いま俺がどんな思いで『紅の豚』を作ってると思ってるんだ。パクさんが『おもひでぽろぽろ』でガタガタにしたスタッフを立て直すために、俺がどれだけ苦労しているか、他ならぬ鈴木さんが一番よく分かってるだろう！　だから、『狸』は制作中止だ！

もちろん、僕としても宮さんの気持ちは痛いほどよく分かりました。でも、いまここで高畑さんに一本作ってもらわないと、ジブリがこの先やっていけないのも事実です。

「それは宮さんも分かってくれてますよね」と言っても、「そんなことは関係ない！　制作中止だ」の一点張りです。

もともと熱い人ですし、『紅の豚』の制作が佳境で、ストレスもピークに達していたんだと思います。そして何より、高畑さんに対する愛憎入り交じった複雑な感情が、長年かけてマグマのように溜まっていたんでしょう。それが大噴火してしまったんだと思います。

ジブリには通称〝金魚鉢〟という透明なガラス張りの部屋があるんですが、そこに二人で籠もって、八時間ぐらい飲まず食わずで話し合いを続けました。

「制作中止にしないのなら、俺がジブリを辞める」という押し問答が、翌日もその次の日も続きました。それが一カ月ほど続いたある日、宮さんが呻きながら胸を押さえて、その場でバタッと倒れてしまいました。救急車を呼ぶかどうか、すったもんだの大騒ぎになりましたが、幸い大事には至らず済みました。

映画監督にしろ、作家にしろ、ものを作る人が抱えるストレスというのは想像を絶するものがあります。もしかしたら、あのときの宮さんはそれが狂気に近いところまで達していたのかもしれません。

僕としても宮さんの気持ちを酌み取りたいのは山々ですが、『狸』を作らなければ、ジブリが終わってしまう。まさに八方塞がりの状況でした。そこで、僕は一か八かの賭けに出ました。わざと何の連絡もせずに会社を休んだんです。中学のときから続けてきた皆勤をはじめて破った日でした。

その一日にすべてが起こりました。

朝やって来た宮さんは、僕がいないことに気づき、ハッと我に返ったようです。一方で高畑さんも、宮さんと僕の間で問題が起きていることは何となく感じとっていたんでしょう。その日、宮さんの仕事部屋を訪ねるんです。そこで二人が何をしゃべったのかは僕も知りません。きっと「宮さん、元気？」といった他愛のない世間話だったんじゃないかと思います。でも、二人が会って話した、そのこと自体に意味があったんでしょう。いろいろ凝り固まったものが氷解して、事なきを得ることになるんです。

二人はそれを機に、またそれぞれの作品に戻っていきました。

ただし、この件には後日談があります。ちょうどそのころ、『週刊金曜日』という雑誌が創刊され、井上ひさしさんが編集委員の一人だったこともあって、僕らも創刊記念パーティに招かれました。会場で井上さんに会って、「その節はお世話になりました」とお礼を言うと、井上さんは僕が送ったシナリオをすでに読んでくださっていて、「さすがですな。おもしろかったですよ」と褒めてくださいました。「ただし、ひとつだけ注文があります。あのタイトルはよくない」と言うんです。

そうしたら、横にいた宮さんがすかさず、「井上さんもそう思いますか！」と割り込んできました。待ってましたとばかり、再び勢いづいてしまったんです。しかも今度は井上さんと二人がかりでしょう。パーティそっちのけで、二人は僕を壁際に追い込んで、タイトルについて、ああでもない、こうでもない、と延々話し続けました。あれにはほんとに参りました（苦笑）。

翌日、井上さんからあらためてファックスをいただきました。芝居の世界には〝スクリプト・ドクター〟という職種があって、人の書いた脚本の出来を評価し、修整する専門家がいるというんですね。「その立場からものを言わせていただくと、この作品は中身に関しては非常にいい。ただしタイトルはよくないから、やはり変えたほうがいい」と書いてありました。ありがたく拝読しつつ、タイトルはそのままでいきますという旨の返事を書きました。

公開時期をめぐる攻防

さて、そんなきわどい状況をくぐり抜け、ようやく制作は軌道に乗り……といきたいところですが、そこは高畑さん。いつものようにスケジュールが遅れだします。

ただし、毎回、間に合う、間に合わないで冷や汗をかき続けてきて、僕もさすがに学習していています。今回はちょっと策を弄しました。公開予定は一九九四年の夏だったんですが、サバを読んで、高畑さんには「春公開です」と伝えておいたのです。しかも、念には念を入れて「春公開」という文字を入れたポスターまで作り、配給の東宝の人たちにも口裏を合わせてもらいました。

すると案の定、制作は遅れていきました。そこでタイミングを見計らい、高畑さんに告げました。

「しょうがないですね。こうなったら腹をくくりましょう。東宝さんにお願いして、何とか夏公開にします」

――ここまでは計算通り、出来レースです。してやったり！　これでもう大丈夫だろうと思ったのも束の間、延ばした三カ月も踏み倒して、夏にも間に合わないということが途中で明らかになりました。

ジブリの場合、作画の生産ペースは、がんばっても月に五分が限界です。それで計算すると、完成は九月になってしまう。そこで、再び高畑さんと腹を割って話すことにしました。僕はいままでの経験を踏まえて、こういう言い方をしてみました。

「ちょっと深刻な話があります。春公開を夏に延ばしたわけですけど、このままいくと夏にも間に合いそうにありません。それは高畑さんも分かっていますよね。こうなったらもう冬公開にしませんか？」

僕としては実際その覚悟もしていたんですよ。でも、意外なことに高畑さんがボソッと呟いたんです。

「いや、それは……。やっぱり夏に公開を……」

「だけど、間に合わないんだから仕方ないですよね。冬にしましょう」

「いや、夏に……」

すでに春から夏に延ばしているという負い目があったのかもしれませんし、そのころはまだ高畑さんにもスケジュールを守ろうという意識が残っていたのかもしれません（苦笑）。

じゃあ、具体的にどうやってスケジュールを短縮するか？　そこで僕は「現状の絵コンテから十分削れば何とかなります」という提案をしました。

「しかし、自分ではどこを切ったらいいか分かりません。鈴木さんのほうで案を考えてくれませんか」

「でも、高畑さんの作品に僕が手を入れるというのは……」

とか何とか言いながら、つい僕も心の中で喜んでしまったんですね。十分削れば何とか公開できるんだって。でも、それが間違いのもとでした……。

僕が終盤を大胆に削る案を出して、「ここはいい」「ここはだめだ」というやりとりをしながら、十分削ることには成功しました。高畑さんも、最初は「これならいちおう話としては通じますね」と言ってくれたんです。

でも、翌日から毎日二時間ぐらい、高畑さんに言われ続けることになったんですよ。

「カットしたことで作品のテーマが剝き出しになってしまった」と。

たしかに高畑さんの言うとおりなんです。終盤を短くしたことで、ともすると、「自然が大事だ」というありきたりのメッセージに受け取られかねない作りになってしまった。でも、高畑さんの元の案は、「自然を大事にしようと言っているほうにも問題があるんじゃないか？」という問いかけも含んでいたんですよ。世界というのはそんなに単純なものじゃない。人間はもっと複雑なものを背負って生きている——そこまで考えさせる作りだったんですよ。

高畑さんはやっぱりそうやって現実に対して影響を与える映画を作りたい人なんですね。それだからこそ、高畑作品は外国でも評価が高いんだと思います。狸というのは日本固有の動物で、外国人には馴染みがないわけですけど、『狸』という映画を見れば、「日本という国ではこんなことが起きたんだろうな」ということが外国人にもありありと想像できるようになっている。日本の若い人が見ても分かるし、外国の人が見ても感心する。高畑勲という監督は本当に巧みな映画を作ります。そこには毎回、心の底から感心します。

もちろん、そのまま作っていれば、もっと完成度が高い作品になっていたでしょう。僕から見ても高畑さんの意見は正しい。でも、カットに応じたのも高畑さん自身なんです。そのジレンマを僕にぶつけるしかなかったんでしょうね。

僕が苦慮しているとき、博報堂のジブリ担当、藤巻直哉という男がふらりとスタジオにやって来ました。後に『崖の上のポニョ』でテーマソングを歌った彼です。仕事ではまったく役に立たないんですけど、ものを見る目はたしかで、『狸』の元の絵コンテも読んでいたんですね。それで、よりにもよって高畑さんに向かって「最後のところがいいですね」って言いやがったんですよ。高畑さんとしては我が意を得たりです。

「公開に間に合わないから、そこをカットせざるを得ないんです」

「えーっ、それはもったいないですよ！」

それを聞いて、僕はもう「人の苦労も知らないで、このやろう！」って頭にきちゃってね（苦笑）。

そんなわけで、宮さんに続き、高畑さんにも毎日同じことを言われ続けて、さすがに僕も頭がおかしくなりそうになりました。途中まではいい作戦だと思ったんですけど、最後に報いが来ましたねえ……。

最初から最後まで泣き通しだった宮さん

さらに、あともう一息で完成というときになって、ダメ押しの問題が発生しました。

その日、僕は都心に行く用事ができて、スタジオを留守にしていました。その間隙を突いて、『狸』の作業場にやって来た宮さんが、メインの原画マン五人を呼んで、「クビだ！」と告げたんです。みんなわけが分からないけれど、宮さんがえらい剣幕なので、仕方なく荷物を片付け始めた。

宮さんから「鈴木さんには連絡するなよ」と釘を刺されていたんですけど、その場にいた僕の部下の高橋というのが何とか脱出して僕に電話してきた。そこで、僕は慌ててスタジオのある東小金井にとんぼ返り、五人を引き留めました。むろん、宮さんには何も言いませんでした。

そうした艱難辛苦を乗り越え、映画が完成した日のことは忘れもしません。高畑さんと宮さんと僕とで並んで初号試写を見たんですけど、宮さんは最初から最後までずっと泣いていました。

というのも、登場する狸たちが、東映動画時代の高畑さんと宮さんの仲間たちをモデルにしていたんです。特攻を仕掛ける権太は宮さんですよね。主人公の正吉は高畑さん。その他のキャラクターもそれぞれ誰を投影しているのか、当事者たちには分かるように作ってあったんです。

宮さんは、映画の中に自分たちの青春を見たんでしょうね。

宮崎駿の高畑勲への思いというのは、第三者には決して分からない複雑なものなんですよ。ひと言でいえば「愛憎」ということなんですけど、それだけじゃ表現できないものがあります。宮さんは高畑さんに関してこういうふうに言うことがあります。

「パクさんのスタッフで生き残ったのは俺一人だ。あとはみんないなくなった。俺だけが耐え抜いたんだ」

それは宮さんの誇りでもあるんですよ。なにしろ、七十歳をとうに過ぎた今でもそう言う。一方でこうも言います。

「パクさんの悪口を言っていいのは、俺と鈴木さんだけだ。他のやつが言ったら俺は許さない」

それぐらい高畑勲という人を敬愛しているんですね。その屈折した愛情がときどき爆発してしまうことがある——そういうことなんです。

それでも、宮さんってどこまでもいい人だなと思うのは、できあがった『平成狸合戦ぽんぽこ』の宣伝キャンペーンには献身的な協力をしてくれて、地方にもいっしょに行ってくれました。宮さんのひと言から始まった企画なので、責任感もあったんでしょうけれど、途中の経緯を考えると、本当によく付き合ってくれたなと思います。

途中ではいろいろあったにせよ、最終的に宮さんは、高畑さんのためにやれることは全部やってくれた。立派としか言いようがありません。

でも、高畑さんは「宮さんって貧乏性ですよね。自分の思い通りにやればいいのに」なんて言ったりもする。この二人の関係、いったい何なんでしょうねえ……。

耳をすませば

「四十五歳の新人監督」近藤喜文が泣いた夜

宮さんの義理のお父さんが信州にアトリエを持っていて、昔から夏になると宮崎家はよくそこへ行っていました。ジブリを始めてからは、僕らも夏休みのたびに、その山小屋へ遊びに行くというのが恒例行事になったんです。息子の吾朗くんはもちろんのこと、一時期は押井守や庵野秀明も来たりしてね。みんなでワイワイがやがやいろんな話をして、楽しい時間をすごしました。

そのアトリエは、いまでこそ宮さんが手を入れてログハウスに建てかえましたけど、もともとは古い日本家屋でした。ちょっと人里離れた場所にあって、電話は引いていないし、新聞も取っていない。ほんとに世間から隔絶された環境なんですよ。

昼間は周辺の村、林を散策して、夕方、お風呂に入って、食事をする。夜になるとあたりはしんと静まりかえってね。ほんとに何もやることがない。そんなとき、宮さんが「何かないかな?」と言って、部屋の奥をがさごそ探して持ってきたのが、数冊の少女漫画雑誌でした。奥さんの親戚もよく遊びに来ていたから、姪っ子たちが漫画を買い込んで、みんなでまわし読みをしてたんですね。それが残っていて、宮さんはときどきパラパラと読んでいたそうです。

　その中から、「鈴木さん、ちょっとこれ読んでみてよ」と言って渡されたのが、『りぼん』に載っていた『耳をすませば』です。たしか連載の第二回だったのかな。僕だけじゃなくて、押井さんや庵野も読んでね。宮さんが「この話の始まりはどうなっていたんだろう？」と言うから、みんなで想像を膨らませて話し合いました。そしたら、当然その後の展開も気になってくるじゃないですか。それで、ああでもない、こうでもないとかってにストーリーを作っていきました。これが毎晩のいい遊びになったんですよ。

　宮さんとしては、そのあとも何となくそのストーリーが気になっていたみたいで、あるとき制作部にやってきて、「だれか『耳をすませば』っていう漫画、知ってるやついないか？」と聞きました。そしたら、田中千義《かずよし》というスタッフが「僕、単行本持ってますよ」と言って、「じゃあ早く持ってこい」という話になった。

　それをあっという間に読み終えた宮さんは、「話が違う！」と怒り出した。あたりまえですよね。宮さんの頭の中にあったのは、あくまで自分たちでかってに作ったストーリー

なんだから（苦笑）。

漫画でも小説でも、宮さんの読書って、たいていそういう具合なんです。作者が書いたものをそのまま受けとるんじゃなくて、読みながら自分の中で別の世界を作りあげて、その中を歩きまわるのを楽しんでいる。だから、宮さんが「鈴木さん、この本おもしろいよ」と言って渡してくれる本って、よくタイトルに「庭」という言葉が入ってます。本の中に出てくる庭を自分なりに設計するのを楽しんでるんでしょうね。

近藤喜文の才能

そのころスタジオは、『平成狸合戦ぽんぽこ』の制作の真っ最中。それと並行して、「次回作をどうするか？」という話し合いも進めていました。そのとき宮さんが「鈴木さん、あれはどう？」といって持ち出したのが『耳をすませば』だったんです。そして、「これ、近ちゃんに監督してもらおうか。近ちゃんにはこういうのが向いてるよ」と言い出した。

近ちゃんこと、近藤喜文という人は、アニメーターとしてすごい才能を持っていて、高畑勲、宮崎駿の作品には欠かせない存在として活躍してきました。

もともとは新潟の出身です。高校を卒業して東京へ出てきて、まず入ったのが東京デザインカレッジのアニメーション科。当時、そこでは高畑さんや宮さんの東映動画時代の先輩、大塚康生さんが先生をしていました。大塚さんによれば、近ちゃんはとくに目立つ存在じゃなかったそうですが、講義が終わったあと、思い詰めた顔でやってきては、訥々と「Aプロに入れてください」と何回も言ったそうです。

Aプロダクション（現・シンエイ動画）というのは、やはり東映動画出身の楠部大吉郎さんが作った会社で、大塚さんは当時そこに移籍して、『ムーミン』や『ルパン三世』を作っていたんです。

近ちゃんがひたすら「入れてください……」と繰り返すものだから、大塚さんも根負けして、楠部社長にわけを話して入社させることになった。ところが、いざ仕事を始めてみると、これが最初からうまかったらしいんですよ。おかげで楠部社長からは、「大塚さん、ああいう人いたら、またすぐ教えてよ」と感謝されたそうです。

やがて、高畑さん、宮さんらもAプロに移ってきました。そのとき宮さんが目をつけたのが、近ちゃんの才能だった。そして、宮さんの監督デビュー作、『未来少年コナン』では、近ちゃんが大活躍することになります。とくにコミカルなシーンなんかは非常にうまくいって、作品に彩りを加えました。

それを横で見ていた高畑さんも、やはり近ちゃんの才能に魅入られて、『赤毛のアン』を作るときに、近ちゃんを絵描きの中心に据えてやっていくことになります。

自分が見出した才能を横からかっさらわれたと感じて、宮さんは拗ねちゃうんですけどね（笑）。それを奪い返そうとしたのが、『となりのトトロ』対『火垂るの墓』事件です。そのことは先に触れたとおりです。

そのあとも、宮さんとしてはずっと近ちゃんといっしょにやりたいと思っていた。ところが、高畑作品、宮崎作品を交互に作っていく中で、どうしても近ちゃんは高畑作品の順番にあたるんですね。宮さんが『耳をすませば』の監督に近ちゃんを推した裏には、その流れを断ち切りたいという思惑もあった……と僕はにらんでいます。

近ちゃんは近ちゃんで、田舎から出てきて、これまで高畑さん、宮さんの下でがんばってきたけれど、どうしても自ら監督をやりたいという思いを抱き続けていた。

そこで、宮さんは考えた。ここで近ちゃんに監督として思う存分、腕を振るってもらい、そのかわり次に自分が作る作品では作画監督をやってもらおう——。実際、『もののけ姫』を作るとき、近ちゃんは作画監督の一人になってくれたんですが、自然気胸などで体調を崩し、入退院を繰り返すようになっていきます……。

企画中心主義と佳作小品路線

企画の大枠は決まったものの、何せ近ちゃんにとっては初監督作品です。アニメーターとして優秀なのは分かっていましたが、演出の才能はまた別。アニメーションにおける演出家と作画監督の関係は、実写でいえば、監督とカメラマンの関係にあたります。優れたカメラマンがいい監督になれるかというと、必ずしもそうとは限らない。たまたま宮さんは一人で両方ともできてしまう人だったけど、近ちゃんはどうか?

そこで宮さんが考えたのが、「プロデュースサイドで企画を用意して監督に渡す」という手法でした。

それまでジブリは、高畑勲、宮崎駿という監督の創造力にすべてを委ねるというやり方をしてきました。いわば〝監督中心主義〟です。それに対して、今回はシナリオから絵コンテまでは、制作プロデューサーである宮崎駿が作り、それを監督・近藤喜文が演出し、映画として仕上げていく。つまり〝企画中心主義〟で作ろうというわけです。

宮さんっていうのは、そういう枠組みやキャッチフレーズを作るのが得意な人で、「今回は大作ではなくて〝佳作小品〟を作ろう」ということも言い出しました。何しろこれまで莫大な予算と時間をかけて、構えの大きい映画ばかり作ってきました。苛酷な作業の連続で現場も疲弊している。ここらで小さい作品に取り組んで、態勢を立て直すべきだというんですね。

そういう方針を掲げた上で、宮さんは二つの具体的なプランを打ち出した。

ひとつは、絵コンテのサイズ変更です。それまでのジブリの絵コンテというのは、そのままレイアウトに使えるような精度の高いものでした。そのぶん一コマのサイズも、ほかのアニメーション会社に比べて一回り大きかった。宮さんはそれをテレビ用の小さいものに変えようとしたんです。そうすることで、細かいことが描き込めなくなるから、最終的な作画も楽になる。「小品なら、作画にかける期間も短くすべきだ」。このあたりは経営者の発想ですよね。

もうひとつは配給方法の変更です。「小品なんだから、上映もそれに見合った規模にすべき」というわけです。それまでは東宝の配給で、全国の大きな映画館を中心に上映してきたわけですけど、それをミニシアター系に切り替えてみる――作品の内容だけじゃなくて、そんなことまで考えていたのかって、僕はあらためて宮崎駿という人に感心することになりました。

さて、宮崎駿の号令一下、新しい方針で制作が始まりました。でも、その方針を最初に破るのもまた宮さん本人なんですね（笑）。絵コンテを描き始めたまではよかったものの、宮さん自身、テレビ用の小さいコマに絵を描くということをもう長い間やってなかった。だから、描きにくくてしょうがないわけです。それでも、たしかBパートぐらいまでは、がんばって描いたのかな。でも、そのあとは「こんな小さいコマには描けない！」と言って、大きいコマに緻密な絵を描くスタイルに戻ってしまいました。

一方、僕は新しい配給方法について模索していました。

当時、ミニシアター向けに、小ぶりながらいい作品を配給しているヘラルド・エース（現・アスミック・エース）という会社がありました。雑誌『アニメージュ』のつながりで

文春新書

BUNSHUN
SHINSHO

文藝春秋

知り合いがいたこともあって、試しに話を持ち込んでみたところ、創立者にしてプロデューサーの原正人さんが応対してくれました。

僕が企画の内容と、「佳作小品として配給も工夫したいんです」ということを説明すると、原さんは理解してくれました。ところが、「ひとつだけネックがある」という。

「鈴木さんの言うことはよく分かる。ただ、ジブリの後ろには徳間康快さんがいるじゃないですか。我々がかってにやるわけにはいかないですよ。徳間さんの大映とうちとで共同配給というのはどうですか？」

原さんはそう提案してくれたんですけど、僕としては正直なところ、そういう中途半端なやり方ではうまくいかないような気がした。

かたや、制作のほうに目を向けると、いつも通り順調に遅れています（苦笑）。なぜなら、小品だったはずが、だんだん大きい作品になっていたからです。

できあがってくるラッシュを見ながら、僕は悩みました。ミニシアター系の配給はいろいろネックがありそうだし、作品も大作になりつつある。これはやっぱり東宝さんにお願いするしかないのか？　でも、いまから頼んで、はたして間に合うかどうか……。

ともかく、いちど率直に相談してみようということで、東宝の調整部長だった、高井英幸さんのもとを訪ねてみることにしました。後に東宝の社長となり、いまは相談役を務めている方です。

高井さんと会ってみると、案の定、一九九五年の夏はもう番組が決まっていて、「いまから割り込むのは無理だよ」という話でした。でも、僕としてはごり押しせざるをえない。

「高井さんのお力で何とか夏にぶち込んでくれませんか」

「すでに映画館が埋まっちゃってるのは、鈴木さんだって分かってるでしょう。ゴールデンウィークはどうかな。それで夏前までやるから」

「いや、それだと制作が間に合わないですよ」

「じゃあ、冬は？　冬ならいまから映画館を押さえられるよ」

「冬まで引っ張ったら、そのぶん制作費も高騰しちゃいますから、それは避けたい。どうしても夏でお願いしますよ」

「九月という手もあるよ。ジブリ作品といったら、もう一般映画でしょう。九月にやっても大丈夫だよ」

高井さんはそうおっしゃってくれたんですけど、僕としてはどうしても夏にこだわりたかった。やっぱりゴールデンウィークや秋じゃ、夏に比べて観客動員が半分ぐらいになっちゃうんです。

そうやって何度か通って話し合ううちに、高井さんのほうも本音が出るんですよ。

「中学生同士の恋でしょう。これだとなかなか夏は張れないよね」

たしかに業界の常識としては、その通りなんです。中学生の男の子と女の子のラブストーリーといったら、客層は限られます。大作がそろう夏に公開する映画としては、大手配給会社はどこも二の足を踏むでしょう。大人にアピールするためには、もう少しキャラクターの年齢層を上にするか、あるいは冒険活劇にするのが定石。それは僕も分かっていたんです。でも、その上で、どうしても夏に公開したい。もう何番勝負という感じで粘りに粘っていたら、最後は高井さんも折れてくれました。

「しょうがない。夏にやろう。ただ、編成は大変だよ。いつもみたいに、ぜんぶいい映画館を集めるっていうわけにはいかないからね。それは興行成績にも出ちゃうと思うけど、それでもいいかい?」

「こうなったらしょうがないですよ。作り始めたときの構えからいって、それがこの作品の運命なのかもしれません。それでお願いします」

でも、蓋を開けてみたら、予想以上のお客さんが来てくれて、結果は邦画ナンバーワンの大ヒットでしょう。無理を言って粘ったかいがあったし、それを引き受けてくれた高井さんには大感謝ですよね。

宮崎駿と近藤喜文の違い

僕が配給の問題で奔走しているころ、作画作業は本格化していました。脚本で物語の流れが決まり、絵コンテで演出の基本プランもできている。じゃあ近藤喜文は監督として何をやったのか？　素朴な疑問がわきますよね。でも、近ちゃんはそこで宮さんとは違う芝居をキャラクターにさせて、ちゃんと自分の映画を作っていくんです。

象徴的なシーンを二つあげたいと思うんですけど、まずひとつは、雫が職員室を訪ね、図書カードで見て気になっていた天沢聖司が同級生だと知るシーンです。宮さんの絵コンテでは、動揺した雫が友達といっしょに慌てて階段を駆け下ります。ところが、近ちゃんの芝居では、階段を駆け下りずに、ゆっくりと下りる。

ここにおいて二人の監督の差が明確に出たんです。宮崎駿の場合は、身体が先に動くタイプの女の子。ところが、近藤喜文のほうは、動揺を受け止めた上で、考える子になっているんですよ。

もうひとつは、落ち込んだ雫が地球屋を訪ねていくシーンです。お店が閉まっているのを見た雫は、壁にもたれながらへたり込んで、猫に話しかけます。この場面、まわりに人は誰もいません。それなのに、近藤喜文の雫はパンツが見えないよう、スカートを手で押さえて座り込むんです。それに対して、宮崎駿の雫は、人目を気にせず座るから、スカートがフワッとなって、自然にパンツが見えてしまう。

つまり、近ちゃんが描いた雫は、たえず人目を気にして行動する品のいい子になっているんです。しかも、その描き方によって、シーンとしてはむしろいやらしくなっているんです。近ちゃんは無意識にやったんでしょうけど、対照的ですよね。

これらのシーンを見た宮さんは「違う」と怒っていました。たしかに宮さんの絵コンテ通りやっていれば、雫はもっと明朗快活な女の子になったでしょう。だけど、近ちゃんが演出した雫はどこか上品で現代的な子になった。そして、それがこの作品を魅力的なものにしているのも間違いないんです。

じゃあ、宮さんが理想的な子を描いて、近ちゃんが現代の女子中学生をよく観察していたかというと、じつは逆なんです。

雫がコーラス部の友達とお弁当を食べながら「カントリー・ロード」の訳詞について話

し合うシーンがあります。あそこは宮さんの絵コンテでは、もっとしゃべるスピードが速く指定されていました。ところが、近ちゃんは倍ぐらいかけて、ゆっくりしゃべらせた。絵コンテを描く前、たまたま宮さんといっしょに電車に乗ったとき、目の前に中学生の女の子が五、六人いて、おしゃべりをしていたんですよ。宮さんはそれを聞きながら、秒数をカウントしていました。それを踏まえて、あのシーンを設計したんです。だから、その点では宮さんのほうがリアルです。

同じ絵コンテでも、監督が変わると、やっぱり表現って大きく変わっちゃうんです。裏を返せば、絵コンテを描いた宮さんとしては、どうしても演出に介入したくなってしまう。それが如実に出たのが、雫が書いた作中劇『バロンのくれた物語』のシーンです。「制作も遅れてるし、俺も手伝うよ」と言って、そこだけ自分が演出すると言い出した。半分は自分がやりたい気持ちが押さえ切れなくなったのでしょう。

そこで、宮さんが参考資料として持ち出したのが、井上直久さんというイラストレーターが描いた『イバラード』という一連の画集。それを美術スタッフに見せて、背景を描かせようとしていました。でも、僕としては、そういうときはむしろ構えを大きくしちゃったほうがうまくいくと感じた。

「宮さん、井上さんの絵を真似するなら、いっそのこと、ご本人に描いてもらえばいいじゃないですか」

宮さんの中には、そういう発想はなかったみたいで、最初は「えっ？」と驚いていました。井上さんは大阪の茨木市に住んでいたんですけど、僕が事情を説明したら、東京に来てやってくれることになった。おかげで、それまでのジブリ作品にはない幻想的な背景ができあがりました。

さらに、井上さんという第三者の参加によって、宮さんと近ちゃんの間のバランスがとれたというか、落ち着いて仕事に集中できるようになるという効果もありました。

作詞をめぐる対立

とはいえ、ひとつの作品の中に二人の監督がいるわけですから、やっぱり何かと意見の食い違いは起きます。これぱっかりは仕方がありません。芝居だけでなく、「カントリー・ロード」の訳詞をめぐっても、二人の衝突は起きました。

宮さんは、最初から『カントリー・ロード』をこの作品の主題歌にしようと決めていて、その日本語訳が肝心だと言っていました。だから、当初は宮さん自身が書くことになっていたんですけど、絵コンテが忙しくてなかなか手がつけられない。しかも、雫が地球屋で『カントリー・ロード』を歌うシーンは音楽に合わせて作画するプレスコです。絵を描く前に歌を録るには一刻も早く詞が必要でした。ギリギリまで追い詰められた宮さんが、とんでもないことを言い出します。

「分かった！　鈴木さんの娘にやってもらおう！」

僕としては目が点ですよね。参ったなあ……と思ったんですけど、もう時間もないし、背に腹はかえられません。家に帰って、娘に聞いてみました。

「こういうわけなんだけど、おまえ、やってみる気はあるか？」

たしか当時十九歳だったのかな。生意気な盛りでねえ。

「ギャラいくら？」「締め切りいつ？」ってプロみたいなこと言うんですよ（苦笑）。まさか娘とも契約交渉をすることになるとは夢にも思いませんでしたけど、ともかく書いてみてくれることになりました。娘にはもうしわけないんですけど、「ひどいものだったとしても、何かできあがったものを見せれば、宮さんが発奮して自分で書いてくれるだろう」という思惑もありました。

迎えた締め切り当日。待てど暮らせど不良娘がなかなか帰ってこない。夜中にやっと戻ってきたので、「今日、締め切りだぞ。分かってるのか？」と言ったら、「いまからやるよ」と言って、辞書を持ってきた。ところが驚いたことに、その辞書を開くこともなく、五分ほどでさらさらさら〜っと書き上げちゃった。しかも、その詞を宮さんが気に入るんですよ。「よしっ」と言って、自分でちょっとだけ手を入れて、完成版にしました。

でも、その手を入れた部分をめぐって、宮さんと近ちゃんとがケンカを始めちゃうんです。

最初うちの娘が書いた詞は、「ひとりで生きると／何も持たずに／まちを飛びだした」となっていた。宮さんの直した歌詞は、「ひとりぼっち／おそれずに／生きようと／夢見てた」。

そもそも、ジョン・デンバーが書いた元の歌詞は「あの懐かしい故郷へ帰ろう」という話です。あきれたことに、うちの娘はそれを、「家出してきた故郷には、帰りたくても帰れない」という話に変えちゃった。宮さんはそれを喜んだんですけど、ただ、あまりにも露骨に書きすぎてあった。そこで、家出の要素をちょっとぼかしたわけです。

それに対して、近ちゃんは「元の歌詞のほうがいい」と言う。それで二人が議論をし始めて、しまいにはほとんど怒鳴り合いのケンカになっちゃうんです。最後は近ちゃんが折れて、宮さんのバージョンに落ちつきました。

それにしても、木訥としたおとなしい近ちゃんが、どうして怒鳴り合いをしてまで、あの歌詞にこだわったのか？　僕には見当がつきませんでした。

その謎が解けたのは、映画が完成したあとのことです。

全国キャンペーンで仙台へ行ったとき、近ちゃんと二人きりでご飯を食べる機会がありました。そのとき、近ちゃんが「僕はいまでも元の詞のほうがいいと思っています」って、ボソッと言ったんですよ。

「僕自身、漫画家になろうと、家出するように東京に出てきました。本当に何も持っていなかった……」

涙を流していました。偶然なんでしょうけど、うちの娘が書いた詞は、近藤喜文という人の人生そのものだったんですよ。ほとんど家出をするように故郷を出てきて、必死にアニメーターになった。でも、それだけじゃ帰りたくても帰れない。ほんとうの意味で胸を張って故郷に帰るためには、監督になることが必要だったんでしょう。そういう思いを託せる歌詞に、あろうことか自分の初監督作品で出会った。それは彼にとってすごく大きな意味があったんだと思います。だからこそ、歌詞を変えたくなかった。

口数が少なくて、あんまり心のうちを見せない人だったけれど、内側では熱いものが沸々と燃えたぎっていたんでしょうね。あの夜の会話には、僕も心を深くえぐられました。

宮崎駿以外の監督に〝宮崎アニメ〟は作れるのか？

『耳をすませば』は宮崎駿の作品だったのか、近藤喜文の作品だったのか。それは僕には分かりません。二人がいろんな面で対峙したのは事実です。キャンペーン中の記者会見で、記者からの質問に近ちゃんが答えたあと、宮さんが「それは違う。監督は何も分かってないんです」と否定するという際どい場面もありました。

それでも、打ち上げの席上で、近ちゃんは宮さんに頭を下げました。

「こういう機会を与えていただいて、ありがとうございました」

たしかに新人監督である近ちゃんには、脚本と絵コンテの意図を理解していない部分があった。でも、彼はそれをある種の純粋さで乗り越えました。極端に言えば、自分が理解できない場面でも、本能的に描けちゃう人だったんです。そして、近ちゃんが監督だったからこそ、雫というキャラクターは魅力的な娘になった。僕はこの作品のヒットの原因は、近ちゃんが描いた雫にあると思っています。だから、『耳をすませば』という作品は、やっぱり近ちゃんがやってよかったんですよ。

この作品は、近藤喜文監督作品であると同時に、「宮崎アニメ」でもあります。宮さんの絵コンテで近ちゃんが監督をすれば、もうひとつの宮崎アニメを作れるということが分かってしまった。それがいいことなのか、悪いことなのか、僕としてもずいぶん悩みました。

それでも、ジブリとしては〝もうひとつの宮崎アニメ〟を作る試みを米林宏昌監督の『借りぐらしのアリエッティ』、宮崎吾朗監督の『ゲド戦記』、『コクリコ坂から』で続けていきます。ただ、そのときには『耳をすませば』の経験を活かして、プロデュースサイドで用意するのはシナリオまでにして、絵コンテはそれぞれの監督に描いてもらいました。『アリエッティ』と『コクリコ』の成功は、近ちゃんのおかげでもあるんです。

ただ残念なことに、近藤喜文の監督作は『耳をすませば』一本で終わってしまいました。『もののけ姫』が公開されたあと、一九九七年の暮れに解離性大動脈瘤に倒れた近ちゃんは、翌年の一月に亡くなってしまったのです。まだ四十七歳。早すぎる旅立ちでした。

映画作りは大博打

もののけ姫

前代未聞！　知恵と度胸の「もののけ大作戦」

どうして、「今こそ活劇を」という話になったのか？　じつはあのころ、僕はすごくムシャクシャしてたんですよ。

ひとつには、ジブリの作品の流れです。ある意味、おとなしい作品が続いてたじゃないですか。『おもひでぽろぽろ』『平成狸合戦ぽんぽこ』『耳をすませば』でしょう。間に『紅の豚』はありましたけど、活劇らしい活劇はもう何年もやっていなかった。

そんな中で宮崎駿が持ち出したのが『毛虫のボロ』という企画。毛虫が街路樹から街路樹へと旅をする間に遭遇する出来事を、九十分かけてじっくり描くというものです。宮さんがその話を奥さんにしたところ、「よさそうな企画じゃない」とほめられた。奥さんは元アニメーターだから、作品を見る目が厳しいんです。宮さんが立てた企画の中で、奥さんからほめられたのは、後にも先にもこの『毛虫のボロ』だけなんですよ。だから、宮さんとしては「今回は女房のために作ってみよう」と、やる気になっていた。

たしかに視点としてはおもしろいですよ。でも、企画としてはあまりにも地味でしょう。僕としてはどうしても乗り気になれなかった。

その一方で、当時、僕は大きな問題を抱えていたんです。時はまさにバブルが崩壊し、世間が不良債権問題で大騒ぎしていたころ。ジブリの母体である徳間書店も、その例外じゃありませんでした。

当時の社長の徳間康快は、一言で言えば怪物みたいな人です。出版から音楽、映画事業に乗り出し、次から次へと新しい会社を起こしていく。そのたびに借金が増えるわけですが、それでも「金は銀行にいくらでもある」と言って、どんどんグループを大きくしていった。その放漫経営のツケがバブルの崩壊でいっきに噴き出したわけ

です。

社内でも危機感が高まり、現場の一線で働いている編集長や局長が集まって話し合うことになりました。僕はもうジブリ専従になっていたんですけど、その会合に呼ばれて、話し合いに加わることになりました。徳間グループの中でジブリがいちばんうまくいっていたということもあったんでしょう。結果的に、僕が中心になって不良債権問題に当たることになっちゃったんですよ。本音を言えば、そんなことに時間をとられたくはなかった。

でも、みんなから推されて、いやとは言えない雰囲気でした。

社内で侃々諤々の議論をしたかと思えば、困った銀行側も僕のところへやってきて「何とかしてほしい」と言う。その状況を徳間康快に報告し、膝を詰めて話し合う。

それで頭を抱えてスタジオに帰ってくると、宮さんは毛虫の話をする。とてもじゃないけど、僕としてはそんな気分になれなかったんですよね。不良債権処理の切った張ったで気持ちが激しくなっちゃっているから。

そこで、僕は宮さんに逆提案をしたんです。「次は『もののけ姫』にしませんか」って。

宮さんという人は、たえずいろんな企画を抱えている人で、『もののけ姫』の原案も何年も前から話に出ていたんです。描きためたイメージボードもあったので、まずはそれらをまとめて絵本の形で出版することにしました。でも、映画化に関しては、宮さんの中で迷いがあって、なかなか首を縦に振ってくれません。

説得のために、僕は三つの建前を持ち出しました。

一つめは年齢のことです。宮さんも五十代半ばにさしかかり、還暦も近づいてくる。力業で本格的な活劇を作るのは、もしかしたらこれが最後のチャンスかもしれない。

二つめはスタッフのこと。ジブリではスタッフを社員化して、研修制度で若いアニメーターを養成してきました。彼らが着々と成長し、力が漲《みなぎ》り始めている。その力をフルに発揮させるべき時期に来ていました。

三つめは予算です。おかげさまでジブリはこの間、出した作品がいずれも成功してきました。このタイミングなら、関係各社から最大の協力が得られるはず。

そこで、僕は宮さんに「いつもの倍のお金をかけましょう」と提案しました。それまでは十億円というのがジブリ映画の基本的な予算だったんですけど、それを二十億円にする。作画の期間も通常の一年に対して、二年かける。予算は最終的に二十五億円にまで膨らみましたが（笑）。

その三つの建前で説得したところ、最終的に宮さんも納得してくれました。でも、僕の中では建前とは別に、「ムシャクシャするから、思い切り活劇をやりたい」という気持ちもあったんです。

土壇場での絵コンテ変更

企画が決まり、宮さんは以前に書いたプロットを基にストーリーを作り始めました。ところが、なかなか筆が進まない。最初に話を考えたのがもうずいぶん前だったから、そのときの気分が自分の中に残ってなかったんですね。結果、「この話は今の時代には通用しないと思う」と言って、スランプに陥っちゃうんです。その期間が半年ぐらい続いたでしょうか。

そんな矢先、歌手のCHAGE&ASKAの関係者から、「新曲『On Your Mark』のプロモーションフィルムを作ってくれませんか？」という話が入ってきました。僕はCHAGE&ASKAのことを知らなかったんですけど、ともかくそれに飛びついた。これはスランプの宮さんにとって、いい気分転換になる――そう直感が働いたからです。

その七分ほどの映像を作る中で、行き詰まった『もののけ姫』の構想を別の角度から見直すことができたんでしょう。『On Your Mark』を作り終えたあと、宮さんは「やっぱり話をぜんぶ変えないとだめだ」と言い出した。そこから、アシタカという少年を主人公にしたストーリーができあがっていくんです。

映画を作るとき、宮さんという人はいつも何かしらキャッチフレーズを決めます。自分を奮い立たせるためもあるんでしょう。今回は、「日本を舞台にした新しいチャンバラ、『七人の侍』に負けないような歴史に残る映画を作る」というものでした。

新しい構想のもと、宮さんはさっそく絵コンテに取りかかりました。ところが、その出だしを読んで、僕としては悩んじゃうんですよ。

まず思ったのは、「これは『ギルガメシュ叙事詩』の日本版だろう」ということでした。そこで宮さんに聞くと、「え、何のこと?」と言います。宮さんの中ではすでにいろいろな要素が入り交じって、独自のものに変わっていたんでしょうね。インスパイアされたという言い方もできますけど、はたしてそれでいいのだろうか?

もうひとつ悩んだのは、「森の神殺し」について。「日本で森の神を殺すという話は成立するんだろうか?」と考えたんです。というのも、日本は基本的に土壌が豊かで雨も多いから、いくら木を伐ってもすぐに生えてくる。厳密に言えば「森を殺す」ことはできないわけです。映画とはいえ、そこで嘘をつくのはどうなんだろうと思った。何かの折に高畑さんにもそのことを相談したんですけど、やっぱり同じ意見でした。

そこで宮さんのところへ行って、率直に聞きました。

「これって舞台は日本でなきゃいけないんですかね？」

舞台が日本であるという設定を少しぼかして、より普遍的な話にすれば嘘をつかなくてすむと思ったんです。そういうとき、宮さんは意外にさっぱりしています。すぐに「ああ、いいよ。ここのところをちょっと直せばいいんだから」と言ってくれました。

ただ、絵コンテは必ずしも順調には進みませんでした。それまで宮さんが長編にとりかかるときは、たいてい年明けに絵コンテを描き始めて、約一年かけて十二月に完成というスケジュールでやってきました。そうすると、翌年の夏の公開に間に合うんです。

ところが、『もののけ姫』のときは、一年たっても絵コンテが半分ぐらいしか進まなかった。二年という期間を最初に設定したことで、作業が間延びしちゃったんですね。絵コンテを描いて、しばらく別の作業をやって、また絵コンテに戻って……というやり方をしていると、ますますペースが遅くなる。本人としても、描きながら不安になったようで、

「鈴木さん、こんなふうにやっていて大丈夫なんだろうか？」と相談されました。そこで僕はこういう言い方をしたんです。

そこで

「雑誌における漫画の連載も、だいたいこういう感じですよ。連載のつもりでやればいいんじゃないですか」

そしたら、宮さんはホッとしたようで、「そうか、連載漫画だと考えればいいのか」と喜んでました。その後の作品で、宮さんは制作の終盤まで絵コンテと格闘し、ラストシーンが分からないまま映画を作っていくスタイルをとるようになります。『もののけ姫』はその始まりでもありました。

二年目の冬、ついに絵コンテが完成しました。複雑な要素が入り組んだこの物語をどうやってまとめるのか？　僕としてもラストが非常に気になっていたんですが、最初の絵コンテの段階では、エボシ御前の片腕がもぎとられるシーンも、タタラ場の炎上もなし。非常にあっさりした終わり方になっていました。

僕は二つの気持ちの間で揺れ動きました。このままでやれば、映画はちょうど二時間で終わる。一九九七年夏の公開に向けて、順当に完成させられるだろう。でも、このままじゃラストが物足りない。そこを変えてほしいという話をすれば、必然的に上映時間を延ばすことになる。そうなれば、夏の公開を諦めることになるかもしれない――。

二律背反、悩みを抱えたまま年を越しました。

休みは元日の一日のみ。年明け早々、音楽の確認のために、代々木にある久石譲さんのスタジオへ行くことになりました。やっぱりラストのことが引っ掛かっていた僕は、電車の中で、宮さんに話すことにしました。そういうときは余計な理由をあれこれ付けず、なるべく短い言葉で言います。

「宮さん、絵コンテを読み直してみたんですけど、やっぱりエボシ御前を殺すべきじゃないですか」

「鈴木さんもそう思ってた?」

宮さんも考えてたんでしょうね。そこから代々木までの間に、新しい案をワーッとまくしたて始めました。しかも、興奮しているから、でっかい声なんですよ。まわりの乗客も宮崎駿だって気づいているんですけど、お構いなし。そうなっちゃったら、もう誰にも止められません(笑)。

それから数日。瞬く間に新しい絵コンテができあがりました。宮さんの絵コンテというのはいつも非常に細かく描き込んであるんですけど、そのときは大まかなラフでした。手渡されて読み始めると、宮さんは神妙な顔をして、「鈴木さん、悪いけどエボシは殺せないよ」と言います。見ていくと、代わりに腕がもぎ取られるシーンがある。そこで僕はもうひとつ提案をしました。

「宮さんの映画は建物が炎上するというのもひとつの特徴じゃないですか。やっぱり最後にそういうシーンもあったほうがいいんじゃないですかね」

宮さんはそれも受け入れてくれて、タタラ場の炎上シーンが加わりました。

こうしてストーリーは完全なものになりました。ただし、問題は全体の尺です。絵コンテの変更によって、上映時間は二時間十三分まで延びてしまいました。ジブリの場合、一カ月の作画の生産量は約五分。それで換算すると作業時間が三カ月も延びる計算になります。このままじゃ夏の公開には間に合いません。

僕は意を決して、スタッフにそのことを伝えました。それを聞いたスタッフは真っ青です。さらに、追い打ちをかけるようなことが起きます。スケジュール管理をしていた制作部門でも、まだ描けていないシーンまで完成したことになっているなど進捗状況のチェックミスが判明したんです。

二年という長めのスケジュールをとっていたにもかかわらず、進行は遅れ気味。そこへあらたに十三分の追加。そして、制作管理上の問題……弱り目に祟り目とはこのことです。

とにかく一からすべて洗い直すしかないということで、数字に強い西桐共昭くんという男に制作スケジュール管理の仕事を引き継いでもらうことにしました。本当に優秀な人間で、もし彼がいなかったら『もののけ姫』は完成していなかったと思います。彼が整理した結果、追加の十三分に加えて、これから描かなければいけないシーンがまだ山のように残っていることが分かりました。

今度ばかりはもうだめだ、どうしよう……と思っていたとき、援軍が現れました。かつて宮さんや高畑さんが在籍し、『ルパン三世 カリオストロの城』を制作したテレコムというスタジオでした。社長の竹内孝次さんがやってきて、「仕事が途切れちゃったんですけど、何か手伝えることはありませんか？」と言うんです。渡りに船とはこのこと。動画部門にテレコムのスタッフを投入し、人海戦術をとることにしました。

さらに動画の次、彩色の工程にはデジタル技術を導入することになりました。それまでジブリでは昔ながらのやり方で、セル画に手で色を塗っていたんですが、それと並行して、コンピュータの画面上で色をつけていくことにしたんです。「新しい技術を試してみよう」という悠長な話じゃありません。場所はスタジオ一階のバー。そこに急遽コンピュータを並べて作業を始めたところ、これがうまくいった。

援軍とデジタル技術。この二つのテコ入れによって、それまでだったら三カ月かかるところを、一カ月ぐらいまで短縮することに成功しました。制作の現場ではそんな幸運が続き、映画は一気に完成に向かって進んでいきました。

未曾有の宣伝・配給大作戦

その一方、宣伝・配給の面でも、大きな課題が待っていました。

二年かけて、いつもの倍の予算で作る——そう決めたものの、じつは関係各社が諸手を挙げて賛成したわけじゃなかったんですよ。長年協力関係を続けてきた日本テレビ、今回から出資者に加わった電通、そして配給の東宝、三社とも『もののけ姫』という企画には懐疑的でした。というのも、当時の日本映画界には「チャンバラものはもう終わり。興行的に成功しない」という雰囲気があったんです。「いくら宮崎駿が作るといっても、リスクが大きすぎる」。そうした意見が大勢でした。

おまけにその夏にはアメリカから超大作、『ロスト・ワールド／ジュラシック・パーク』が上陸することになっていました。「それと正面から戦って勝てるのか？」。関係者の顔は曇るばかりです。

今だから明かせますが、じつは当時、電通のある人が関係者を集めて密議を開いているんです。「このまますべてをジブリ、鈴木さんに任せておいて大丈夫なんだろうか？　チャンバラでは厳しいという意見もあるんだし、企画を変えてほしいと申し入れるべきじゃないか」というわけです。

密議の直後、そこに参加していた日本テレビの奥田誠治さんが僕に注進してくれました。当時は僕も若かったから、腹が立ってね。次の日、さっそく電通の担当者を呼びつけて、「陰で何をやってるんだ！　そんなに嫌だったら降りればいいじゃないか！」と啖呵を切りました。

ただ、そこで持ち上がった議論はまっとうといえばまっとうだったんですよ。制作費や宣伝費から計算すると、収支をトントンに持っていくためには、『南極物語』が持っている日本映画の最高記録、配給収入五十九億円を超えなきゃいけないことになる。本当にそんなことができるのか？　彼らは僕に事実を突きつけてくれたんです。

それまでのジブリの映画は、配給収入で言えば、だいたい二十億円前後が多かった。それを一気に三倍にしなきゃいけないわけで、どういうふうにやればいいのか、僕としても最初から具体的な計画があったわけじゃないんですよ。ただ、徳間グループの問題もあって、ほんとにムシャクシャしてたんですね。だから、悪魔のささやきというのか、「何とかなる」と思っちゃったんです。

もちろん、何本も映画を作ってきて、「いいものさえ作れば、お客さんは観に来てくれる」という甘い世界じゃないことは、よく分かっていました。じゃあ、宣伝を大々的にやればヒットするのか？　宣伝は必要だけど、それだけでは充分じゃない。

何が大事かといったら、映画というのは最終的には「配給」なんですよ。フィルムを全国津々浦々の小屋に売っていく。その営業活動がものすごく大きいということを、僕はそれまでの経験から勉強していたんです。

当時、東宝で配給を取り仕切っていたのが、常務の西野文男さんでした。西野さんとは『となりのトトロ』『火垂るの墓』以来の関係で、配給をめぐって生意気なことを言っては、よく怒られていました。まわりからは怖れられている人でしたが、僕は毎回、正面からぶつかっていった。そのおかげで仲よくなれたんです。

このときも西野さんの部屋を訪ね、率直に話しました。

「配給収入、六十億円をあげなきゃいけないんですよ」

これにはさすがの西野さんも「無茶だ」と唸りました。

「西野さん、僕が言うのもおこがましいけれど、最終的には小屋の問題でしょう。観客動員のアベレージの数字は分かっているんだから、いい小屋を集めて案配できれば、必ずしも不可能な数字とは言えないんじゃないですか？　西野さんの号令があれば、全国の館主が動いてくれるはず。何とかやってもらえませんか」

頭を下げて頼みました。西野さんはこちらの目をじっと見て、「考えてみるよ」と言います。「ただ、今日の明日というわけにはいかない。また話そう」。

それから何度も東宝を訪ね、相談を重ねていくことになりました。

今の数字でいえば、日本には約三千四百ぐらいのスクリーンがあります。そのうち大勢の観客を集められるのは、せいぜい三百スクリーンでしょう。でも、そこだけで全体の興行収入の半分ぐらいをあげています。逆に言えば、観客が集まる三百スクリーンをぜんぶ押さえることができれば、確実にいい数字をあげられるわけです。

ところが当時、そういう映画館はすでに『ロスト・ワールド／ジュラシック・パーク』が押さえていました。何とか西野さんの力によって、そこに『もののけ姫』を割り込ませてほしい——僕はそう頼んだんです。

三、四カ月、折衝を続けるうちに、西野さんが「鈴木さん、本気なんだな？　一丁やってみるか」と言ってくれた。「その代わり……」という条件がつきました。

「この話を実現するにはいろいろと調整をつけなきゃいけない。そこでひとつ頼まれてくれないか。鈴木さんのほうで東宝の社内に声をかけて、会議を開いてほしいんだ」

「え、なんで僕が？」

「東宝の中は縦社会になっているから、何かとややこしいんだよ。集めてさえくれれば、あとは俺が何とかするから」

詳しい事情は分かりませんでしたが、僕はともかく東宝の社内を回って、重鎮たちに集まってもらいました。それで僕も会議に出ようと思ったら、西野さんは「ありがとう。鈴木さんはもういいよ」と言うんです。ここまで来たら僕も出て、西野さんが何を話すのか聞きたかったんですけど、仕方ありません。おとなしく待っていました。

後年、その会議に出席していたある方から聞いたところによると、専務だった堀内實三さんが、西野さんの提案に反対されたそうです。当時、東宝の中では、西野さんと堀内さんが二大巨頭と言われ、僕は堀内さんにもずいぶんお世話になっていました。堀内さんは慎重な方だから、『もののけ姫』一本に賭けて大丈夫なのか。内容も難しい映画だ。そんなに簡単にはいかないだろう」と話したらしい。

そこで西野さんが名台詞をはいた。

「映画は頭で観るんじゃない。腹で観るんだ！」

その一言で場の雰囲気がガラリと変わったそうです。僕から見ても、あのころの東宝には率直に意見をぶつけ合ういい雰囲気がありました。

こうして東宝は大きな決断を下し、『もののけ姫』に対して特別な配給体制を組んでくれることになった。それまでも、当たれば上映を拡大していくということはありましたけど、最初からいい映画館をすべて押さえるということは、前代未聞に近い賭けだったと思います。

フィロソフィーの時代

六月、予定よりは若干遅れたものの、映画は無事に完成しました。ただ、完成したことは、東宝にはしばらく黙っていました。見せれば、内容についていろんな議論が巻き起こることが分かっていたからです。もし否定的な意見が大勢を占めれば、せっかく組んでもらった配給体制が引っ繰り返されてしまう可能性もある。そこで、関係者には「完成が遅れている」ということにして、試写もぎりぎりまで引っ張ることにしました。

実際、試写を観た関係者の反応は芳しくありませんでした。

東宝からは「この作品は子どもが観るには難しすぎる。十億円いかないんじゃないか」という意見もあがりました。

「生きろ。」という宣伝コピーについてもクレームがつきました。「複雑なストーリーに加えて、こんな哲学的なコピーじゃ、子どもはもちろん、女性も大人も来ない」というわけです。でも、僕は「これでいくしかない」と思っていた。映画にも哲学的なメッセージが必要な時代だと考えていたからです。

僕の頭の中には、高畑さんから伝え聞いたゲイリー・カーツ（『スター・ウォーズ』を制作した映画プロデューサー）の言葉がこびりついていました。カーツによれば、かつてハリウッド映画の最大のテーマは〝ラブ〟だった。ところが、『スター・ウォーズ』の登場で歴史は変わり、〝フィロソフィー〟がテーマになったというんです。もし、大衆的なレベルでのフィロソフィーを提示する作品が出てくれれば、それが勝つ時代になるだろう――。ならば、映画の宣伝にもフィロソフィー、つまり、「生きる」「死ぬ」というテーマが入っていいはずだ。僕はそう考えたんです。

細かい問題は他にもいろいろありました。

たとえば、予告編の「人はかつて、森の神を殺した」というフレーズも議論になりました。東宝の映画の歴史で「殺す」という言葉を宣伝に使うなんて前代未聞だというんです。武士の首が飛ぶシーンを予告編に使ったのも批判されました。これには宮さんも、「映画が誤解される」と怒った。でも、僕は逆の発想をしていたんですよ。先に観ておいてもらえば、お客さんはある程度の覚悟をもって映画を観に来る。いわば露払いのようなことができると思ったんです。

ハンセン病と思われる人々が出てくることも問題になりました。差別問題の観点からテレビで放送できないというんです。

僕としては、そういういろいろな問題が持ち上がるのは端から分かっていました。もちろん、きちんと観てもらえば、けっして暴力的でも差別的でもないことが分かると思うんですけど、抗議行動などが起きる可能性もなくはない。だから、あらかじめ理論武装をしておくことが必要だと考え、歴史学者の網野善彦さんに試写を観てもらいました。映画を観終えた網野さんは、懸念を示すどころか大喜びでした。

「かつての日本はまさにこういう世界だったんです。僕ら学者が訴えてもなかなか世間の人には伝わりませんが、この映画が公開されれば、僕らの研究にも光があたります」

そんなわけで、網野さんはパンフレットに解説を書いてくれることになりました。

いろんなクレームが入ったのは、前例のないことの連続で、関係者がみんな不安だったからだと思います。その気持ちはよく分かります。一方で、それはムシャクシャしていた僕の心に、かえって火を付けてくれることにもなりました。

問題を突破する手はただひとつ、大ヒットさせるしかない——僕はそう思っていました。大ヒットさえすれば、すべての細かな問題は自然に解決される。そのためにも興行の態勢作りが何よりも大事だったんです。

そのために、地方キャンペーンもかつてない規模で回りました。とくに普段キャンペーンが来ない地域には、積極的に足を運ぶことにしました。「そんなことをやって何の意味があるんだ？」と言う人もいましたけど、結果を見ると、やっぱり行った地方でヒットするんですよ。

ただ、そのおかげで宮さんは疲労困憊。ついに高知県で倒れてしまいました。ベッドに横たわったまま、「紙とマジック……」と言うので渡したら、そこに自分の似顔絵を描くんです。「鈴木さん、これをかぶって、俺の代わりに明日の舞台挨拶に行ってくれ……」。ほんとにまじめな人です（笑）。

それに応えて、東宝の地方興行のボスたちもがんばってくれました。とくに忘れられないのは、東宝中部興行の常務だった虎岩美勝さんと、関西興行の常務だった前田幸恒さん。西野さんの号令のもと、地方の彼らが「何とかしちゃる」と動いてくれた。実際、彼らの差配によって興行成績は大きく左右されるんです。

だから、キャンペーンに行くときには、メディアの取材もさることながら、地方の興行担当者に会い、現場の映画館を回ることを大切にしていました。そうやって、ポスターや看板で映画館をジブリ一色にしてもらうんです。

映画が当たる、当たらないというのは、けっして神頼みじゃありません。尽くすべき人事はたくさんあります。

結果、公開が始まってみれば、それまでのジブリの記録はもちろん、目標だった『南極物語』の記録もあっという間に抜き去りました。さらに、日がたつほどに客足は伸び続け、日本における映画興行の最高記録、『E.T.』の九十六億円をも抜くことになった。さすがに僕としても、そこまでいくとは思ってもみませんでした。

おそらく、〝未熟〟な映画だったことが、かえって魅力につながったんだろうと思います。世間では「宮崎アニメの集大成」という言われ方をしましたけど、僕はそう思いません。集大成というなら、空を飛ぶシーンを含め、得意技を満載にした映画を作るはずです。

ところが、宮さんは得意技をすべて封じて、これまでやってこなかった表現に挑戦した。そのせいで、大きなテーマを掲げながら、それを具体化できないじれったさみたいなものが滲み出た映画になっています。だから、完成度という意味では必ずしも高くない。その代わり、『もののけ姫』という映画には、新人監督の作品のような、荒々しいまでの初々しさと勢いがありました。

ディズニーとの提携へ

『もののけ姫』を通じて、ディズニーとの提携関係が生まれたことも、ジブリにとっては大きな出来事でした。

当時、スポーツ界では野茂英雄がアメリカのメジャーリーグに渡って、大活躍をしていました。それを受けて日本では野茂フィーバーが起きます。その現象を見て、僕は思ったんです。日本人には、「世界で活躍する日本人」を応援する気質がある。それは映画にも応用できるはずだ。『もののけ姫』がアメリカに挑戦すれば、きっとそれは大きな宣伝になるだろう——。

ちょうどそのころ、ジブリ作品のビデオ販売を外部に委託するという話が進んでいました。いろんな会社から申し出を受けたんですが、そのひとつにウォルト・ディズニー・ジャパンがありました。

その責任者というのが、現在スタジオジブリの会長となっている星野康二さんだったんです。最初に彼に会ったとき、僕はびっくりしたんですよ。他社がかなりいい条件を出している中、星野さんはいちばん悪い条件を提示したんです。ロイヤリティは他社の半分以下、最低保証額もありません。

「私たちは日本でディズニーのビデオ部門を立ち上げて、おかげさまで今のところ非常にうまくいっています。ただ、販売がもう頭打ちになっていて、この先、売り上げを伸ばすためにジブリの作品がほしいんです」

他の人がジブリ作品の素晴らしさをあれこれ語ったのに対し、星野さんは商売のことだけを極めて率直に話しました。それで僕は、「この人は信用できる」と思ったんです。しかも、いろいろ聞いていくと、ディズニーは営業担当を百人規模で用意し、販売力が他社に比べて圧倒的に高いことが分かりました。

僕の頭の中では、野茂のこと、『もののけ姫』の宣伝、ディズニーとの契約が一本の線で結びつきました。そこで、「ビデオ販売を任せる代わりに、『もののけ姫』をアメリカで公開してほしい」という交換条件を出したんです。

そしたら、星野さんは「分かりました。やります」と即答するんですよ。普通、グローバル企業の場合、いちいち本国にお伺いをたてるものじゃないですか。でも、星野さんは「アメリカに聞いてみます」ではなく、「やります」とその場で決断した。そして一九九六年、実際にジブリとディズニーの間で提携が結ばれ、『もののけ姫』の全米公開も決まるんです。結果的に、それは日本国内でも大きな宣伝効果をもたらしました。

こうして、星野さんとの出会いをきっかけに、ディズニーとの付き合いが始まるわけですけど、その時点では「世界に進出しよう」なんて考えは、僕の中にこれっぽっちもありませんでした。スタートはあくまで国内興行を考えた宣伝戦略のひとつ。そもそも僕は、ディズニーが世界に七十もの支社を持っていて、ディズニーと契約するということは、そのすべての国で映画を公開することになるんだということも知らなかったんです。

ところが、この提携を機に『もののけ姫』は世界中でヒットし、気がつけば、東小金井の小さなアニメーションスタジオは、「世界のジブリ」になっていたのです。

ホーホケキョ　となりの山田くん
四コマ漫画から生まれた五時間超のシナリオ

僕はいしいひさいちさんの漫画が大好きで、朝日新聞に連載されていた『となりのやまだ君』も毎日楽しみに読んでいました。何といっても、タイトルが〝となりの〟でしょう。ジブリには『となりのトトロ』があるわけで、何となく縁も感じていたんですね。「この漫画を映画化したらどうなるか」と事あるごとに考えてきたんです。

実際に企画を立ち上げたのは、『もののけ姫』を制作している最中でした。『もののけ姫』は超大作で、テーマも重い。僕としては、次は内容を大きく振って、ぜんぜん違うものをやりたいと考えた。巷には人間の心の内面を描くような作品があふれていて、ちょっとうんざりしていた部分があったのも事実です。高畑さんとの雑談の中でもそういうことが話題になりました。もっと人間の外面を描く映画、主人公たちが滑ったり転んだりする楽しい映画を見たいという気分があった。『やまだ君』に目をつけた背景には、そういう動機もありました。

高畑さんの作品に一貫する大きな特徴のひとつとして、いわゆる〝ヒーロー〟が登場しないということがあります。主人公となるのは市井の人。物語の中で起きる出来事も、大事件じゃない。他人から見たら、どうということのない出来事なんだけど、それが本人にとっては大きな問題で、喜怒哀楽さまざまな感情が湧き起こる。その様子を丁寧に描いていく。それが高畑さんの映画作りだとしたら、『やまだ君』は、まさに高畑さんのためにある企画だと思ったわけです。

そういう理由をあげながら、高畑さんの説得にかかったんですが、なかなか首を縦に振ってくれません。高畑さんという人は、いつも相手が言ったことを否定するところから入ります。会話が一種の弁証法になっているんですね。

「鈴木さんは何を考えてそんなことを言ってるんですか」

「いや、いま言ったようなことです。うまくいけば表面は『となりのやまだ君』だけど、中身は小津安二郎みたいな映画ができるんじゃないですかね」

僕がついそう言ったら、「ばかなことを言わないでください！」と怒ってしまいました。でも、今回は「やらない」とは言わず、考えてみてくれることになり、企画準備が始まっていきます。高畑さんなら何とか映画にする方法を考えてくれるだろうという確信はありました。

抱腹絶倒のエピソードから削っていく

準備段階で高畑さんが言い出したことのひとつが、「原作はあくまで四コマ漫画のおもしろさですよね」ということでした。長編映画にするからといって、そこに他の要素を付け加えていったら、世界観が壊れてしまう。そうなったらもう『となりのやまだ君』じゃなくなってしまうというわけです。

そこで、高畑さんはまず原作からおもしろいエピソードを抜き出す作業に取りかかりました。かなり時間はかかりましたけど、それをもとに最初のシナリオができました。僕としては、九十分から、長くても二時間ぐらいを想定していたんですが、出てきたのは、じつに五時間超の大長編。四コマ漫画からそれだけのシナリオを作りだしちゃうわけだから、つくづく高畑さんって、人を驚かせる天才です。

そこから短くする作業に移ったんですが、その途中、高畑さんがおもしろいことを言い出したんです。

「おもしろすぎるエピソードは外しましょう」

最初は意図が分かりませんでした。シナリオを削るのは、ただでさえつらい作業です。できれば、いちばんおもしろい部分を残したい。でも、高畑さんは抱腹絶倒のエピソードから削っていくんです。

最終的なシナリオができて、通しで読んでみたとき、高畑さんの言っていた意味がようやく分かりました。あるエピソードで腹を抱えて笑っちゃったら、お客さんは次のシーンに入っていけないんですね。漫画だったら、充分笑ってからページをめくればいいけれど、映画の場合は待ってくれません。だから、あえてクスッと笑う程度に抑えて、次のエピソードに移る——それが高畑さんの意図だったんです。

そうやって分量を短くする一方、「我が家の夫婦道」「親子の会話」「山田家の歳時記抄」

など、エピソードの内容ごとに章立てを整え、間には「うしろ姿のしぐれてゆくか」「秋の夜を打崩したる咄かな」など、山頭火や芭蕉の俳句を挟んでいきました。

そうやって五時間超が、四時間になり、三時間になり、徐々に段階を経てシナリオが固まっていきました（最終的な上映時間は一時間四十四分）。

最後のほうに、月光仮面も出てきますけど、あれは僕ら団塊の世代を想定して入れたそうです。お父さんのたかしさんの世代が子どもの頃に憧れていたヒーローといえば月光仮面。正義の味方は常に悪いやつを懲らしめて大団円を迎える。でも、そのあとヒーローはどこに行って、どうなったのか？　そのことに高畑さんは疑問を持ってきたんですね。そこで、中年になったたかしさんが、むかし憧れた正義のヒーローを思い浮かべるエピソードを付け加えた。それによって見る人が郷愁を感じると同時に、時代と自らの人生について、思考をめぐらせる映画にもなりました。

あのエピソードの前半、暴走族を叱りに行くシーンでは、それまでの三頭身キャラクターからリアルな絵に切り替わります。漫画の世界のお話だと思っている観客に、リアルな世界があるんだということを見せて、一瞬驚かせる。あれも高畑さんの計画的な演出です。

観客は画面の上では二次元の絵を見ているけれども、脳の中で見ているのは絵の奥にある真実である——それが高畑さんのアニメーションに対する考え方です。そのことを、三頭身の漫画キャラから、リアルなキャラへと変化させることで意識させる。そして、その先には本物があるということを暗示する。つまり、アニメーションの本質を観客に知ってもらおう、という意図があったんだと思います。

そういった演出も含めて、結果的なエピソードの取捨選択と、巧みな構成は絶妙というほかありません。実際、できあがった映画を見たとき、原作者のいしいひさいちさんは、「まさか自分の四コマ漫画がこんなふうに映画になるとは思わなかった」と絶賛していました。

制作中のある日、ジブリにやって来た日本テレビの奥田誠治さんがふと言いました。

「今回はタイトルに〝ほ〟の字がないんですか?」

奥田さんはあるとき、宮崎作品のタイトルには必ず「の」の字が入る。高畑作品には「ほ」の字が入っているという法則を発見していたのです。その話を聞いた高畑さんは、いろいろ考えて、タイトルの頭に「ホーホケキョ」をつけるという案を考えてくれました。「せっかくだから、〝ほ〟を二つ入れました」と笑っていました。ちなみに原作は『となりのやまだ君』で、映画の方は『山田くん』です。ややこしいですね（笑）。

無頼の絵描き集団四スタの面々

さて、タイトルが『ホーホケキョ　となりの山田くん』に決まり、脚本、絵コンテ作りが進む一方、本格的に作画の作業に入らないといけない時期が来ます。今回、高畑さんは、「原画のラフな線を活かしながら、水彩画調の彩色をする」という新しい表現手法を掲げていました。それを考えると、最低でも作画に二年はかかる。シナリオの最終的な完成を待っていたら間に合わないということで、僕はとりあえずスタッフを招集することにしました。スタッフが集まったら、高畑さんとしても何か指示を出さなきゃいけない。「そうすれば作業ペースが上がるんじゃないか」というささやかな目論見もありました。

作画の中心は、田辺修くんと百瀬義行さん。田辺くんのほうは『おもひでぽろぽろ』で大活躍したアニメーターで、その腕は誰もが認めていました。一方の百瀬さんは、テレビアニメーションでCGを使った最初期の作品『子鹿物語』などに参加し、経験を積み重ねていたから、主にそちらの方面で力を発揮してもらうことになりました。

高畑さんは自分では絵を描かないということもあって、もう一人どうしてもほしかったアニメーターが大塚伸治さんです。『平成狸合戦ぽんぽこ』で大活躍してくれた人なんですが、簡単には仕事を引き受けてくれないことでも有名でした。

上手な絵描きというのは、えてして偏屈な人間が多くて、自分が納得しないと、なかなか仕事をやってくれないんです。大塚さんにしても、田辺くんにしても、ジブリの社員です。それでも、仕事を平気で断ることがある。こちらとしては「社員なんだから、やってくれよ」と思うんですけど、やりたくないというものは仕方ありません。その都度、口説くことになります。

今回、田辺くんは意欲を燃やしてくれていたので、ふたりで大塚伸治を説得しました。僕が映画の内容と高畑さんの考えを伝えて、「どうしてもやってほしい」と話すと、彼はボソッと一言、「僕の今の力じゃ無理です」と呟く。田辺くんも、「大塚さんの力を借りたい」と一生懸命説得してくれたんですが、どうしても首を縦に振らない。そのうち大塚さんは、持っていた風呂敷を広げて、分厚い紙束を取り出しました。

「鈴木さんが今度は『となりのやまだ君』を作るというから、僕は朝日新聞をとって、毎日切り抜いておいたんです。これを見返しながら、自分なりにどうすれば表現できるか、研究してきました。その結果、僕の腕ではできないことが分かったんです」

これには僕も驚きました。僕と田辺くんがあの手この手で口説いても、「無理です」の一点張り。結局、物別れに終わるのですが、最後に二人の間ですごいやりとりがありました。『やまだ君』に出てくるキャラクターは三頭身です。それをアニメーションで動かす場合、いろいろ難しい面があるんですけど、そのひとつに「歩く」という基本動作があります。足が短いと、動きの表現が難しくなるんです。

「そこはどう考えてますか」とたずねる大塚さんに、「それはちょっと考えてます」と田辺くんが答える。

そして、人差し指と中指を机の上に立てて、「こうです」と動かして見せた。僕はわけが分からず、ポカンと見ていました。すると、大塚さんが「僕も研究の結果、それしかないと思っていた」と呟く。僕には理解できなかったんですけど、プロ中のプロである二人はそれで分かり合っているんです。もうほとんど剣豪小説の世界です(笑)。ちなみに大塚さんは最終的に原画を一部手伝ってくれました。

じつをいうとジブリには、他にも社内の気風に合わないアニメーターが何人かいました。腕は抜群なんだけど、朝会社に来られない、わがままで監督の言うことをきかない……そういう人たちです。現場においておくと、いろいろと支障を来すこともあって、『山田くん』の後、僕はジブリのスタジオから線路をはさんで反対側に家を一軒借りて、そういう

〝剣豪〟たちを養うことにしました。社員に限らず、誰を連れて来てもいいということにすると、外からも腕に覚えのある無頼の剣豪が集まって来ました。そこで正式に第四スタジオ（四スタ）という名前をつけて、腕利きを必要とする難しい仕事に備えるようになっていきます。大塚さんや田辺くんもそこで仕事をするようになるんですが、いざとなると助太刀を断られることがあって、プロデューサーとしては手を焼きました（苦笑）。

そんな中に、橋本晋治というやっぱり抜群に上手い絵描きがいて、最初に「秋の夜長・ドラやきとバナナ」というエピソードを描きあげました。たかしさんが酔っ払って帰って来て、「腹へったな。何かないか？」と言うと、まつ子さんがバナナを渡してお茶を入れるというシーンです。その出来には僕も感心しました。まるで落語の名人の一席のように自然な芝居になっていたんです。

とくに感心したのが、例の三頭身の扱い方。歩かせるのも難しいけれど、脚が短くて曲がらないから、座る動きはもっと大変なんですよ。でも、橋本晋ちゃんが描いた絵では、まつ子さんがちゃぶ台のところまで歩いて来て、すっと自然に座る。どうなっているんだろうと思ったら、座る前のコマで一瞬背が高くなっているんですよ。そして、脚を曲げて座る。それが自然に見えるように描いているんです。アニメーションは一秒二十四コマでできているんですが、その一コマ、二コマを巧みに使って目くらましをしているわけです。

これから作画を進めるにあたって、いい見本になるということで、スタッフを集めてそのシーンの上映会を開きました。宮さんもやって来て、見終えるやいなや、「これ描いたの誰？」と聞いてきました。僕が「橋本晋ちゃんというんです」と答えると、「あ、そうなんだ」と去って行きました。その後、『千と千尋の神隠し』で、宮さんは橋本晋ちゃんに声をかけることになります。一発で能力を見抜いていたんです。ところが、やっぱり腕に覚えがある人間というのは、扱いが難しいんですね。なかなか言うことを聞かないから、宮さんは途中で彼をスタッフから外しちゃうんですよ。「才能よりも作品に対する誠実さがほしい」。宮さんはスタッフを集めてそう言いました。

一本の映画を作り上げるには何よりチームワークが重要です。でも、四スタの剣豪のような連中がジブリの技術的なクオリティを支えてきた面があるのも事実です。そのことは宮さんも分かっている。けれども、映画を作り上げるには切らざるをえない。ジレンマがあったと思います。

ちなみに、橋本晋治は後に、『かぐや姫の物語』で、姫が着物を脱ぎ捨てながら疾走していくシーンを描いて、再び名を上げることになります。

日本のアニメーション史を変えた〝技術の鬼〟

動きの表現はそういった才能ある絵描きたちの力で克服する一方、水彩画タッチの表現というもうひとつの難しい課題は、高畑さんが自ら新しい手法を開拓しました。

ジブリでは『もののけ姫』から、コンピューターによる彩色とCGが本格的に使われるようになっていました。その新しい道具と技術を得て、高畑さんはとんでもないことを考えつきます。

それまでのセル画のアニメーションというのは一種の塗り絵でした。原画担当のラフな絵を、動画担当がきれいな線に整理して、仕上げの担当が線で区切られた面をセル絵具で塗っていたのです。

高畑さんがめざしたことのひとつは、原画の勢いのあるタッチをそのまま活かすということでした。それも理想をいえば、全編ひとりの絵描きのタッチで通したい。もうひとつは、水彩画のように線からはみ出して色を塗ったり、逆に塗り残しを作ったりしたいということです。それを実現するために、①通常の原画を描いた上で、②彩色用の線を描いた絵、③はみ出しや塗り残しの範囲を指定する絵、都合三枚を用意し、それをコンピューター上で合成するという工程が必要になりました。つまり、単純計算でも、通常の三倍の手間がかかることになります。これは大変でした。

ＣＧについても、高畑さんはただ使うのではなく、ＣＧでなければ不可能な表現を追究します。たとえば『平成狸合戦ぽんぽこ』の図書館のシーンがそうです。普通に見ているぶんにはなかなか気づかないと思いますけど、従来のアニメーションではできなかったカメラワークを駆使しています。

高畑さんがひとつの例として教えてくれたのが、ディズニーの『美女と野獣』（一九九二年）のＣＧの使い方でした。公開当時話題になったのはダンスシーンのＣＧだったんですが、そこは大したことがない。本当にすごいのは映画の冒頭だというんです。主人公が歌を歌いながら家から出てきて、手前に来て、橋を渡り、奥の町へ入っていく。このシーン、じつは一カットなんです。コンピューターを使うことで、奥行きのある長い動きを一台のカメラで追いかけるかのように撮っている。これを、もし昔ながらのマルチプレーンカメラで撮ろうとしたら、大げさに言うと何十メートルもの撮影台を組まなければなりません。

つまり、昔は不可能だったショットがＣＧを使うことで可能になったわけです。ディズニーには、そういう技術的な意味合いが分かっている優秀なスタッフがいたんですね。高畑さんは高畑さんで、できあがった映像を見ただけで、その撮り方と意義を完璧に理解していた。実際、『山田くん』の制作中、ディズニーの責任者が見学に来たとき、高畑さんが取り組んでいる作業を見て感心していました。

高畑さんは、昔から新しい技術に対してはものすごく貪欲で、〝技術の鬼〟みたいなところがあったそうです。たとえば、雨を表現するためにカッターでセルに傷をつけるなど細かな工夫をたえず考案し続けてきた。宮崎駿は、「日本のセルアニメーションの技術の大半は高畑さんの発明だよ」と言います。

さて、三倍の手間暇をかけた作画の一方、プレスコも始まります。まつ子さん役には朝丘雪路さん、たかしさん役には益岡徹さんといった俳優陣が決まる中、高畑さんも僕もうれしかったのは、ミヤコ蝶々さんが出演してくださったことです。残念ながら『山田くん』公開の翌年に亡くなってしまうんですが、すばらしい思い出になりました。

俳句の朗読は、柳家小三治さんが引き受けてくださいました。高畑さんも僕も大の落語好き。『平成狸合戦ぽんぽこ』のときは古今亭志ん朝さんにご登場いただいて、今回は小三治さん。二人とも大好きな落語家さんだったので、僕としては本当にうれしかった。

音楽は矢野顕子さんです。造詣が深いだけに、高畑さんは音楽を誰にお願いするか、ずっと悩んでいました。そこであるとき、僕のほうから「矢野顕子さんはどうですか？」と推薦したんですよ。高畑さんは驚いた顔をしています。

「まさか鈴木さんから、矢野さんの名前が出ようとは」

「え、どうしてですか？」

「だって、矢野さんの音楽は高尚ですよ」と言うじゃないですか。ひどいですよね。

当時、彼女はニューヨークに住んでいたので、曲ができるたびに、インターネットで送ってもらいました。といっても、いまのように簡単にデータのやりとりができる時代じゃありません。わざわざ高速回線がある渋谷のスタジオまで出かけて行って、そこに曲を送ってもらって聴くという作業を繰り返しました。

矢野さんには藤原先生の声もお願いしました。彼女以外にはありえないという絶妙なキャスティングだったと思います。矢野さんとはそれ以来、仲よくなって、『崖の上のポニョ』にも出演してもらうことになります。

「生きろ。」の次は「適当」

そこまで新しい表現と技術にこだわったわけですから、作業は遅々として進みません。三歩前進しては二歩戻るの繰り返し。そもそも高畑さんは、「公開日に間に合わせる」ための努力については消極的な人です。

ただ、『火垂るの墓』以来、いろいろ経験してきたせいか、このときは間に合う、間に合わないで気を揉んだ記憶が僕にはほとんどありません。遅れたら遅れたでしょうがないという開き直りが、最初からできていたのかもしれません。

記憶が飛んでいるもうひとつの理由は、当時の僕が猛烈に忙しかったということです。『もののけ姫』のときにもお話ししたように、ジブリの母体である徳間グループの不良債権問題が本格化し、僕がその処理にあたる羽目に陥っていたのです。朝はメインバンクである住友銀行のある大手町、昼は徳間書店のある新橋、そして夜はジブリのある東小金井。三角地帯をぐるぐる回る毎日でした。

映画作りだけに専念できない状態が続き、高畑さんからは叱責を受けました。

「プロデューサーがちゃんと社にいないというのはどういうことですか」

僕が事情を説明しても、納得してくれません。

「なぜ鈴木さんがそんなことに関わらなくちゃいけないんですか？　あなたはこの映画のプロデューサーでしょう。まずやるべきは映画を作ることじゃないですか？」

正論なだけに何も言い返せません。

高畑さんのいらいらは募っていく。でも、僕にはどうにもできない。

そういう状態の中で、宣伝の仕事が始まります。いままでのジブリ映画とは異質な作品になることは分かっていましたが、宣伝についてはこれまでの方針で行こうと考えていました。つまり、中身はコメディでも、宣伝では真面目さを強調しようと思ったんです。

なぜなら、日本人は基本的に真面目な映画が好きだからです。笑いにしても明るく健全なものを好む。ブラックユーモアは一般にはあまり受けません。それを踏まえて、糸井重里さんが作ってくれたコピーが「家内安全は、世界の願い。」でした。僕としては、そのコピーをもとに、「笑いと涙と感動」を押し出そうとした。家族という身近なところから、いまの社会のあり方や、世界の問題を考える真面目な映画なんだということを訴えようとしたわけです。

ところが、それに待ったをかけたのが高畑さんでした。コピーが映画の内容とずれている。必要以上に真面目ぶるのはいかがなものか。もう少し映画の本質を宣伝してほしい

——というのです。

僕は困ってしまいました。

そもそも高畑さんは、宣伝が人々をある方向へ熱狂的に導くことに対して、危険を感じている人です。『紅の豚』のときには「自分で自分に魔法をかけてブタになった男の物語」という僕の作ったサブ・コピーに対して、作品の中で描かれていないことを言っていいのかと怒られました。『もののけ姫』の「生きろ。」については意味不明だと言われました。ある種のプロパガンダの匂いがある言葉なのは僕も自覚していました。ただ、映画のヒットのためには、そういうコピーが必要だと思っていたのです。

ところが、高畑さんはそうやって作り出されたヒットはいらないという考え方です。『おもひでぽろぽろ』のときも、『平成狸合戦ぽんぽこ』のときも、僕はスタジオを続けていくために、がんばって映画をヒットさせてきました。でも、高畑さんはその結果に違和感を抱いていたんです。

高畑さんの意見を受けて、僕は方針転換する決断をしました。誤解を怖れず言うなら、お客さんが宣伝を見てどう感じるか、映画がヒットするかどうかは二の次。高畑さんが納得する宣伝をすることにしたんです。

その視点から新たにコピーを考え直したとき、作中で見つけたのが、藤原先生の「適当」という言葉でした。

——日本の名匠、高畑勲監督の最高傑作誕生。テーマは、「生きろ。」ではなくて…「適当《て・き・と－》」

——五人の家族プラス一匹が織りなす笑いと涙と感動と、え〜と、あとなんだっけの毎日。

——『もののけ姫』を凌ぐ　スタジオジブリの　国民映画　第2弾!?

——日本全国民に「幸せ」と「元気」を贈る名匠・高畑勲監督の　とりあえず　の最高傑作誕生。

——いよいよ明日、適当な時間にお越し下さい。

もうムチャクチャやりました。これじゃ真面目な人は来ないですよね。追告《おいこく》（公開後の広告）では、関係者に向けて、こちらのメッセージを伝える台詞を引用しています。

——人生、あきらめが肝心です。

——ケ・セラ・セラ　なるようになるぅ〜　未来は見えない　お楽しみぃ〜

誤解してほしくないのは、やけくそとは違う、ということです。実際、僕は『ケ・セラ・セラ』が大好きで、本編の最後をあの歌で締めるというのは、僕のアイデアでした。

僕はやろうと思えば、こういうパロディは得意なんです。そもそも考えてみれば、『となりのトトロ』を作ったジブリが『となりのやまだ君』を映画化する――大もとの発想からして、パロディ精神以外の何ものでもないですよね。

高畑さんは方針転換後の宣伝には一言も文句を言いませんでした。

ただ、一連の広告を見たベテランの女性アニメーターが、僕のところへ真剣な顔で抗議に来ました。

「『もののけ姫』で、あれだけ『生きろ』って言っていた人が、今回は『適当』ってどういうことですか!?　いったい何を考えているんですか！」

気持ちは分かります。世間でも彼女のように感じた人は少なからずいたでしょう。やっちゃいけないことをやれば、お客さんは来ないということは、僕も分かっていた。でも、当時はああするしかなかったと思っています。お客さんが減ることを覚悟してやったのは、後にも先にもこのときだけです。

徳間グループ全社員の前で結果報告

一方、興行面でも大問題が持ち上がっていました。発端は徳間康快の一言です。気まぐれというのか、悪戯好きというのか、徳間康快という人はいつも世間をびっくりさせたいと考えていました。『もののけ姫』の大ヒットに気をよくして、「今度は配給会社を東宝から松竹に切り替えた上でヒットを飛ばそう」と言い出した。

でも、これまでのヒットは東宝の協力あればこそ。僕はいままでどおりの配給体制を続けるよう、社長をずいぶん説得しました。ところが、頑として聞きません。

日本の映画興行ではやはり東宝がナンバーワン。松竹も東映も、その後塵を拝し続けてきました。その基礎体力の差に加えて、ちょうど当時、松竹と地方の映画館との契約の問題で、大阪以西、九州に至るまで、西日本ではほとんど上映できる小屋がないという問題が起きていました。これには僕もなす術がなかった。

不良債権問題はのしかかる。高畑さんには怒られる。宣伝は方向転換を余儀なくされる。そして最終的には映画館がない……。もう踏んだり蹴ったりです。人生こういうことも起きるんですね。

配給収入は八・二億円。厳しい結果になりました。ただ、覚悟はしていたので、それほどショックは受けませんでした。後に、ある興行関係者が「普通にやっていたら、三十億から四十億円はいったはず」と言ってくれましたけど、仮定の話をしても仕方ありません。公開後しばらくして、興行的な失敗が明らかになった頃、僕は徳間康快に呼びつけられました。徳間グループの総会で全社員を前に『山田くん』の結果を報告しろというのです。「敏夫、今回の『山田くん』がダメだったのは、配給を松竹に変えたのが原因だな。俺が悪かった。映画の興行というのは、なかなか難しいもんだな」

社長は素直に自分の非を認めました。ところが、総会で演台に立つなり、こう言い放ったんです。

「みなさんもご承知のように、『となりの山田くん』は惨敗だった。しかし、その全責任は鈴木敏夫にある」

徳間康快という人のムチャクチャさには僕も慣れていたつもりですが、さすがにこのときはびっくりしました。

「これから、鈴木敏夫が敗戦の弁を述べる。何を言うか、私も本当に楽しみだ」

僕は一杯食わされた！　と思いつつ、開き直って壇上に上がりました。

「ぜんぶ社長のおっしゃるとおりです」

大きな声でそう言って社長をチラッと見たら、ニタニタ笑っています。頭に来たから、続けてこう話しました。

「原因は配給を東宝さんから松竹さんに切り替えたことでした。これからは、配給会社をきちんと選ばなきゃいけないということがよーく分かりました！」

僕が格好悪い一幕を演ずる一方、高畑さんは、打ち上げでスタッフを前に素晴らしい挨拶をしました。

「たとえヒットしなくても、この映画に関わったことを僕らは誇りに思おう」

格好よすぎますよね（笑）。

ＭｏＭＡと氏家齊一郎がもっとも愛した作品

いろいろありましたけど、誤解のないように言っておくと、僕は『山田くん』を本当にいい作品だと思っています。宣伝や興行で問題はあったけれど、間違いなく映画史に残る作品でしょう。

一九九九年九月、アメリカで『もののけ姫』の英語版が公開されるのにあわせて、Ｍｏ

MA（ニューヨーク近代美術館）で、スタジオジブリ全作品の上映会が行われました。その最終日、すべての催しが終わった後、僕はMoMAの映画部門の責任者に呼ばれました。

「上映会への協力、本当にありがとうございました。私も全作品を見せてもらって、その中で一本、ものすごい作品に出会いました。『となりの山田くん』、この作品をMoMAのパーマネントコレクション（永久保存作品）に加えさせてもらえないでしょうか」

非常に光栄な申し出でした。もちろん、その場で快諾し、その方とはその後しばらく文通することになりました。

もうひとり、『山田くん』という作品をこよなく愛した人がいます。出資者でもある日本テレビの会長、氏家齊一郎さんでした。生前、僕もずいぶんかわいがってもらったんですが、あるときこう言われたことがあります。

「敏ちゃん、俺はな、ジブリの映画の中で一番好きなのは『山田くん』なんだ。俺の好きな作品はヒットしねえな。でも、俺は高畑さんが大好きだ」

また、『千と千尋の神隠し』のヒットを祝って、みんなで会食をしたときのことです。氏家さんが高畑さんにあらたまってこんなことをたずねました。

「これから世界はどうなっていきますか」

高畑さんは微動だにせず、しばらく沈思黙考していました。氏家さんもじっと高畑さんが口を開くのを待っています。耐えがたい間がしばらく続いたあと、高畑さんはこう答えました。

——名前は変わるでしょうが、地球の資源が有限であることがわかった以上、最後は共産主義的なものになるんじゃないでしょうか。

氏家さんは「俺も同じ考えだ」と深く頷いていました。

「なんでそんなに高畑さんにこだわるんですか」

僕はあるとき氏家さんに聞いてみたことがあります。氏家さんは遠い目をして、こう言いました。

「高畑さんにはマルキストの香りが残っている」

ご自身もそういう時代を生きてきた人です。いろいろな思いがあったんでしょう。

「高畑さんの作品がもう一本どうしても見たい。作ってもらえないか」

氏家さんから繰り返し言われ続けたことが、『かぐや姫の物語』へとつながっていくことになります。

千と千尋の神隠し

この映画をヒットさせていいのか、確信が持てなかった

『ホーホケキョ　となりの山田くん』の制作が佳境に入りつつあったころ、宮さんが僕の部屋にやって来ました。

「新しい企画ができたよ、鈴木さん。『煙突描きのリン』っていうんだ」

震災後の東京を舞台に、風呂屋の煙突に絵を描く二十歳の女の子の話だといいます。その女の子がある陰謀に巻き込まれて、すったもんだの大騒動が起きる。その相手側のボスというのが六十歳のじいさん。どうも話を聞いていくと、そのじいさんというのが宮崎駿自身なんですね。そして、あろうことか敵対する二人は歳の差を超えて恋に落ちる――。

とんでもないラブストーリーです（苦笑）。これはどうしたものか……と思ったんですが、そもそも当時の僕は、『となりの山田くん』で精一杯。とてもじゃないけど、次の企画まで手がまわりません。「じゃあ進めてみてください」と、おざなりな返事でその場をしのぎました。

宮さんはそれから一年、自分のアトリエ〝二馬力〟にこもって、『煙突描きのリン』のイメージボード（アニメの場面のアイデアを絵にしたもの）を描き続けることになります。

一九九九年に入って、『山田くん』の制作がようやく峠を越えたころ、ちょっと時間ができた僕は、ぶらりと吉祥寺の映画館に入りました。そこで見たのが、当時大ヒットしていた『踊る大捜査線　THE MOVIE』。

「何なんだ、これは！」。僕はびっくりしました。コメディタッチの刑事もののフリをしながら、いまの若者たちの気分、ものの見方、行動パターン、すべてが見事に表現されている。これが現代かと思い知らされました。

そのとき、僕の脳裡に浮かんだのが、『煙突描きのリン』のことでした。宮さんも還暦間近。そんな老人がリアルな二十歳の女の子を描くことができるんだろうか？

僕はその足で二馬力に向かいました。宮さんが『リン』の準備を始めてから、アトリエの中に足を踏み入れるのは初めてです。十二畳ほどの部屋の壁一面に、いったい何枚あるのか、数え切れないほどのイメージボードが貼り付けてありました。これまでは次から次へと慌ただしく映画作りに入っていたから、あまりじっくりイメージボードを描く時間がなかった。ところが、このときは一年近く準備期間があったため、大量の絵を描きまくっ

千と千尋の神隠し

ていたんです。これだけ描くのはさぞや大変だったろうな……と思いつつも、僕はその絵には見向きもせず、『踊る大捜査線』の話をしました。

「じつは今日、こんな映画を見てきたんですよ。いまの若者たちの気分がじつによく出ていて、若い監督が描くと、意識しようがしまいが、時代性が出るということを思い知らされました」

宮さんは僕の話を聞きながら、すっと立ち上がり、壁に貼ってあったイメージボードを一枚一枚はがし始めました。そして、全部まとめて、僕の目の前でゴミ箱の中にバサッと捨てたんです。あの光景はいまでも忘れられません。

「この企画はだめだってことだろう、鈴木さん」

直接的に言ったわけじゃありま

せん。でも、僕の顔に書いてあることを読みとったんでしょう。そして、いきなりこう言ったんです。

「千晶《ちあき》の映画をやろうか」

千晶というのは、日本テレビの映画部でジブリの担当をしている奥田誠治さんの娘です。当時ちょうど十歳。毎年夏になると、信州にある宮さんの山小屋へ遊びに来るのが恒例行事になっていました。家族ぐるみで仲よくなって、宮さんも僕も、彼女のことをすごくかわいがっていたんです。

「あの両親に任せておいたら、千晶はどうなっちゃうんだろう？　千晶のために映画を作らなきゃいけないんじゃないか」

両親にかわって、彼女に進むべき未来を指し示す——お節介といえばお節介な話ですが、そこが宮さんらしいところでもあります。

さらに、もうひとつ持ち出してきたのが、江戸東京たてもの園を舞台にするということでした。江戸時代以降の歴史的な建物を保存してある野外博物館で、ジブリと同じ小金井市にあります。僕はすっかりここが気に入ってしまい、何十回も通っていました。

宮さんとしては、僕に『リン』の企画を反対されたことが相当悔しかったんでしょう。

千晶と江戸東京たてもの園。その二つを持ち出されたら、僕は絶対に反対できないということを見越しての鮮やかな反撃でした。一年かけて準備したものを惜しげもなく捨てて、まったく新しい企画を考える。しかも、その間ものの五分。あの潔さと集中力には、ほとほと感心しました。

ストーリー変更で急浮上してきたカオナシ

企画が決まると、宮さんはストーリーを膨らませていきました。

両親といっしょにトンネルをくぐって、寂れたテーマパークのような場所に出た千尋は、不思議議の世界に迷い込んでしまう。そこには八百万の神様が湯治にやって来る〝湯屋〟があった――。

その発想のもとになったのが、ＮＨＫで放送されていた『ふるさとの伝承』というドキュメンタリーでした。日本全国いろんな土地の伝統的なお祭りや神事を紹介する番組で、宮さんと僕は毎週その番組を見て、いろいろ話をしていたんです。その中に神様が湯治場にやってきて疲れを癒すという話がありました。

子どものころの宮さんにとって、お風呂屋さんというのは不思議な場所。たまに連れて行ってもらうのがすごく楽しみだったといいます。湯船につかって富士山の絵を飽きることなく眺めていたそうです。

宮さんは何事も具体的なイメージから入る人です。たぶん頭の中で、『ふるさとの伝承』の神様と、江戸東京たてもの園にあったお風呂屋さん、さらに自分の幼少期の記憶が結びついたんでしょう。湯屋のイメージが一気に花開いていきました。

一年後、絵コンテが四十分ほどできあがりました。ちょうどゴールデンウィークの最中だったと思います。他のスタッフが休んでいる祝日は、宮さんとじっくり話をする絶好のチャンス。僕がスタジオに着くなり、「鈴木さん、待ってたんだよ」と宮さんがやって来ました。後半のストーリーがだいたい決まったから聞いてほしいというのです。美術監督の武重洋二と、作画監督の安藤雅司もいました。宮さんはホワイトボードに図を書きながら流れを説明してくれました。

湯婆婆《ゆばあば》に名前を奪われた千尋は、健気《けなげ》に働きながら、やがて名前を奪い返すために戦いを開始する。そして、湯婆婆をやっつける。ところが、湯婆婆の背後にはより強い魔女、姉の銭婆がいた。これに対抗するには千尋一人の力では難しい。そこで、ハクの力を借りて二人でやっつける。そこで千尋は名前を取り戻し、豚に変えられていたお父さんとお母さんを元に戻すことに成功する——。

宮さんは熱弁してくれたんですけど、僕はあまりピンと来なかった。いや、正直にいうと、ちょっとバカバカしいんじゃないかと思った（苦笑）。だけど、それを率直に言うわけにもいかないですよね。逡巡していると、宮さんは僕の表情を読み取りました。

「なに、鈴木さん、不満なの？」

そういうときは、すぐに何かを言わなきゃいけない。そこで僕はこんな言い方をしました。

「湯婆婆をやっつける話を終わらせてから、もういちど銭婆をやっつける話を立ち上げるとなると、話が長くなりますよね。いまできている部分が四十分あるから、合計すると三時間にはなりますね」

とっさに言ったことなんですけど、宮さんは弱点を突かれてたじろぎました。宮さんは、高畑さんのように長い映画を延々と作り続けるのは嫌いなんです。そこで僕はたたみかけました。

「でも、三時間かかってもいいんじゃないですか。宮さんの映画はいつも二時間前後だから、今回は思い切って長いやつをやってみましょうよ。いまだったらまだ公開は延ばせますから」

「いやだよ。何年かかると思ってるの。俺、疲れちゃうよ」

一瞬の沈黙のあと、宮さんは「あっ、鈴木さん、覚えてる?」と言って、お面をつけた妖怪とも神様ともいえない不思議なキャラクターの絵を描きました。

「橋の欄干のところにいたやつだよ」

「ああ、神様がいっぱいいいた中の……」

カオナシの原型でした。そして、そのキャラクターが湯屋で大暴れするというストーリーをダーッとしゃべり始めた。その間、わずか三分。ものすごい集中力でした。

ヒットするのはカオナシのほうだ

それを聞いて、僕の中に二律背反、二つの考えが浮かびました。

新しい案はたしかにおもしろい。ただ、カオナシの中に心の闇のようなものを見てしまう子もいるんじゃないか? 意識下でいつまでもこの映画を引きずり、人格形成に影響を受ける子も出てくるかもしれない。十歳の子どものために作ろうとしている映画で、そういうことをやるのは不健全じゃないだろうか……。

一方、湯婆婆をやっつけ、その後ハクと力を合わせて銭婆をやっつける。これは分かりやすいファンタジー活劇。「ああ、おもしろかった」で終わる。一日ぐらいはいろんなシーンを思い出して余韻に浸るとしても、翌日にはケロッと忘れて、また元気に学校へ通う。娯楽映画というのは、それぐらい単純明快であるべきなんじゃないか……。

考え込んでいると、宮さんが「鈴木さん、どっちか決めてよ」と迫ってきます。「湯婆婆をやっつけるほう」と言いかけながら、僕はつい「カオナシで」と言っちゃったんです。この一言で映画はまったく変わるわけで、ものすごくドキドキしました。

宮さんは「分かった」と言って、その場で方向転換を決断。「これなら二時間ですむよね」と念を押して、さっそく絵コンテの続きに取りかかりました。

でも、本当にそういう映画を作っていいものかどうか、僕はその後もずいぶん悩みました。正直なところ、ヒットするのはカオナシのほうだと思いました。『もののけ姫』のときから感じていたことですけど、単純な勧善懲悪の物語では、もうお客さんは呼べない時代になっていました。娯楽映画にも哲学が必要な時代になっていたのです。

振り返ってみると、戦後のある時期まで、映画のテーマはほとんど「貧乏とその克服」でした。たとえば黒澤明さんがそうです。ジャンルはチャンバラ、刑事もの、ラブストーリーといろいろありましたけど、根底に流れるテーマはどれも「貧乏」だった。ところが、高度経済成長をへて一億総中流の時代になると、もう貧乏はテーマたりえなくなります。そして、バブルとその崩壊をへて、多くの人が心に問題を抱えるようになった。二十一世紀にさしかかるころから、映画のテーマも「心の問題とその克服」に変わってきます。その中で生まれてきたのが、『千と千尋の神隠し』という映画だった。

優れた映画監督はみんなそういうところがあるのかもしれませんが、宮崎駿も無意識に時代の深層を感じとっているところがあります。だから、カオナシのような心の暗闇を象徴するキャラクターが出てきたんでしょう。人々は「わけが分からない」と思いながらも、意識の底でカオナシとのつながりを感じるから、夢中になって見てしまう。

ただ宮崎駿という監督がすごいのは、健全さと不健全さ、両方を兼ね備えていることです。『千と千尋』は、娯楽性と哲学性、両面を併せ持った映画だからこそ、ここまで広く受け入れられたんじゃないでしょうか。

監督と作画監督が火花を散らす

作画は『もののけ姫』に続いて、安藤雅司が中心になりました。前作『もののけ姫』で、宮さんは当時二十六歳だった彼を作画監督に抜擢します。劇場長編であれだけの大作。しかも、監督は宮崎駿。二十代の若手にとってはきわめて難しい仕事です。でも、安藤は見事にやり遂げた。

ところが、制作が終わった後、彼は僕のところへやって来て、「辞めさせてください」と言いました。理由を聞いてみると、「疲れたから」ではありませんでした。宮崎駿のアニメーションのスタイルは、自分の理想とは違う。よそへ行って自分のやり方を試してみたいというのです。

気持ちは分かりましたけど、プロデューサーとして彼ほどの腕利きを失うわけにはいきません。とくに宮さんが次の作品を作るときには、絶対に欠かせない存在です。そこで僕は彼を引き留めるため、一つの約束を交わしました。『もののけ姫』では、芝居は宮さんが決め、安藤は線の統一、キャラクターの整理だけを任されていました。でも、次の作品では、芝居についても彼のやり方でやることを認めたのです。

安藤は並々ならぬ覚悟で『千と千尋』の作画作業に入りました。宮さんは宮さんで還暦目前とは思えぬほどの作業量をこなし、毎晩夜中の十二時まで原画マンがあげてきたカットに修正を入れていました。でも、安藤はまだ三十歳。体力には分があります。宮さんが帰ったあと、さらに朝までかけてブラッシュアップを加えていったのです。

安藤雅司というアニメーターは、〝おもしろい〟ことより〝正しい〟ことを優先したいタイプです。漫画やアニメーションの絵というのは、インパクトをつけるために、正確なデッサンを犠牲にすることがよくあります。とくに宮さんの場合、カットごとに人間の背の高さなんかはコロコロ変えてしまう。遠近法を無視することだってあります。それが宮さんの絵の魅力でもあるんですが、安藤にはそれが許せない。どうしても、正しく描きたいんです。そこで、宮さんの指示を受け止めつつも、自分流の〝正しい〟アニメーションを持ち込んでいった。

あがってきたラッシュフィルムを見れば、宮さんだって安藤がやっていることに気づきます。最初、宮さんは我慢していました。でも、次第に二人の間に火花が散り始めます。老境にさしかかったベテラン監督と、若きアニメーターの熾烈《しれつ》な戦い。プロデューサーとしてはハラハラしつつも、どこか剣豪の名勝負を見ているようなおもしろさもありました。そして、二人のせめぎ合いの結果、『千と千尋』の画面には、ある種の迫力がみなぎることになったんです。

宮さんはこのとき自分の衰えを実感したかもしれません。でも、一方の安藤も無傷ではすまなかった。精神的にも肉体的にも自分に最大限のストレスをかけ続けた結果、作画を終えたときには、髪の毛がぜんぶ抜けていました(苦笑)。そして、やりきった満足感とともにジブリを去っていくことになります。

「もののけ姫の倍、ヒットさせてください」

宣伝を始める時期になり、僕はあらためて悩むことになりました。はたしてこの映画をヒットさせていいものかどうか、確信が持てなかったんです。

ご承知のとおり、『もののけ姫』は日本の映画興行史を塗り替える大ヒットを記録しました。社会現象にもなって、宮崎駿という名前は一人歩きするようになった。それがもういちど起きたら、宮さんという人はおかしくなっちゃうんじゃないか……そんな不安を感じたのです。

そこで僕は、宮さんの長男、宮崎吾朗くんに相談してみることにしました。じつはちょうどそのころ、三鷹の森ジブリ美術館の建造計画が持ち上がっていて、緑地設計の仕事をしていた彼にデザインを含めすべての仕事を任せていたのです。

僕は自分が抱いている懸念を説明した上で、率直に聞いてみました。

「俺としては三つの選択肢があると思ってるんだ。一つ、『もののけ』の半分ぐらいのヒットにする。一つ、『もののけ』並みにする。一つ、『もののけ』の倍をめざす。吾朗くんはどれがいいと思う？」

彼はきっぱり言いました。

「『もののけ』の倍、ヒットさせてくださいよ」

「なんで？　宮さんがおかしくなって、家族がばらばらになっちゃうかもしれないよ」

「いや、ぼくは美術館を成功させたい」

僕は内心、すごいやつだな……と思いました。仕事のためには家族のことも顧《かえり》みない。そういう点は宮さんの血を引いています。

ただ、吾朗くんにそう言われたあとも、僕の中にはヒットをめざすことにためらいがありました。そんな僕に、最終的に火をつけたのが博報堂の藤巻直哉さんでした。のちに『崖の上のポニョ』のテーマソングを歌うことになる男です。

ある日、赤坂の街を歩いているときに、ばったり彼と出くわし、ちょっとお茶でも飲もうかという話になりました。当時は、電通と博報堂が一作ごとに交代で製作委員会に入ることになっていて、彼はこの作品には関わっていませんでした。それでちょっと拗《す》ねていたんでしょうね。席につくなり、こんなことを言い放ったんです。

「いいですよね、電通は。『千と千尋』、みんな噂してますよ。『もののけ』の半分はいくだろうって」

それを聞いた瞬間、僕は頭にカーッと血が上りました。そうか、みんなその程度の評価しかしてないのか。それなら、いっちょやってやろうか——。

そのためには具体的にどうすればいいか？　僕もだいぶ経験を積んで、どんな宣伝をして、どういう興行の体制を組めば数字をあげられるか、だいたい分かるようになっていました。大方針としては、宣伝の物量も、上映館のキャパシティも、『もののけ』の倍にする計画を立てました。

その上で、宣伝については、映画のテーマを象徴するカオナシを前面に押し出すことにしました。宣伝関係者を集めてそのことを告げると、みんな怪訝《けげん》そうな顔をしています。そこで一人ひとりに、「この映画はどういう映画だと思う？」と尋ねてみると、みんな一様に「千尋とハクのラブストーリー」と答えます。僕にはそれが不思議でならなかった。二人が恋心を持っているということは分かります。でも、絵コンテを素直に読めば、それが話の中心じゃないことも明らかです。

それで試しに、キャラクターごとの登場秒数を計算してみることにしました。絵コンテに書いてあるカットごとの秒数を丹念に集計してみると、一位はダントツで千尋でした。これはあたりまえですね。問題は次です。もしこの物語がラブストーリーなら、二位はハクでなければならないはず。ところが、二位はカオナシだったんです。

明確な数字を示せば、みんなも納得するだろうと思ったんですが、それでも「映画のテーマ＝愛」という思い込みは強いようで、納得してもらうのは大変でした。気持ちは分からなくはありません。あんなわけの分からないキャラクターで宣伝すると言われたら、最初は戸惑いますよね（苦笑）。でも、僕は時代の変化を感じていたし、秒数という冷徹な事実もある。カオナシで売れば、この映画は当たる。いや、それどころか、お客さんが来すぎてしまうんじゃないか――そんな心配すらしました。不遜に聞こえるかもしれませんが、それぐらい深い確信があったんです。

カオナシを前面に出したことで、宣伝コピーも影響を受けました。当初のメインコピーは糸井重里さんが作ってくれた「トンネルのむこうは、不思議の町でした。」です。ところが、東宝の宣伝プロデューサー、市川南さんが、「本当にこのコピーだけでいいんでしょうか？」と言い出したのです。

彼の特徴は冷静沈着、いつも客観的な視点でものを見ていました。しかも、僕が会議や打ち合わせでしゃべった内容をぜんぶノートに書き留めていた。そして、僕が何かに迷うたびに、そのノートを開き、「何月何日、鈴木さんはこう言ってましたよ」と指摘してくれたんです。これはじつに役に立ちました。

「鈴木さんは言いましたよね。『いいコピーというのは、何かの拍子で偶然出てきた言葉なんだ。しかも、最初に言った言葉のことが多い。でも、何回も検討を繰り返すうちに、最初のフレーズを忘れてしまうことがある。そういうときはいったんそこへ戻らなきゃいけない』って。『この映画をヒットさせる鍵は哲学にある』とも言いました。僕にはそれが正しいかどうかは分かりませんが、『もののけ』のヒットの理由が『生きろ。』というコピーにあったのなら、今回も哲学的な言葉を打ち出さなければいけないんじゃないですか？」

そこで新たにサブのコピーを考えることになり、彼が出してきたのが『「生きる力」を呼び醒ませ！』というコピーだったんです。千尋とカオナシのビジュアルに、このコピーを入れて宣伝を始めると、予想以上の反響が起きました。広告業界はもとより、教育関係やいろんなところで「生きる力」という言葉が使われるようになったのです。

質量ともに前代未聞の宣伝を展開する中、普段、宣伝に関心を示さない宮さんが珍しく僕の部屋へやってきて言いました。

「鈴木さん、なんでカオナシで宣伝してるの？」

「いや、だって、これ千尋とカオナシの話じゃないですか」

「えっ⁉」

宮さんは衝撃を受けていました。「千尋とハクの話じゃないの……？」

その後しばらくして、映画がほぼ完成し、つながったラッシュを見た宮さんはしみじみ言いました。

「鈴木さん、分かったよ。これは千尋とカオナシの話だ」

宣伝関係者だけじゃなくて、監督自身も気づいてなかったんです。作っている当人も気づかない。それが作品というモノだと思いました。

シネコンの普及がもたらしたもの

映画興行の仕組みも、このとき大きく変わりました。シネマコンプレックス、いわゆるシネコンの登場です。『もののけ』のころにはすでに普及し始めていたんですが、『千と千尋』のときには、それが全国的に広がっていました。

一館につき一スクリーンという昔ながらの映画館が主流だった時代、興行は〝護送船団方式〟で行われていました。東宝なら東宝の興行のプロが、「この映画はこれぐらいのヒットが見込めそうだ」という予測を立て、東京の中心的な映画館を決める。すると、その規模に連動して地方の小屋が決まっていく。上映期間も契約で決まっているので、公開前から興行収入はほぼ計算できることになります。供給量を計画的に決めてしまうという意味では、社会主義的な仕組みでした。

それに対して、アメリカからやって来た〝黒船〟ワーナーは、日本のスーパー、マイカルと組んで、ワーナー・マイカル・シネマズを作り、興行界にシネコンという箱と、自由競争の原理を持ち込みました。

それによって何が起きたか？　『千と千尋』は公開されると同時に、シネコンの複数スクリーンを席巻していったのです。お客さんが殺到したことで、他の映画をかける予定だったスクリーンが『千と千尋』に回され、上映面数がどんどん増えていく。それによって、観客動員は加速度的に増えていきました。

それに加えて、過去最大の全国キャンペーンを行ったことも効きました。ほとんど選挙戦に近い状態で、普通映画のキャンペーンでは行かないような小さな町も訪ね、お客さんを掘り起こしていったのです。『もののけ姫』での経験が物を言いました。

結果的に、日本中のスクリーンが『千と千尋』一色になっていきました。とくに最初の二、三週間はすさまじく、『もののけ』の倍の数字を叩き出しました。

周囲は狂喜乱舞していましたけど、僕自身は複雑な心境でした。初日の観客数はなんと四十二万人。二本立ての『火垂るの墓』と『となりのトトロ』の第一次興行（四週間）がトータルで四十五万人だったんですが、それに匹敵する数をわずか一日で記録してしまったわけです。『火垂る』と『トトロ』が不憫でならなかった（苦笑）。『千と千尋』は一年のロングランの末、観客数二千三百八十万人、興行収入三百八億円という日本記録を作ることになります。

ただし、この結果には功罪両方の側面がありました。『千と千尋』がスクリーンを寡占したことによって、他に当たりそうだった映画が軒並み割を食ってしまったのです。その事態を重く見た日本の映画興行界では、以降『千と千尋』のようなメガヒットを出すまいという空気が支配的になっていきます。振り返ってみると、本当の自由競争が行われたのは、この一瞬だけでした。大ヒットの背景には、時代の端境期《はざかいき》にたまたま巡り合わせたという幸運もあったんです。

金熊賞やアカデミー賞よりも

『もののけ姫』からディズニーとの提携が始まり、世界への配給が始まったわけですが、『千と千尋』が日本で三百四億円売り上げたと聞いて、アメリカの興行関係者も大騒ぎになりました。三億ドルというのは、アメリカにおいてもとんでもない数字なんです。

そこで、ディズニーにフィルムを持っていき、当時のCEO、マイケル・アイズナーに見てもらうことになりました。アイズナーが自ら作品をチェックするというのは、ディズニーにおいては大変なイベント。立派な試写室に幹部が勢揃いし、緊迫した雰囲気の中で上映が行われました。終了後、ディズニーのスタッフは固唾《かたず》を呑んで、アイズナーの第一声を待ちます。

「なぜこの作品はそんなにヒットしたんだ？　私にはよく分からん」

正直な方だなと思いました（笑）。やっぱりアメリカ人には分かりにくい作品なんです。実際、海外興行の結果を見ると、日本と価値観が近い香港、台湾、韓国、あるいは日本文化に理解があるフランスではヒットしましたが、北米では苦戦しました。

でも、海外での成績に一喜一憂することはありませんでした。僕としては日本の興行で制作費を回収できて、次の映画が作れればそれでよかったからです。そもそも宮さんも僕も、世界での評価なんて考えたこともなかった。

だから、ベルリン国際映画祭で金熊賞をもらったときも、アカデミー賞で長編アニメーション賞を受賞したときも、うれしいというより、単純にびっくりしました。

とくにアカデミー賞については、ディズニーの『リロ・アンド・スティッチ』が大本命。『千と千尋』はといえば、ノミネートされただけでも快挙という扱いでした。当時、ジブリの広報部長をしていた西岡純一にいたっては、ラジオに出演して、こんなことを語ったぐらいです。

「いよいよアカデミー賞の発表が近づいてきましたね。西岡さんは『千と千尋』が獲れると思いますか？」

「あ、無理です。絶対に。僕は『リロ・アンド・スティッチ』が獲ると思います」

「どうしてですか？」

「あちらのほうが作品的にすばらしいからです」

広報部長からしてこれですからね……。僕は西岡をつかまえて聞いてみました。

「西岡さあ、なんで『リロ・アンド・スティッチ』って言ったの？」

「だって、『リロ・アンド・スティッチ』は本当にすばらしいんですよ！」

ジブリって自由でいい会社ですよね（笑）。

アカデミー賞の授賞式には、千晶のお父さん、奥田誠治さんに行ってもらうことになりました。製作委員会のメンバーの中でも、奥田さんだけは、なぜか昔から本気でアカデミー賞をめざしていて、「あの赤い絨毯を歩けたら死んでもいい」と言っていたからです。僕が「奥田さん、死にに行く？」と聞いたら、「行きます！」と即答。喜び勇んでロサンゼルスへ飛んでいきました。

僕はテレビ中継で授賞式を見ました。プレゼンターのキャメロン・ディアスが「"Spirited Away" Hayao Miyazaki」と読み上げた瞬間は啞然ですよね。「こんなことが起きることもあるんだなあ」と、他人事のように感心しました。

この受賞の意味を客観的に評価するのは難しいですけど、日本映画と世界との距離が縮まったということは言えるかもしれません。日本の制作者にとって、遠い海の向こうの出来事だったアカデミー賞が、意外に近いところにあると感じられるようになった。

『千と千尋』は、そのほかにも国内外、数え切れないほどの賞をいただき、その余波は数年にわたって続きました。僕がうれしかったのは、賞そのものよりも、がんばってくれた関係者のみなさんが受賞を喜んでくれたことです。

賞に興味のない宮さんは、ベルリン国際映画祭にも、アカデミー賞にも出席しませんでした。ただ、後に国際交流基金賞をいただいたときは、珍しく授賞式に出かけることになりました。待合室にはいろんな方がお見えになり、宮さんは慌ただしく応対に追われます。その波がふいに途切れ、僕と宮さんが二人きりになるエアポケットのような時間が訪れました。しんと静まりかえった部屋で、宮さんはぽつりと呟きます。

「どうしてこんなことになっちゃったんだろう、鈴木さん」

「宮さんが、がんばったからですよ」

「鈴木さんだって、がんばったじゃないか」

宮さんって、功績を自分一人で抱え込むのが苦手なんです。少しでも人に分けて楽になりたいと考える。そして、興行記録や受賞を知らされるたびに「どうしよう」とうろたえるものの、そのことで浮ついたり、考えがブレることはいっさいなかった。大した人だと思います。「ヒットが続いたら、宮さんがおかしくなってしまう」という僕の心配は杞憂に終わりました。

授賞式を終え、二馬力に戻ってきたあと、騒がしい気分が落ちつくまで、二人でお茶を飲みました。

「これでぜんぶ終わりだよね？」

「もう終わりです。しばらく休憩できますよ」

「この映画は、鈴木さんの一言から始まったんだよね」

「えっ？　僕の一言って何ですか？」

「覚えてないの？　キャバクラの話だよ」

僕はすっかり忘れていたんですが、企画を練っているとき、僕がキャバクラ好きの知り合いから聞いた話を宮さんにしたことがあったんです。

キャバクラへ働きに来る女の子たちは、もともと引っ込み思案で、人とのコミュニケーションがうまくできない子も多い。ところが、必要に迫られて、一生懸命いろんなお客さんと会話をするうちにだんだん元気になっていく——。

その話をヒントにして、宮さんは湯屋をキャバクラに見立てたストーリーを作ったというのです。千尋はそこでカオナシをはじめいろんな神様の接客をするうちに元気を取り戻していった。

僕らはよく「企画は半径三メートル以内で生まれる」というんですけど、映画の題材って、案外身近なところに転がっているものなんです。そして、身近だからこそ、そこには否応なく〝現代性〟が宿っている。そういう題材と格闘するのが僕は好きだし、ジブリ映画のヒットの理由の一端は、そこにあるのかもしれません。

僕らにとって、ヒットや賞より大事だったことが一つあります。企画の発端となった千晶自身はこの映画を見てどう感じたのか？　宮さんがこの映画をいちばん見せたかった相手は彼女でした。

完成披露試写会の日、宮さんはいつになく緊張していました。上映が終わり、いろんな人を見送ったあと、最後に千晶が出てきました。宮さんが恐る恐る「どうだった？」と聞くと、千晶は笑って「おもしろかった」と言いました。

この一言で宮さんも僕らも救われた気持ちになりました。

家に帰ったあと、千晶はお父さんに「ひとつだけ違ってたよ」と言ったそうです。

「いちばん最後、〝おわり〟のところで靴が描いてあったでしょう。あの絵がちょっと違ってた」

じつは山小屋で川遊びをしていたとき、千晶が運動靴を川に落としてしまい、みんなでそれを追いかけたという事件があったんです。宮さんはそのときのことを思い出して絵にしたのでした。千晶も感受性の強い子だから、すぐに「あのときのことだ」と気がついた。ただ、靴の柄が違っていたんですね。

「ほんとはセーラームーンの靴だったんだ」

その話を聞いた宮さんは、楽しそうに笑っていました。

ハウルの動く城

「これ城に見えるかな？」もっとも苦労した宮崎作品

「鈴木さん、この本読んだ？」

宮さんが一冊の本を手に、興奮した様子で僕の部屋へ入ってきました。タイトルは『魔法使いハウルと火の悪魔』。イギリスの作家、ダイアナ・ウィン・ジョーンズさんのファンタジー小説です。徳間書店の児童書の担当編集者が、宮さんと僕のところへ毎月新刊を送ってくれていたんですが、その中に入っていた一冊です。

「ほら、ここを見てよ。もとのタイトルは『Howl's Moving Castle』。いいよね、城が動くって」

宮さんのその一言から『ハウルの動く城』は始まりました。でも、企画は提案したものの、宮さんとしては自分で監督をする気はなかった。そこで、どういうスタッフでやっていこうかと話しあっているとき、たまたま僕の友人が、東映アニメーションにいた細田守くんを連れて遊びに来たんです。

当時、細田くんは『劇場版デジモンアドベンチャー』（一九九九年）などを手がけ、気鋭の演出家として注目されつつありました。ただ、そのころ東映アニメーションが制作していたのは、『少年ジャンプ』の原作ものが中心。彼としては、その枠から離れた作品を作ってみたいという希望を持っていた。『ハウルの動く城』の企画を見せたところ、「ぜひやってみたい」と言います。そこで、ジブリへ出向してきてもらい、具体的に企画を進めていくことになったんです。

　ところが、脚本、キャラクターや美術の設定などの準備作業を進めるうちに、細田くんの中で、悩みが出てきた。ひとつには東映アニメーションとジブリの制作スタイルの違いです。さらに、宮崎駿の存在もプレッシャーになってい

ました。

宮さんは、企画を立てたら、あとは黙って見守るというタイプじゃありません。ストーリーや絵について、「こうしたほうがいい」とあれこれアドバイスしてきます。しかも、言うことが毎日変わる。

細田くんは、過去にジブリの研修生採用試験を受けたこともあるぐらい宮崎駿に憧れを持っていました。だから、宮さんの話をまじめに聞いていたのです。宮さんの提案に従って細田くんが作業を進めていると、次の日にはぜんぜん違うことを言われる。それが一週間、一カ月と続くうち、彼はすっかり参ってしまった。僕も相談に乗っていたものの、やがて一人で深みにはまり込んで、作業が行き詰まるようになってしまいました。

プロデューサーを交代する

じつはそのころ、同時並行で進めていた企画がもう一本ありました。きっかけは、あるテーマパークから「猫のキャラクターを描いてほしい」と依頼されたことです。それが紆余曲折を経て、『猫の恩返し』(二〇〇二年)という作品になっていくんですが、そちらは若いスタッフを中心に進めていました。プロデューサーは、ずっと僕の補佐をしてくれていた高橋望。監督には、『となりの山田くん』からアニメーターとしてジブリ作品に参加していた森田宏幸くんを抜擢しました。ところが、高橋と話してみると、そちらの企画も行き詰まり気味だといいます。

そこで二人で相談して、プロデューサーを交代してみることにしたんです。僕が『猫の恩返し』をやり、高橋が『ハウル』をやる。相性もよかったんでしょうね。交代後はどちらもうまくまわり始めました。ただ、『ハウル』のほうは、ほどなくしてまた暗礁に乗り上げてしまった。そこで、『ハウル』は制作を中止し、『猫の恩返し』の完成に集中することにしたんです。

とはいえ、『猫の恩返し』も宮さんが企画に関わっていますから、当然あれこれ注文を出してきます。ところが、監督の森田くんがちょっと変わった性格の持ち主で、それを楽しんでしまうんです。毎日、身を乗り出すようにして、宮さんの話を聞き、質問し続けた。それがあまりにも熱心なもんだから、宮さんのほうが参ってしまって、現場に近づかなくなりました。すると、今度は自分からわざわざ宮さんのところへ行って話を聞こうとする。最後には宮さんが逃げまわっていました。

ジブリの歴史上、ほとんどの若手が宮崎駿から逃げまくってきたんですけど、いっしょにやることを楽しんだ数少ない一人が森田くんでした。

ちなみに、もう一人はシナリオライターの丹羽圭子さんです。『借りぐらしのアリエッティ』の脚本を作るとき、毎日変わる宮さんの話を聞きながら、「天才の思考過程が分かるんだから、こんなにおもしろいことはないですよ」と言って、原稿を書き直し続けました。彼女のことは『アリエッティ』のところで詳しく紹介します。

一方、宮さんと戦うことを楽しんだのが、『もののけ姫』『千と千尋の神隠し』で作画監督を務めた安藤雅司です。彼は宮さんに対抗し、自分が理想とするアニメーションを追求した。美術の男鹿和雄さんにもそういうところがありました。

積極的に受け入れることを楽しむか、職人として徹底的に対峙するか——宮崎駿という特殊な天才と付き合うには、そのどちらかしかないのかもしれません。

「現代のピカソ」と評された城のデザイン

『猫の恩返し』の制作が進むなか、そろそろ宮さん自身の監督作を考えなきゃいけない時期になりました。

ある日、僕がトイレに入ったら、たまたま宮さんも来て、連れションをする格好になりました。宮さんが「鈴木さん、次どうしようか」と聞いてきます。こういうときは間髪入れず答えることが大事です。

「宮さん、せっかくあれだけ『城が動くのがおもしろい』と言っていたんだから、『ハウル』をやりましょうよ」

宮さんは一言、「分かった」と言いました。そこで、ちょうど用足しも終わり、『ハウル』は再始動することになりました。トイレで決まったなんて、誰も知るよしもなく、スタッフはみんなびっくりしていました（笑）。

人が作っているときは、さんざん「ああしたほうがいい」「こうしたほうがいい」とアイデアを語りまくっていた宮さんですが、自分がやることになったら、それはぜんぶ放り出して、まず城のデザインに集中しました。

ところが、西洋風のお城を何枚描いてみても、どうしても納得のいくものができない。ある日、「どうしよう？」と言って、僕の部屋へ相談しに来ました。宮さんは会議や打ち合わせの最中、落書きをするクセがあります。そのときも話をしながら、ずっと手を動かしていました。大砲から描き始めて、屋根をくっつけて、煙突を立てて……というふうに、いろんなものをくっつけていった。しゃべりながら、無心で描いたのがよかったんでしょうね。気がついたら、城が完成していました。できあがった絵を見て、自分でもびっくりしています。

「これ城に見えるかな？」

正直にいえば、城には見えません。でも、そう言ったら、また制作はストップです。僕は「いいじゃないですか。見えますよ」と言いました。ともかく先に進むことが大切だと思ったんです。

「問題はね、鈴木さん」。宮さんが続けて言います。「足だよ」。そして、また不思議な絵を描き始めました。ひとつは鶏の足。もうひとつは戦国時代の足軽の足。それを見せて、「どっちがいい？」と真剣に聞いてくる。僕としては正直どっちでもよかったんですけど、向こうは真剣です。「それは、やっぱり鶏でしょう」。まじめに答えました。

そんなふうにしてあの奇妙な城ができていったんですけど、じつは建物の作り方としては、宮さんのいつものやり方とは正反対でした。本来、宮さんは内装から描き始める人です。ある部屋の中を描き、次に別の部屋をくっつけて、あとから外観を決めていく。ところが、このときはまず外観から始めた。だから、あとで内装を考えるとき、中は何階建てで、どんな間取りになっているのか、辻褄を合わせるのに苦労していました。

後に『ハウル』がフランスで公開されたとき話題になったのが、この城のデザインでした。作品に対する評価は賛否両論が渦巻き、否定派はヨーロッパを舞台にしたことを問題にしていました。やはりヨーロッパの人たちが宮崎駿に求めるものは〝日本〟なんです。一方で、肯定派はお城のデザインを絶賛。とくに、リベラシオン紙からは「現代のピカソだ」とまで評されました。

城の外観が決まったことで、作業は一気に動きだしました。もともとおばあちゃんを描くのは得意だから、ソフィーや荒地の魔女などのキャラクターはどんどん決まっていく。

美術については、フランスとドイツの国境にあるアルザス地方がモデルになりました。ここは『千と千尋』の制作で疲労した宮さんが、休養のために訪ねた場所です。アルフォンス・ドーデの小説『最後の授業』の舞台としても知られていますが、戦争のたびにドイツとフランスの間で領有権が行ったり来たりして、両国の文化が入り交じって残っている土地です。中でも宮さんが気に入ったのが、リクヴィルという古い町でした。「ハウルの舞台にしよう」ということになり、帰国後、宮さんは美術スタッフにロケハンへ行くように進言。スタッフも現地を訪ね、それが作品に反映されています。

そうやって舞台の基本的な骨格はできた。ただ、どういう映画にするか、肝心のテーマがまだ決まっていませんでした。宮さんはスタッフに対しても、「今回はこういう映画だ」とはっきり示すキャッチフレーズがほしい人です。そこで、いろいろと話し合った結果、「今回は本格的な恋愛映画を作ろう」ということになった。そして、作品説明会で、全スタッフを前に説明することになりました。

「僕もこれまでいろいろな作品を作ってきましたけど、いつも必ず男と女が出てきました。今回はそれを正面にすえて、初めて本格的な恋愛映画を作ろうと思います」

高らかに宣言したまではよかった。ところが、「恋愛映画というものは……」と言いかけたところで、ピタッと止まっちゃったんです。

「どうやって作るんだっけ？　鈴木さん」

みんなズッコケました。仕方がないから、僕が合いの手を入れます。

「普通、出会いがありますよね」「そうそう、出会いがあるんだ」

「それが深まりますよね」「うん、深まる」

「それが起承転結の〝承〟だとすると、だいたい〝転〟ですれ違いですよ」

「ソフィーがおばあちゃんになるところがすれ違いなんだ。だから、みなさん、今回はおばあちゃんをしっかり描いてください」

とは言ったものの、実際にそういう起承転結がはっきりした恋愛映画になっているかというと、なっていないですよね。絵コンテを描き始めてからも、宮さんの迷いは続きました。

最初、あがってくる絵コンテを見ていて、僕は「あれ？」と思ったんです。宮さんの映画は、これまでだいたい一カット四〜五秒で展開していくことが多かった。でも、今回は何となく長い感じがしたんです。そこで、スタッフに言って、試しに平均秒数を計算させてみたところ、なんと八秒もあった。通常の倍ぐらいになっているんです。そのせいで、前半のテンポが非常にゆっくりしている。しかも、話が進むにつれて、どんどん長くなる傾向にあります。

この調子でいったら二時間では終わらない。それどころか四時間ぐらいの映画になってしまう。指摘しないと大変なことになります。

「宮さん、今回一カットが長くなってますよね？」

「え!?　そんなことないよ」

「計算してみたら、平均で八秒ぐらいになってますよ」

「そうなの？」。本人には自覚がなかったんです。そして、苦し紛れにこんな言いわけをしました。

「主人公がおばあさんだから、動きが遅いんだ！」

でも、そこからが宮さんのすごいところで、途中から一カットを短くしていくんです。しかも、平均をいつもの四秒に戻すべく、一カットを三秒台にしていった。その結果、『ハウル』は前半と後半でテンポが変わるという世にも珍しい映画になるんです。

思いがけない名シーンの誕生

もうひとつの問題はストーリー展開でした。いろんな話が次々と立ち上がるんですけど、一時間たっても収束に向かわず、まだ立ち上がり続けている。「いったいどうやってまとめるんだろう？」と、僕は不安になりました。

そこで、制作業務担当で映画マニアの野中晋輔に聞いてみました。「絵コンテ読んでる？」「読んでます」「この話って、どうなると思う？」「珍しい話ですよね。起承転結じゃなくて、起と承がずっと続いていますよね」。

絵コンテが一時間十五分ぐらいまで進んだところで、僕もさすがにまずいと思って、宮さんに聞くことにしました。

「このお話、最終的にどうやってまとめるつもりなんですか？」

「俺はプロだから、何とかなるんだ！」

そう言い張りながらも、表情は明らかに困っていました。一時間三十分ぐらいまできたところで、宮さんが僕の部屋へ走って来て、珍しくドアをバタンと閉めました。

「鈴木さん、話がまとまらないよ。どうしよう？」

ここはプロデューサーとして何か言わなきゃいけない。それでふいに思いついたのが、その数日前に見た映画『グッドナイト・ムーン』（一九九八年）でした。

「つい最近、見た映画なんですけどね。カメラマンの女性（ジュリア・ロバーツ）が、ある弁護士（エド・ハリス）と恋に落ちて、いっしょに暮らし始めるんです。ところが、彼には前妻（スーザン・サランドン）との間に二人の子どもがいた。それで、ジュリア・ロバーツとスーザン・サランドンが交代で子どもの面倒をみることになるんですけど、ジュリア・ロバーツのほうは失敗ばかり。そこで困って、スーザン・サランドンに相談に行くんです。それがきっかけになって二人は打ち解けるんですけど、そうこうするうちに、スーザン・サランドンのほうがガンでもう長くないということが判明する。そこで弁護士は前妻も家に呼んで、残された時間、みんなでいっしょに暮らすという決断をするんです」

そこまでストーリーを説明したら、宮さんは急に「分かった！　もう大丈夫だから」と言って、また慌ただしく部屋を出て行きました。

直接的な言い方をしたわけではないんですけど、解決法はそれしかないいんじゃないかと思ったんです。そういうやり方って、山田太一さんもときどき使う手なんですよ。いろんな登場人物の話を立ち上げて、こんがらがって困ったところで、全員を登場させて、うやむやにする。映画でもドラマでも小説でも、多くの作家が同じ問題で悩むんでしょうね。

ともかくそれがきっかけになって、物語の後半、荒地の魔女も、犬のヒンも、かかしのカブも、みんな引っくるめていっしょに城で暮らすことになりました。そして、よぼよぼのおばあちゃんになってしまった荒地の魔女をソフィーが介護するようになる。そこで思いがけない名シーンが生まれました。

甲斐甲斐しく面倒を見るソフィーに、荒地の魔女が言います。

「恋だね。あんたさっきからため息ばっかりついてるよ。図星だね……」

「おばあちゃん、恋をしたことあるの？」

「そりゃあしたねえ。いまもしてるよ」

いいシーンなんですけど、よく考えてみると無茶苦茶な話ですよね。新しい恋人（ソフィー）に、古女房（荒地の魔女）の介護をさせるわけでしょう。絵を描いている宮さんに、さりげなく「この段階では、ハウルとソフィーはできてないんですよね？」と聞いてみたことがあるんです。宮さんは聞こえないふりをしていました。僕としては、さらに「これは作者の願望ですか？」と聞いてみたかったんですけど、それはやめておきました（笑）。

この映画には、意図せず生まれた名シーンが他にもあります。たとえば、ソフィーと荒地の魔女が王宮の長い階段を上る場面です。

宮さんが当初考えていたのは、ソフィーが先に上っていくものの、途中で立ち止まって、荒地の魔女に手を差し伸べるというシーンでした。ところが、そのシーンを大塚伸治という腕利きのアニメーターがやってくれることになって、そのプランを捨てるんです。「大塚さんがやってくれるなら、そんな説明的な芝居はいらない」と言って、シーン全体を倍の長さにして、細かな芝居は大塚さんに任せることにしました。

その結果、二人のおばあちゃんが競い合いながら必死に階段を上るという、じつに印象的なシーンに仕上がった。宮さんも満足したし、僕も感心しました。その後、宮さんと対談した養老孟司さんなどは、「僕はあの階段のシーンを見ただけで、この映画を見たっていう気になりました」と語っていたほどです。

映画作りって不思議なもので、最初から名シーンにしようと目論んだ場面は、たいていうまくいきません。そのかわり、思わぬところが名シーンになる。とくに優秀なアニメーターが描くと、そういうことが起きるんです。

もうひとつの名場面は、映画のラストです。もともと僕がイメージしていたクライマックスは、ルネサンス期の画家、ヒエロニムス・ボッシュが描いた「聖アントニウスの誘惑」のようなシーンでした。燃えあがる城の上を、奇怪な生き物や船が飛んでいるという構図で、手塚治虫や石ノ森章太郎、永井豪など、日本の名だたる漫画家たちに強い影響を与えてきた絵です。

宮さんもやっぱりこの絵が好きで、その中に描かれている小物を『未来少年コナン』の中で使っています。あるとき、宮さんが実物を見てみたいと言うので、いっしょにポルトガル・リスボンの国立古美術館へ行ったこともありました。

その印象が強烈に残っていたから、『ハウル』では炎上しながら走りまわる城を描いてほしいという話をしていたんです。でも、宮さんとしては「やっぱり無理だよ」と言ってきた。その代わりに描いたのが、魔法が解けてバラバラになり、足と板だけになってしまった城でした。

じつはあの姿にはモデルがあって、僕がある人からもらったおもちゃなんです。それを部屋に飾っておいたら、宮さんが「これ借りていい？」と言って持って行った。その結果、生まれたのがあのシーンです。

うまいと思ったのは、その上で交わされた芝居ですよね。「わたしゃ知らないよ。何も持ってないよ」。ハウルの心臓を渡そうとしない荒地の魔女の肩を、ソフィーがそっと抱きしめて、「お願い、おばあちゃん」と言う。すると、荒地の魔女は「そんなにほしいのかい。仕方ないね。大事にするんだよ」と心臓を手渡す。

宮さんって、そういうスキンシップの使い方が本当にうまいんです。映画の冒頭で、兵士たちに絡まれるソフィーをハウルが助けるじゃないですか。そこでも、ハウルはすっとソフィーの肩を抱く。そして、ゴム人間が現れると、腕を絡ませ、スーッと空に飛び上がる。『未来少年コナン』ではコナンがラナを抱きかかえて走る。『ラピュタ』では空から降ってくるシータをパズーが受けとめる。宮さんの作品における男女の出会いって、必ずそういうスキンシップから始まります。

絶妙の配役だった倍賞千恵子と木村拓哉

そうやって制作が進む一方で、宣伝の準備が始まっていくわけですけど、このとき僕が掲げたのが〝宣伝しない宣伝〟という方針でした。

これもきっかけは宮さんの一言です。じつは『千と千尋』が大ヒットしたあと、「宣伝がすごかったからヒットした」という意見が宮さんの耳に入りました。監督にとっては、おもしろくない話ですよね。やっぱり作品がよかったからと言われたい。そこで、宮さんはスタジオにいるスタッフに意見を聞いてまわったんです。

「『千と千尋』は宣伝のおかげでヒットしたのか、作品がよかったからヒットしたのか、どっちだと思う？」

監督に面と向かって聞かれれば、誰でも「作品がよかったからです」と答えます。でも、その中で一人だけ「宣伝です」と答えたやつがいた。プロデューサー補をしていた石井朋彦という男です。彼は宣伝の実務を僕のそばで見ていたから、率直にそう答えた。宮さんは激怒しました。

そのときの怒りが『ハウル』の制作に入っても残っていたんだと思います。僕はいつも宣伝を考えるにあたって、方針やコピーをホワイトボードに書いておくんですが、それを見て宮さんが爆発してしまった。

「こんなに内容をばらしちゃったら、映画を見に行く気がしなくなるじゃないか！　今回は余計な宣伝はしないで公開しよう」

宮さんにそう言われたことで、僕が思いついた作戦が〝宣伝しない宣伝〟でした。というのも僕自身、公開前に映画のあらすじや設定を事細かに明かしてしまう宣伝については疑問を感じていたからです。そこで、今回は具体的な映画の内容については情報を徹底的に絞るという作戦をとることにしました。

最初の特報は城の映像と、「この城が動く。」というコピーだけです。でも、それがかえって話題を呼びました。『千と千尋』の宮崎駿が新作を作っているらしい。でも、その内容はベールに包まれている——となれば、ファンならずとも「どんな映画なんだ？」と気になるじゃないですか。

さらに、いろんな事情があって、当初は二〇〇四年の夏公開だったのが、十一月にずれこむことになりました。それが報道されると、「どうなっているんだ？」とますます興味が高まる。そうやってあらゆる要素が映画にとって追い風になっていきました。

声優陣を発表したときも、すさまじい反響がありました。やっぱりキムタク効果はすごかったですね。

彼は昔から宮崎駿の大ファンで、じつはご本人のほうから「ぜひ出演したい」というオファーがあったんです。彼の子どもたちもジブリ映画が大好き。『となりのトトロ』のDVDは盤面が傷んで買い替えるほど、繰り返し見ているといいます。

もちろん、僕も名前と人気は知っていましたけど、出演しているドラマは見たことがありませんでした。そこで、自分の娘に「キムタクってどういう演技をするの？」と聞いてみたんです。そうしたら、非常に分かりやすく教えてくれました。「男のいいかげんさを表現できる人だと思う」。語弊があるかもしれませんけど、それを聞いて僕は「ハウルというキャラクターにぴったりじゃないか！」と思ったんです。

そこで宮さんに提案してみることにしました。

「宮さん、キムタクって知ってますか」

「ばかにしないでください。SMAPでしょう。知ってますよ」

宮さんは一時期、東京タワーの下にあるスタジオに通っていて、SMAPも同じころテレビ東京で番組を持っていたから、彼らがファンの女の子に取り囲まれているのをよく見ていたんです。

「ハウルにキムタクってのはどうですか」

「え!? どういう芝居をするの?」

そこで僕が娘の言葉を伝えると、宮さんも「それだよ!」と賛成してくれました。

木村さんがアフレコの現場にやってきたとき、僕はびっくりしました。台詞がぜんぶ頭に入っているんです。脚本は必要なし。いままでいろんな俳優さんに声をやってきてもらいましたけど、そんな人は後にも先にも彼だけです。しかも、第一声から、宮さんが「これだ!」と納得する演技。ほとんど注文を付けることなく、アフレコは進んでいきました。

あまりにも感心したものだから、後日、山田洋次さんから「いま藤沢周平の時代劇を作っているんですけど、だれかいい俳優いませんか」と聞かれたとき、僕は真っ先に木村拓哉の名前をあげました。それがきっかけかどうかは分かりませんが、山田監督はその後、木村さんを主役にして『武士の一分』(二〇〇六年)という映画を撮ることになります。

もう一方の主役、ソフィーの声については人選が難航しました。宮さんが出した「十八歳から九十歳まで一人の女優さんに演じてほしい」という条件がネックになったのです。

最初、珍しく宮さんが「今回は俺も考えている候補がいるんだよ」と言うから、誰かなと思ったら、「東山千栄子だよ」と言うんです。「宮さん、残念ですけど、もう二十年以上前に亡くなっています」と言ったら、「そうなの!?」と真剣に驚いている。宮さんの中では時間が昭和で止まっているんです……。

そこから始まっていろんな人にテストで吹き込んでもらったものの、なかなか合う人が見つからない。悩みに悩んだ挙げ句、宮さんが言ったのか、僕が言ったのか、倍賞千恵子さんの名前があがったときは、「それしかない!」という感じでした。

倍賞さんの演技はやっぱり素晴らしかったですね。ただ、最初はなかなか「ハウル」の発音ができなかったんです。アクセントが後ろにずれて、「ハウ ル」になっちゃう。僕と宮さんとで「ハ ウルです」と言うと、「ハウ ル?」と返ってくる。「いやいや、ハウルです」「だから、ハウ ルでしょう?」。そのやりとりを何回も繰り返しました(笑)。

倍賞さんというと『男はつらいよ』のさくら、だめなお兄ちゃんを支えるしっかりものの妹というイメージがあるじゃないですか。でも、実際にお会いしてみると、お茶目というか、わりと天然な雰囲気の人で、ますますファンになりました。

〝絵描き〟宮崎駿の執念

制作の終盤、公開日が延期されたことでできた時間の余裕を、宮さんは作画のクオリティを上げることに使いました。とくに十八歳のソフィーと、火の悪魔カルシファーについては、ほぼすべてのカットを自ら描き直していました。

宮さんは当時六十三歳。それでも、まだ若いスタッフと勝負をするんです。このとき作画監督を務めたのは、山下明彦、稲村武志、高坂希太郎の三人。稲村くんと高坂くんの腕はいままでの付き合いで分かっている。ただ、山下くんはしっかり組んで仕事をするのは初めてです。そこで、彼を仮想敵として戦いを挑んだ。

カルシファーというキャラクターは、ぐにゃぐにゃと形が変わることもあって、いろんなアニメーターが原画を描くときに苦戦していました。それを作画監督の山下くんが直すんですが、それでもうまくいかないのを見て、「よし、俺の出番だ」と喜ぶんです。

のちに『崖の上のポニョ』を作ったときも、波のシーンは宮さんが一人で描いていました。そうやって絵描きとしての自分の腕を確認することで、監督としてやっていく自信も得る。それが宮さんのスタイルです。ところが、年齢とともに、だんだん自分ですべての絵を直すのが難しくなってきた。最終的には、それが引退の原因にもつながっていきます。『ハウルの動く城』という映画は、城のデザインに始まり、ストーリーの問題など、いろいろなことが重なって、全作品の中で、宮さんが最も苦労した作品だったと思います。

一方、僕は僕で初めて〝宣伝しない宣伝〟という実験的な試みに挑戦しました。しかも、十一月というのは、通常あまりお客さんが入らない時期です。関係者の間でも観客動員数を不安視する声が多かった。

それにもかかわらず、公開直後の数字は『千と千尋』を超える勢いでした。そして、最終的には百九十六億円という『もののけ姫』を超える興行収入をあげます。それだけ世間の宮崎駿に対する期待が高まっていたということでしょう。『千と千尋』の大ヒットを経て、宮崎駿はある意味〝国民作家〟になっていた。そのことに、あらためて気づかされる結果でした。

ゲド戦記

スタッフの心を摑んだ宮崎吾朗のリーダーシップ

『紅の豚』公開の翌一九九三年、宮崎駿の父親、宮崎勝次さんが七十九歳で亡くなりました。葬儀に出席すると、親族の間できびきびと立ち働いている青年がいます。何となく気になって後ろ姿を目で追っていると、彼が不意に振り返りました。

「吾朗です、鈴木さん」

たぶん、彼が高校生ぐらいのときにも会ったことはあると思います。ただ、僕の中で宮崎吾朗という人間が初めて強く印象に焼き付いたのが、そのときでした。

それから五年ほどたったころでしょうか。ジブリ美術館をつくる話が持ち上がりました。当初は僕自身が映画制作と兼務でやろうと思っていたんですけど、実際に始まってみると、とても掛け持ちできるような仕事じゃない。そこで、美術館のほうを見る専従の人間を置こうと思ったものの、なかなか向いている人が見つからない。考えあぐねているとき、ふと頭に浮かんだのが、葬儀のときにテキパキと働いていた吾朗くんの姿だったんです。

しかも、彼はそのころ緑地設計の事務所で、公園や都市緑化の建設コンサルタントとして働いていました。当然、建築や法律に関する専門知識もあるはず。これは適任かもしれない――。

そう思ったものの、吾朗くんに来てもらうには、ひとつ大きな障害がある。

宮崎駿の存在です。

僕が吾朗くんを呼ぶと言えば、宮さんはおそらく「息子といっしょに仕事をするなんて公私混同だ」と言って抵抗を示すでしょう。でも、それは建前で、じつはそのあたりの境界線が曖昧な人であることも分かっている。うまく話を進めれば、最終的には首を縦に振ってくれるはず。ただし、最初の言い方がものすごく難しい。いきなり「吾朗くんに任せたい」と言ったら、絶対に反対される。

そこで、僕はダミーとして二人ほど別の人の名前をあげる作戦をとりました。

「宮さん、美術館を造るときの責任者なんですけれど……」

「鈴木さんがやればいいじゃない」

「それが無理だってことが分かったんですよ。やっぱりちゃんと専従を置かなきゃいけないと思うんです。それで誰がいいか考えたんですが、候補が三人いるんですよ」

「だれ？」

「一番目はKなんですけど」

「いい加減にしてください、鈴木さん」

あえて宮さんが却下すると分かっている人をあげたんです。さらに、二人目の名前をあげると、宮さんは「だめに決まってるだろう！」と怒りました。そこまでは想定内。問題は三人目の名前を出す間のとり方でした。

「吾朗くんはどうですか？」

一呼吸おいて言うと、宮さんの動きがピタッと止まりました。まったく予想していない名前だったからでしょう。しばらく反応を待っていたら、宮さんはおもむろにこう言いました。

「それは本人の問題だ。鈴木さんが説得して、本人がやるというなら、俺は反対しない」

宮さんの説得に成功した僕は、さっそく吾朗くんに会いに行きました。彼の会社の近くの喫茶店でお茶を飲みながら、率直に聞きます。

「じつは今ジブリで美術館をつくろうとしているんだけど、その仕事をやってみる気はない？」

彼は即座に「やります」と言いました。あまりの決断の早さにびっくりしました。普通、今の会社のこととか、自分のキャリアとか、いろいろ考えるでしょう。とはいえ、僕としては彼にやってもらえるならありがたいかぎり。さっそくジブリに来てもらう算段を始めました。

美術館の建設にあたっては、いろいろと難しいこともあったんですけど、吾朗くんはそれらを着実にクリアしていきました。その仕事ぶりを見て、完成後は館長として運営も取り仕切ってもらうことにしました。ところが、運営が軌道に乗ったころ、彼が僕のところにやって来て言うんです。

「そろそろ辞めたいと思います」

彼にとって興味があるのは、新しいものをゼロから作りあげること。できあがったものを維持していくことにはあまり関心がなかったんです。ただ、美術館のためには彼に館長を続けてほしい。どうしたものか……と考えているとき、ちょうど映画のほうで新しい企画が持ち上がりました。アーシュラ・K・ル＝グウィン原作の『ゲド戦記』です。

「監督は吾朗くんでいこうと思います」

もともと『ゲド戦記』は、宮さんが若いときから愛読し、映画化を熱望してきた作品です。じつは『風の谷のナウシカ』を作る前にも企画を立てたことがあるんですけど、そのときはル＝グウィンさん側の許諾がおりず、実現しませんでした（その結果として生まれたのが『ナウシカ』だったのです）。ところが、今回はなんと先方から「ハヤオ・ミヤザキに映画化してほしい」というオファーが届いたのです。

ただ、『ゲド戦記』は全部で六巻もある大作。どうやって映画にするか、企画を練る必要がありました。宮さんは『ハウルの動く城』の制作で忙しいので、監督志望のアニメーターと、僕の補佐をしていた石井朋彦をはじめ、何人かで話し合うことにしました。そのメンバーとして、吾朗くんにも声をかけることにしたんです。

ひとつには彼の気分転換になると思ったし、美術館をやっていく上でも、ジブリがこれからどういう映画を作るかは重要なことだったからです。話をしてみると、彼は「そういうことなら」と乗ってきました。

まず問題になったのが、長い原作の中からどの部分を映画にするかということです。僕としては第三巻「さいはての島へ」がいいんじゃないかと思っていました。『もののけ姫』や『千と千尋の神隠し』のときにも話しましたけど、高度成長期からバブルの崩壊を経て、映画のテーマは哲学、そして心の問題へと移ってきました。魔法の力が衰え、人々が無気力になってしまった国、エンラッドが舞台となる第三巻は、まさに〝現代のテーマ〟に合っていると思ったんです。

とはいえ、いざ企画として具体化しようとすると、ものすごく難しい。一九六八年に第一巻が発表されて以来、『ゲド戦記』は数多くの小説や映画に影響を与えてきました。人の心の内にある光と影の戦い。そのテーマをファンタジーの世界に初めて持ち込んだのも『ゲド戦記』でした。たとえば、『スター・ウォーズ』などは、明らかにその世界観をもとに作られているし、宮崎駿の作品も至るところで影響を受けています。

その本家本元をあらためて映画にしようというのだから、難しくないわけがない。そのプレッシャーもあったのか、監督候補だったアニメーターが企画から降りてしまいました。

とはいえ、ここで企画を変えるわけにもいかない。

いま思えば、何らかの確信があったんでしょうね。僕は吾朗くんに「監督、やってみるか」とたずねました。さすがにこのときは彼も躊躇しました。ただ、僕の受けた印象としては、まんざらでもない顔に見えた。

客観的にいえば、無謀な話です。アニメーション制作の経験がない人間をいきなり監督に抜擢するわけですから。ただ、僕は彼ならできるんじゃないかと感じたし、彼もそういう雰囲気を見せた。

これはいったいどういうことなのか？　僕の中で前から引っ掛かっていた疑問があらためて浮上してきました。美術館の仕事で声をかけたとき、彼は余計な説明は求めずに、二つ返事で引き受けた。父親と衝突するのは分かっていたし、実際に建設を進める中で何度も問題が持ち上がりました。それでも、彼はそれを乗り越えた。

今回も、彼が監督することになれば、「宮崎駿の息子というだけで監督になれるのか」という目で見られるのは確実だし、当然、父親との軋轢も避けられません。それなのに、彼は「できない」とは言わなかった。それはなぜなのか？　映画を作ることと同時に、その謎を解くことも僕の中でテーマになっていきました。

「監督は吾朗くんでいこうと思います」

話を切り出したとき、宮さんからは猛反対されました。「できるわけがないだろう。鈴木さんはどうかしてる」。反対の理由は一点でした。「あいつは絵が下手だ」。

怒る宮さんを説得するため、僕は吾朗くんに一枚の絵を描いてもらうことにしました。題材は主人公のアレンと竜が向き合っているシーン。宮さんの好きな、大きいものと小さなものが並んでいるという絵です。ただ、それを普通に描いても宮さんを納得させることはできません。

宮さんがその手の絵を描くときは、だいたい真横か、正面から見上げる角度で描く。だったら、宮さんがけっして描かない構図、つまり斜めから見た角度で描けばいい。それだけ言うと、彼は「分かりました」と言って、じつに印象的な絵を仕上げてきた。それを見た宮さんは唸っていました。そして、吾朗くんが監督するのを認めることになるんです。

さらに、宮さんにも、ゲド戦記の世界を一枚の絵にしてほしいと頼みました。すると、作品の舞台となるホート・タウンを描いてくれました。ゲドやアレンをはじめ、主人公たちが港の高台から空飛ぶ竜を見ている場面です。美術設定にもなる決定的な一枚でした。

これで映画ができる。二枚の絵を前に、僕は確信しました。

ル＝グウィンさんを訪ねて

映画化のオファーをいただいてから、ル＝グウィンさんとはずいぶんメールのやりとりをしました。最初、僕は日本風に季節の挨拶から書き始めたんですよ。そうしたら、彼女が「これは日本の文化ですか？」と質問してきて、ひとしきりそれについて説明。すぐに話が横道に逸れる人で、僕もそれは嫌いじゃないから、かなり頻繁にやりとりをすることになりました。仕事というより、ほとんど文通です。おかげですっかり仲よくなってしまいました。

じつは『ゲド戦記』はかつて実写でテレビ映画化されたことがあります。ル＝グウィンさんはその出来が気に入らず、以来、映画化の話はすべて断ってきたそうです。そういう事情もあったので、直接やりとりをしてご本人の気持ちをほぐすことができたのは大きかったと思います。

制作が始まってほどなく、正式な許諾を得るために、ル＝グウィンさんのご自宅を訪ねることになりました。ただ、その時点では、まだ吾朗くんが監督するということをル＝グウィンさん側には伝えていませんでした。許諾を得るには、宮崎駿の力を借りるしかない。「許諾をもらいに行くのはプロデューサーの仕事でしょう」と渋る宮さんを説き伏せて、いっしょに行くことになりました。

向かった先は、アメリカのオレゴン州にあるポートランド。ル＝グウィンさんのご自宅は、まるで城郭のような壁に囲まれた町の中にありました。当時はブッシュ政権が始めたイラク戦争の真っ最中。彼女の家には「戦争反対」の貼り紙が掲げてありました。ル＝グウィンさんと息子のテオさんに迎えられ、ひとしきり挨拶をすませると、宮さんはせつせつと『ゲド戦記』への思い入れを語り始めました。

――本はいつも枕元に置いてあって、片時も放したことがありません。映画を作っていて悩んだとき、困ったとき、何度も読み返してきました。自分の作ってきた作品は『ナウシカ』から『ハウル』に至るまで、すべて『ゲド戦記』の影響を受けています。作品の細部まで理解しているし、映画化するなら世界に自分をおいて他にいないと思ってきました。これがもし二十年前だったら、飛びついたでしょう。でも、もう自分も六十四歳。この作品をやるには歳をとりすぎました。そんなとき、息子とそのスタッフが「自分たちで作りたい」と言いだしたんです。彼らが『ゲド戦記』の新しい魅力を引き出してくれるなら、それもいいかもしれないと考えています。

さらに宮さんはこう宣言しました。

「息子たちが作る脚本には自分が全責任を持ちます。読んでだめだったら、すぐにやめさせますから」

ル＝グウィンさんは宮さんの話をじっくり聞いた上でこう言いました。

「二つ質問があります。まず映画化にあたっては第三巻が中心になると聞いています。第三巻に登場するのは、すでに中年になったゲドです。あなたは自分が年老いたと言いますが、むしろいまのあなたにこそふさわしいテーマなのではありませんか？

もうひとつ、あなたは息子が作るスクリプトに対して全責任を持つと言いましたが、それはどういう意味ですか？　だめならやめさせるとはどういうことでしょう？　あなたは映画化の許諾を取りにきたのではないのですか？」

冷静な指摘に、場は緊迫した空気になりました。宮さんは「俺、何かまずいこと言ったかな？」とうろたえています。

「つまり、ル＝グウィンさんは、宮さんがこの映画のプロデューサーとして責任を持つのかと聞いているんですよ」

僕が耳打ちすると、宮さんは大きな声で叫びました。

「冗談じゃない！　ひとつの映画に親子で名前を並べるなんて、そんなみっともないことはできない」

アメリカ人にとって、その感覚は意味不明です。どうしたものかと思っていたら、テオさんが助け船を出してくれました。

「今夜は食事をごいっしょしたいと思っています。大事な話はそのときにしませんか？」

彼は事前にいちど日本に来ていたこともあって、こちらの事情を分かってくれていました。偉大な親を持つ子として、吾朗くんにシンパシーも感じていたようです。

おかげで雰囲気がすこし和んだところで、こんどは宮さんと吾朗くんが描いた絵の話になりました。

すると、宮さんが吾朗くんの絵を指して、「これは間違っています」と言いだしたんです。「竜とアレンが目を合わせているのはおかしいでしょう。こちらの絵のほうが正しいと思います」。そう言って自分が描いた絵について力説し始めます。またややこしいことになりそうだったので、ひとまず話を切り上げて、引き揚げることにしました。

そして、迎えた夜の会食。最初はたわいない雑談をしていたんですが、途中でテオさんがル＝グウィンさんに「大切なお話があるでしょう」と促します。彼女はすこし沈黙したあと、宮崎駿の手をとって「あなたの息子、吾朗さんにすべてを預けます」と言ってくれたんです。その言葉を聞いた宮さんは感激のあまり涙を流しました。あの瞬間だけは、父親の顔に戻っていたように思います。

『シュナの旅』を下敷に

なんとか許諾もおり、本格的な制作が始まりました。僕としては、新人監督を起用する以上、シナリオ、キャラクター、美術の三大要素については、こちらである程度までは用意する必要があると考えました。

まずシナリオは丹羽圭子の力を借りることにしました。基本的なストーリーは『ゲド戦記』の第三巻をベースにしつつ、じつはもうひとつ下敷にした作品があります。むかし宮さんがチベットの民話『犬になった王子』をもとにして描いた絵物語『シュナの旅』です。

僕が言ったのか、宮さんが言ったのか、記憶が定かじゃないんですが、『ゲド戦記』を映画にするなら、『シュナの旅』のキャラクターや世界観を使えばいいだろうという話になったんです。なぜなら、『シュナの旅』も『ゲド戦記』の影響を受けて作られた作品。

しかも、内容は第三巻に即している。分かりやすくいえば、宮崎駿が『ゲド戦記』を映画にしたらこうなる――というのが『シュナの旅』です。だとしたら、それを使わない手はないというわけです。

キャラクターは、前作の『ハウルの動く城』でも活躍してくれた山下明彦くんが中心になってくれました。彼はもともと湖川友謙さんがやっていたビーボォーというスタジオの出身。湖川さんは『伝説巨神イデオン』『戦闘メカザブングル』など富野由悠季監督作品のキャラクターデザインで知られる人で、ともすると、彼のキャラクターにはその影響が出ることがある。ただ、僕としては、この作品はやっぱり宮崎駿のキャラクターでやったほうがいいと思ったんです。吾朗くんにとっても、スタッフにとっても、なじみのあるキャラクターを使えば、少しでも負担を減らすことができる。そこで、『シュナの旅』をはじめ、宮さんがこれまで描いてきたキャラクターをベースにすることになりました。

美術は、宮さんに描いてもらった絵に基本的な要素がすべて詰まっていましたから、それを手がかりにして、『もののけ姫』や『となりの山田くん』などで美術監督を務めた武重洋二さんを中心に進めてもらう。

こうして基本的な骨格ができてきたところで、吾朗くんが「次は何をやったらいいですか？」とたずねてきました。

たぶん、彼も映画を作るときの段取りは、だいたい分かっていたと思うんです。にもかかわらず、一つひとつ聞いてくる。宮さんも新作にとりかかるとき、毎回のように「鈴木さん、映画ってどうやって作るんだっけ？」と聞いてきます。不思議な親子ですね（笑）。

僕は吾朗くんに「絵コンテを描いてみなよ」と勧めました。未経験の彼にどこまでやれるかは分かりません。でも、監督をやるなら、できるだけ自分で描いたほうがいい。

ところが、ここで彼は驚くべき能力を見せることになります。まるで経験があるかのように、どんどん絵コンテを描き進めていくんです。しかも、描き上がった部分を見せてもらうと、完全に〝宮崎アニメ〟になっている。

僕が驚いて、「勉強してたの？」と聞くと、彼はこんなふうに答えました。

「親父はいつも仕事で忙しくて、家にいなかったから」

彼は子どものころ、『未来少年コナン』から『ナウシカ』『ラピュタ』に至るまで、父親が作ったアニメーションを何度も見て、『アニメージュ』に載った宮崎駿のインタビューを繰り返し読んでいたというんです。その結果、高校生のころには、宮崎作品のシーン構成やカット割りがぜんぶ頭に入っていた。だから、いきなり絵コンテが描けた。

それを聞いて、僕の中で謎が解け始めるわけですよ。なぜ美術館の仕事を二つ返事で引き受けたのか。どうして『ゲド戦記』の企画に加わったのか。そして、二の足を踏みながらも監督を断らなかった理由は何か——。

本人が意識していたかどうかはともかく、彼はずっと映画を作りたかったんです。

父親にはない能力

正直にいえば、この絵コンテができるまでは、僕の中にも不安がありました。「親の七光り」に対する世間の目は冷ややかだったし、社内にも不満がくすぶっていました。「自分だって監督をやりたいのに不公平だ」。そんな声も聞こえていました。とくにベテランのスタッフほど、吾朗くんの起用に対して批判的だった。

そこで、吾朗くんは二つの能力を発揮してみせた。そのひとつが絵コンテです。その完成度に周囲は目をみはった。作画監督の稲村武志くんはわざわざ僕のところに来て、こう言ったほどです。

「あの絵コンテを見るまでは、僕らも映画になるとは思っていませんでした。でも、あれだけのものを描かれたら、認めざるをえませんよ」

社内だけじゃありません。宮さんの師匠にあたるアニメーターの大塚康生さんは、絵コンテを見て、「蛙の子は蛙だったんだ」と驚嘆し、庵野秀明は「完全に宮崎アニメですね。なんでもっと早く作らせなかったんですか」と言いました。

吾朗くんが見せたもうひとつの能力。それはスタッフをまとめる統率力でした。これは父親にもない才能です。宮崎駿という人は、その圧倒的な才能によってスタッフを支配するタイプの監督です。監督である以前に絵描きでもあるから、スタッフの描いた絵を自らどんどん直していく。それによって宮崎駿にしか作れない映画ができるのは確かなんですけど、スタッフは精神的にも肉体的にも疲弊していきます。

それに対して、吾朗くんはきめ細かな配慮によって、スタッフの心を摑んでいきました。作画が始まると、彼は現場のピラミッド型の組織をすぐに理解し、指示系統を的確に操りながら、仕事を実行していきました。アニメーターが描いた絵がよければきちんと褒めるし、問題があれば指示は言葉で明快に示す。その結果、スタッフはのびのびと仕事に取り組み、いつも以上の力を発揮しました。

さらに、毎週土曜日には自ら炊き出しをして、みんなに食事を振る舞いました。その結果、スタッフは今まで見たこともない明るい顔で仕事をするようになったんです。これは高畑さんにも、宮さんにもできなかったことです。

その結果、反発していたベテランスタッフも、監督・宮崎吾朗を認めていった。

たぶん、吾朗くんにはもともとリーダーの資質があったんでしょうね。もしかしたら、お葬式のとき、僕はそれを潜在的に感じたのかもしれません。

彼は監督もさることながら、きわめて優秀なプロデューサーにもなれる――吾朗くんの仕事ぶりを見ながら、僕はそう思いました。これは後の話になるんですけど、実際、「プロデューサーをやらないか」と聞いてみたこともあるんです。でも、吾朗くんの返事はノーでした。やっぱり監督として映画を作りたいんでしょう。多くは語りませんでしたけど、父親への意識があるんじゃないかと思います。

文太さんの一言「あんたはええのう」

それはともかく、吾朗くんの統率力とスタッフのがんばりで作画は軌道に乗りはじめた。そこで、僕は声の人選にとりかかります。

ゲド役は『千と千尋の神隠し』で釜爺を演じてもらった菅原文太さん。収録が始まると、文太さんは吾朗くんに対し、「遠慮せずに何度でもリテイクを出していいぞ。おまえが満足するまで、俺はやるから」と言ってくれました。ところが、吾朗くんが六回ぐらいやり直しをお願いすると、さすがに怒りだしてしまった。ドスの利いた声で「何回やらせるんだ！」と言われて、吾朗くんは本気でビビっていました（苦笑）。

文太さんに感心したのは、台本の読み込みの深さですね。台詞が頭に入っているのはもちろん、いくつかの台詞については「これはどういう意味だ？　納得できないと俺にはできない」と何度も確認していました。

収録の合間、文太さんは「御大はいるかのう」と言って、宮さんのアトリエを訪ねました。そして、「あんたはええのう。立派な息子さんを持って」としみじみ語っていました。じつは当時、文太さんは事故で息子さんを亡くされて間もないころだったのです。

アレン役は岡田准一くんにお願いしました。きっかけは、彼が自分のラジオ番組に僕をゲストとして呼んでくれたことです。まず彼の声を聞いた瞬間、ピンときました。その番組は細かい進行までぜんぶ台本に書いてあったんですが、僕は段取りに従ってしゃべるのが苦手。困ったなと思っていたら、彼はすぐにそれを察知し、台本を無視して臨機応変に話を進めていった。しかも、じつに好奇心旺盛でいろんなことに興味を持っている。感心すると同時に、アレン役にぴったりじゃないかと思ったんです。

テルーの声をやってくれたのは手嶌葵《てしまあおい》ちゃん。あるとき、ヤマハの方からデビュー前の彼女のデモテープを聴かせてもらう機会がありました。そうしたら、なんと一曲目が僕の大好きなベット・ミドラーの『The Rose』のカバー。しかも、声が魅力的で歌もうまい。これは久々に現れた本物の歌手だと思いました。そこで彼女に映画のテーマソングを歌ってもらおうという話になったんです。

作詞は吾朗くんにお願いしたんですが、彼が「作詞って、どうやればいいんですか？」と聞くので、僕は一篇の詩を暗誦しました。

こころをばなににたとへん　こころはあぢさゐの花
ももいろに咲く日はあれど　うすむらさきの思ひ出ばかりはせんなくて。
こころはまた夕闇の園生のふきあげ　音なき音のあゆむひびきに
こころはひとつによりて悲しめども　かなしめどもあるかひなしや
ああこのこころをばなににたとへん。
こころは二人の旅びと　されど道づれのたえて物言ふことなければ
わがこころはいつもかくさびしきなり。

学生のころ好きだった萩原朔太郎の「こころ」という詩です。手嶌葵ちゃんの歌声を聴いていたとき、ふとこの詩が思い浮かんだんですよ。それを参考にして吾朗くんが一晩で書きあげたのが、『テルーの唄』でした。これが葵ちゃんのデビュー曲となって大ヒット。映画の宣伝においては非常に大きな後押しとなっていきます。

初号試写での宮崎駿の反応

完成した映画は、じつは吾朗くんが最初に描いた絵コンテとはすこし違っています。たとえば、冒頭のアレンが旅へ出る場面。吾朗くんはお母さんが逃がしてやるという設定にしていました。おそらく彼はそこに自分自身を投影していたんでしょう。でも、僕は映画のためにも、彼のためにも、それじゃだめだと思った。

そこで、最初は激しい竜の共食いのシーンで始めることを提案。そのあとにアレンが旅に出る場面を持ってきて、さらに「父親を刺せ」と言いました。映画の冒頭にはけれんが必要というのが僕の考えでした。アレンは国王である父を刺さなければ生きられないし、吾朗くんも父親へのコンプレックスを払拭しなければ世に出られない。そのためにも、あのシーンが必要だったんです。

　吾朗くんは提案を受け入れました。彼にもその意味は分かっていたと思います。のちに臨床心理学者の河合隼雄さんが吾朗くんと対談し、こんなことを語っています。

「宮崎駿という親父さんがおられるから映画を作るのは大変だろうと思って観に行ったら、まず親父が殺されたから、あれで僕は感激しましたね。親父というのは理由があろうとなかろうと、殺さないとしょうがないんですよ。相手が親父というだけで殺す価値はあるんです。しかもその親父が立派であればあるほど殺す価値がある」

　それに対して吾朗くんはこう答えた。

「僕は鈴木に『父親殺しをするんだ』と言われて、腑に落ちたところが大分あるんです。それは父を乗り越えなくてはいけないとか、自分の蓋をしているものを取り払うんだという強い意志よりも、今の若者の気分で言えば、もうこれ以上我慢できないという感覚だと思うんです」

　エディプス・コンプレックスというのは昔からある古典的なテーマですけど、僕は現代の観客にも訴えるものがあると思ったんです。昔の子どもたちは、親の目が届かない自分たちだけの世界を持っていて、そこでいろんなことを学んで、自分というものを見つけていた。子どもを描いた映画にも、そういう作品が多かったですよね。たとえば、清水宏監督の『風の中の子供』（一九三七年）はその代表です。

ところが、今の子どもたちは過保護に育てられています。言い方を変えれば、一挙手一投足を親に監視されている。場合によっては、大人になってもそれが続く。子どもにとってはつらい時代です。いわゆる「自分探し」が流行り、心に闇を抱えた子が出てくる背景には、そういう問題もあると思うんです。監視から逃れ、自由を手に入れたい。自分を見つけたい。『ゲド戦記』はそういう子どもたちに、ひとつの道を指し示す映画になりうる――そんなことも考えていました。

映画の序盤、ゲドとアレンが二人で旅をするシーンは緊張感があって、本当によくできていると思います。孔子と弟子たちの対話のような感じで、映画全体を二人の旅と会話だけで構成してもよかったんじゃないか……映画が完成したあと、そんなふうに思ったほどです。

ただ、後半は僕のイメージしていたものとは微妙に違っていました。というのも、前半がうまくいっていたことで、僕はすっかり安心してしまったのです。吾朗くんにも、「あとは大団円。アクションがあればなんとかなるよ」と伝えていました。それを受けて、彼は自分の思い通りに後半を作った。吾朗くんはできあがった絵コンテを「見てほしい」と言いましたが、僕はあえて見ないようにしました。見れば口を出したくなるからです。でも、僕はあとでそれを大反省することになります。

映画が完成し、初号試写を迎えた日、事件が起きました。上映の途中、宮崎駿がふいに席を立ち、外へ出て行ってしまったのです。周囲は「映画の出来に怒っているんだろう」と思ったんですが、じつはトイレに行っただけ。すぐに戻ってきました。ただ、宮さんが相当に緊張していたのは事実です。

試写が終わったあと、宮さんは呟きました。

「俺が作っても内容はこうなった」

『シュナの旅』を原案にしているわけだから、あたりまえといえばあたりまえなんですけど、その完成度には宮さんも驚いていました。

ただ、同時にこうも言ったのです。

「マネをするなら、元が分からないようにやれ！」

終盤、アレンと魔法使いのクモが戦うアクションシーンは、あからさまに〝宮崎アニメ〟の模倣になっている。それを隠そうとしないことに、宮さんとしてはいらだった。

もちろん、映画というのは必ず過去の作品に影響を受けているものだし、完全にオリジナルなものなんてありえません。むしろ、現代は引用とアレンジの時代だといってもいい。かく言う宮さん自身も昔の漫画や映画からいろんな影響を受けているし、自分の作品の中に引用していいます。ただ、それを自分の中で咀嚼し、よりおもしろいカット、手に汗握るシーンに仕上げなければ意味がない。宮さんはそういうことを言いたかったんだと思います。

宮崎駿は自ら膨大な量の絵を描き、アニメーターが描いた原画を徹底的に直すことで、独自の世界を作ってきました。高畑さんは、まるで役者に演技指導をするように、アニメーターに具体的な指示を出し、緻密な芝居を構築してきました。あの二人の作品が他の映画と決定的に違う理由は、そこにあるんだと思います。その点でいえば、監督としての吾朗くんには課題も残りました。

とはいえ、蓋を開けてみれば、興行収入七十六億五千万円の大ヒット。まったく経験のない新人監督の映画としてはありえないことです。もちろん、原作に力があったことや、宣伝、配給面でさまざまな関係者が尽力してくれたことを抜きには語れません。でも、それだけじゃ説明できない。やっぱり「スタジオジブリ作品」という看板が、世の中に浸透していたのが大きかった。『千と千尋の神隠し』『ハウルの動く城』で絶頂に達した勢いが、そのまま『ゲド戦記』につながった。そういうことじゃないかと思っています。

監督引退？　天才たちの対話

崖の上のポニョ
トトロを上回るキャラクターを目指して

『ハウルの動く城』を作り終え、疲労困憊していた宮崎駿を見て、何か新しい環境が必要だと思ったんです。宮さんという人は、これまでも新しいものに触れると、そこからエネルギーを吸収して、新しい作品を生み出してきました。今回も見知らぬ土地を旅して、そこが気に入れば何か生まれるかもしれない……そんなことを考えていたとき、ピースウィンズ・ジャパンというNGOから、「鞆《とも》の浦へ来ませんか」という誘いを受けたんです。ピースウィンズ・ジャパンはイラクなど世界の紛争地や、東日本大震災など災害の被災地で人道支援を中心に活動している団体です。その創設者の大西健丞くんと、ジブリの海外事業部で働いている武田美樹子が大学の同級生という縁があって、彼らとは親しく付きあってきました。

そのピースウィンズ・ジャパンの拠点というのが、瀬戸内海の鞆の浦だったんですね。鞆の浦という土地は古くから海運の要衝で、坂本龍馬の「いろは丸事件」の舞台としても知られている美しい港町です。かつては大いに栄えていたんだけれど、いまはすっかり寂れてしまった。大西くんとしては、何とかしてそこにもう一回光をあて、世間にアピールしたいと考えていた。そこで彼は、とんでもない提案をしてきたんですよ。

「宮崎監督以下、ジブリのみなさんで鞆の浦へ来て、ここで映画を作ってくれませんか」

そうはいっても、映画作りには何百人ものスタッフが関わります。全員を鞆の浦へ引き連れていって制作するというのは、さすがに無理がある。でも、そのとき僕はふと思いついたんです。映画制作は難しいけれど、旅行に行くのはいいかもしれない。きっと宮さんにもいい刺激になる——。

そこで、僕は大西くんに逆提案をしました。「作品を作るのは難しいけれど、ジブリは毎年、社員旅行というのをやっている。その場所を鞆の浦にするというのはどうかな?」。そうしたら「それでも構わないです。ぜひ来てください」ということになって、トントン拍子で話が進むことになりました。

「いまどき社員旅行?」と思う人も多いかもしれません。僕も始めた当初は「みんな嫌がるかな」と思ったんですけど、これが大間違い。みんなこぞって参加したがって、社員の家族も含めて総勢三百人ぐらいになったこともあります。みんなが大広間にずらりと並んだ姿を見たときは、この全員の生活がジブリという会社にかかっているんだなと思って、さすがの僕もおそろしくなりました……。

ちなみに、社員旅行といっても、行った先では自由行動。それぞれ名所を観光したり、グループで遊びに行ったり、好きにやっています。ただ、ひとつだけルールがあります。朝ご飯と夜ご飯は必ずみんなで「いただきます」と言って、いっしょに食べる。これだけはずっと守っています。アニメーションの制作というのは共同作業。こうやって年に一回みんなで旅行に行くというのも、けっこういい効果をもたらした気がします。

鞆の浦へ行ったのは二〇〇四年の秋のこと。宮さんは「行き先は毎年、京都でいいんだ」と言っていたぐらいの人ですから、「瀬戸内海はどうですか?」と言ったときは、あんまり乗り気じゃありませんでした。でも、大西くんたちにいろいろ案内してもらううちに、宮さんもすっかり鞆の浦という土地を気に入ってしまった。

スタッフの中には尾道や広島へ脚を延ばす人もいましたが、僕らは大西くんたちのクルーザーに乗って海からの眺めを楽しみました。じつはこのとき、ちょっとクルーザーの操縦をさせてもらったんですよ。クルーザーって、アクセルを開けると海面から舳先が浮き上がるように走るじゃないですか。その結果、船体が思いっきり傾いて、岸から見ている人たちは「転覆するぞーっ！」と大騒ぎしていたそうです。一方、いっしょに乗っていた宮さんは「ぼ、暴走族！」と悲鳴をあげていました（笑）。

そんなこんなで、楽しい二泊三日の旅はあっという間に終了。東京へ帰ってくると、宮さんは「鞆の浦よかったよ。あそこにしばらく逗留できないかな」と言いだしました。じつは以前から、宮さんには田舎町に長逗留したいという願望があったんです。

鞆の浦で案内してもらった場所のひとつに、地元の名士のかたの家の離れがありました。ちょっと雰囲気のある古い建物で、いまは誰も住んでいないということでした。そこに滞在させてもらえないか相談したところ、大西くんが段取りをつけてくれました。そして、翌年の春から二カ月間、宮さんはそこで暮らすことになったのです。毎日散歩をして、海を眺め、絵を描き、ご飯を作って食べる。朝起きてから夜寝るまで、毎日それだけを繰り返すシンプルな生活。町の人たちとも知り合いになって、本当に居心地がよかったようです。

漱石の『門』がヒントに

そんなある日、町のはずれにある古本屋に行って書棚をつらつら眺めていると、ふと一冊の本が目にとまった。夏目漱石の『門』でした。主人公の名前は野中宗助。妻と弟の三人で崖の下の小さな借家に住んでいます。小説を読み進めるうちに、宮さんの頭の中にひとつのタイトルが思い浮かんできた。僕が様子を見に鞆の浦へ行くと、「鈴木さんさ、思いついたよ」と言います。「『崖の下の宗介』っていうんだ」「へえ、いいじゃないですか」。あれこれ話すうちに、「やっぱり下より上のほうがいい」ということになって、『崖の上の宗介』という仮のタイトルができました。

東京に戻ってきた宮さんは、さっそく本格的な準備に入ります。そこでも、宮さんは新しい環境を求めて、いつものアトリエではなく、ジブリ美術館の展示物を作るための施設、通称〝草屋〟で作業を始めました。

鞆の浦で海を見ながらいろいろとイメージを膨らませていたんでしょう。「こんどの主人公は海からやって来る」ということがまず決まりました。次に宮さんが言いだしたのが、「トトロを上回るキャラクターを作りたい」ということでした。宮さんという人は映画を作るとき、必ず何か目標を設定するんですけど、それが今回は〝キャラクター〟だった。

アニメーション作家って、やっぱり自分が過去に作ったキャラクターを超えたいものなんですね。ただ、それはなかなか難しい。あのウォルト・ディズニーも、最後まで「ミッキーマウスを超えるキャラクターを作りたい」と願いながら、結局かなわなかった。だから、宮さんがそれを目標にがんばってくれるのはいいけれど、正直トトロを超えるのは大変だろうなと思っていました。

実際、キャラクター作りは難航しました。そんなとき、偶然目に入ったのが、むかし子どもたちがお風呂の中で遊んでいた金魚のじょうろみたいなおもちゃでした。それをヒントに描いたところ、いいキャラクターができあがった。絵の感じからすると、柔らかくて、触るとポニョッとしていそうです。そこから、「ポニョ」という名前がついて、タイトルも『崖の上の宗介』から『崖の上のポニョ』へと変わったんです。

「保育園を作ろう！」

キャラクターが決まったら、次はお話。ポニョは海からやって来て、宗介と出会う。宮さんの映画はいつもそうなんですけど、女の子と男の子が出てきて、出会ってすぐにお互いを好きになる。それから、いろんなことが起きるわけですけど、今回はメインとなる舞台を保育園にしようということになった。宮さんはずっと前から保育園の映画を作ってみたかったんですね。

映画を仔細に見てもらうと分かりますけど、序盤は保育園を舞台に映画が進んでいく雰囲気が残っています。ところが、途中から様子が変わって、保育園の話はどこかへ行ってしまう。なぜなのか？

じつは、ちょうど宮さんが絵コンテを描き始めたころ、アトリエの隣にトランクルームができるという話が持ち上がりました。土地の整備が始まったのを見て、宮さんは顔色を変えます。というのも、宮さんと奥さんは、自分たちの手で保育園を作りたいという夢をずっと温めていて、できればアトリエの近隣で……と考えていたんです。

ある日、宮さんが僕の部屋へやって来ました。「保育園の映画を作ろうと思っていたけど、やっぱり本物の保育園を作りたい」。真剣な表情です。奥様とも久しぶりにお目にかかって、「鈴木さんも協力してほしい」と直接頼まれました。

宮さんはこれまでも映画を作りながら、いろいろな建物を作ってきました。『紅の豚』のときはジブリの第一スタジオ、『千と千尋の神隠し』のときはジブリ美術館。そして、こんどは保育園。小さな子どもを抱えるスタッフも増えていましたし、たしかに近くに保育園があれば便利です。そこで、アトリエの隣の土地を購入し、保育園の建設に乗りだすことにしました。目的は、あくまで〝社内保育〟でした。たまたま僕の娘の友だちに保育士さんがいたりもして、いろんな人の力を借りて計画は進んでいくことになります。

その間、映画のほうはちょっとほったらかしになっていたんですが、建設計画が軌道に乗ったのを見て、宮さんも一安心。絵コンテの作業に戻ったんですが、そこで問題が起きます。保育園の映画を作ろうと思っていたけど、本物を作ることになってしまったじゃないですか。その段階で、本人の中では保育園の話はもう終わった気分なんです。

「さあ、どうしよう?」ですよね。冒頭から保育園のシーンまでは、もう作画に入っちゃっているから、それをなしにするわけにはいかない。それを踏まえて、次の話を考えた結果、ストーリーは二転三転。ポニョが津波に乗って宗介に会いにくるというシーンにつながっていきます。

宮さんの場合、絵コンテと作画を並行して進めていくから、そういうことはまま起こります。無理矢理にでもストーリーを展開しなきゃいけなくなった結果、「よくそんなことを考えるなあ」という奇想天外なお話が展開していく。辻褄合わせの天才というのか、方向転換は自由自在な人で、いつものことながら、ほんと感心します。

亡き母親との再会と、幻のシーン

それで物語が順調に進んでいくかと思いきや、もうひとつ問題が起きました。ある日、宮さんがこんなことを言いだしたんです。

「鈴木さん、おれはきっと七十三歳で死ぬよ。お袋がそうだったから……。死んだら、あの世でお袋と再会する。そのとき、最初に言うべき台詞って何だろう?」

冗談じゃなく、そういうことをまじめに考える人なんです。当時、宮崎駿は六十六歳。どうやって死を迎えるか、心の準備をしておきたかったのかもしれません。ただ、考えるあまり深みにはまって、スランプに陥ってしまった。

昔から宮さんの中では亡くなったお母さんの存在が大きくて、作品の中でもたびたびモチーフにしてきました。たとえば、『ラピュタ』に出てくるシータという少女と、ドーラというおばさん。あれは宮さんの中で、どっちもお母さんなんですよ。シータが歳をとるとドーラになる――それが宮さんの理屈です。『ポニョ』に出てくるおトキさんも、その延長線上にある人です。今回は、そのおトキさんが問題になった。

終盤、おトキさんをはじめ、デイケアセンターのおばあちゃんたちが、あの世みたいなところへ行くでしょう。当初の絵コンテでは、そのシーンが延々描かれていたんです。みんな身体が自由に動くようになって、〝かごめかごめ〟をやったりしてずっと遊んでいる。そこに、ものすごく長い尺を使っていました。

自分が〝あの世〟を見たいから描いたんでしょうけど、映画のバランスを考えると、さすがに長すぎた。仕方なく、プロデューサーとしてレフェリーストップをかけました。

「宮さん、このシーンが大切なのは分かりますけど、宗介とポニョの話が吹っ飛んでます。もうひとつ、このままいくと尺が延びすぎて、公開に間に合いません」

すると、宮さんもハッと我に返ったようで、「そうか……」と受け入れてくれて、何とか事なきを得たんです。

あの幻のシーンをそのまま描いていたら、どういう映画になっていたんだろう？　そのほうがファンにとっておもしろかった可能性もあるんじゃないか？　自分は宮さんのやりたいことを止めちゃっているんだろうか？　そう思うこともあります。

作家にとって編集者が最初の読者であるように、映画監督にとってプロデューサーは最初の観客。絵コンテを見たら感想を言わなきゃいけないし、方向性がずれていると思ったら意見することも必要です。ただ、それが必ずしも正解とは限らない。たとえば、フェリーニなんかを見てると、ほんと好き放題に作ってますよね。それによって観客は置いてきぼりにされることもある。でも、何かすごいものが出てくるかもしれない。それを〝常識〟で止めていいのか？　悩ましいところです。

僕はいつも宮さんに常識を言うんです。『ポニョ』でも、ラストシーンで悩んでいる宮さんに、「普通、海からやって来たら海へ帰るんじゃないですか」と言いました。そうしたら、宮さんは「いや、帰らせない」と言って、ああいうエンディングになったんですけどね（笑）。

制作中、もうひとつ印象深かったのが、リサ役をやってくれた山口智子さんの演技でした。じつは、配役の中でいちばん難航したのがリサだったんですよ。宮さんも僕も、いまどきの女優さんについては、ほとんど知りません。そこで、いろんな人の声を集めてもらって、片っ端から聴いていきました。すると、若い女優さんに共通するある特徴が見えてきた。みんなどこか思い詰めた感じでしゃべるんですね。そして、一言しゃべったあとに必ず息を吐く。あとから気づいたんですけど、ドリームズ・カム・トゥルーの吉田美和さんの歌い方にも、共通した思い詰め感があります。もしかしたら、彼女の歌唱法が女優たちに影響を与えているのかもしれません。

ただ、その中でひとりだけ、まったく違うしゃべり方をする人がいた。宮さんと僕が同時に「この人だ！」と言ったのが、山口智子さんでした。いい意味で〝普通の芝居〟ができる。

名前は何となく知っていましたけど、ドラマの『ロングバケーション』は見たことがなかったし、どんな女優さんなのか、事前にはまったく知りませんでした。実際お目にかかってみると、女優然としたところはなく、じつに気さくで自然体な人でした。あれこれ話をしているうちに、すっかり友だちになってしまって、その後も交流が続くことになりました。

主題歌大ヒットの陰で……

『ポニョ』を語る上で欠かせないのは、やっぱり主題歌。宮さんは最初から「今回は歌がほしい」と言っていたんです。トトロの「さんぽ」のように、後々まで歌い継がれるような主題歌を作りたい――。

そこで、久石譲さんとも早い段階から打ち合わせをしました。じつは久石さん、『崖の上のポニョ』というタイトルを聞いた瞬間、その場でメロディが浮かんでいたそうです。ただ、あんまり簡単に「このメロディはどうですか」と言って否定されるといけないから、そのときは内緒にしていたんですね（笑）。

宮さんがイメージしていたのは、お父さんと子どもがお風呂に入るときに、いっしょに口ずさめるような歌。そこで、作画監督の近藤勝也くんに詞を任せることになりました。というのも、ちょうど彼の娘のふきちゃんが保育園に通っていて、宮さんもすごくかわいがっていたんです。彼ならイメージに合うものが書けるんじゃないかということでお願いしたところ、ぴったりの詞をあげてきてくれました。久石さんのメロディともうまくかみあって、すごくいい楽曲ができました。

問題は誰に歌ってもらうかです。そこで僕が思いついたのが藤巻直哉でした。藤巻さんは博報堂の社員で、ジブリ映画の製作委員会のメンバー。これがまあ本当に働かない男で、いつものらりくらりと遊んで暮らしている。何とかして彼に仕事をさせるというのが、僕の人生の課題にもなっていたんです。

そんなときに、ポニョの歌の話が出てきた。じつは藤巻さんは学生時代に「まりちゃんズ」というバンドをやっていて、ちょうど『ポニョ』を作っているころに、かつての仲間、藤岡孝章さんといっしょに「藤岡藤巻」として音楽活動を再開していた。しかも、彼には娘が二人いて、子煩悩ではある。

そこで、僕は一石二鳥の手を思いつきます。彼に歌わせたら、いい雰囲気が出るかもしれない。そして、主題歌を歌うとなったら、さすがの彼も映画の宣伝に一所懸命にならざるをえない——。

お父さん役は藤岡藤巻にするとして、子ども役はどうするか？　そのとき浮かんだのが大橋のぞみちゃんでした。彼女はポニョの声のオーディションに来ていて、残念ながらそちらでは起用されなかったんですが、この歌にはぴったりの雰囲気を持っていた。じゃあ、のんちゃんと藤岡藤巻を組み合わせたらどうなるか？

さっそくスタジオに藤巻さんを呼んで、試しに歌ってみてもらうことにしました。宮さんには内緒でやっていたんですが、気配を感じてハッと後ろを見たら、本人が立っています。しかも、顔が笑っていない。

「鈴木さん、なにやってるんですか」「仮歌で、どんな感じになるか確認しようと思って……」とごまかしたんですけど、「おふざけもいい加減にしてください！」と怒りだしてしまった。ところが、スピーカーから流れてくる藤巻さんの歌声を聴くうちに、「あれ⁉」と言って、宮さんの表情が変わっていったんです。

藤巻さんが録音ブースから出てきたときには、宮さんもすっかり上機嫌。「藤巻さん、意外にいいよ。いけるかもしれない」と褒めている。さらに、のんちゃんの歌声と重ねてみたら、これまたいい雰囲気で、宮さんもすっかり気に入りました。

僕としては、宮さんさえ説得できれば何とかなると思っていたんですが、今回はそれではすまなかった。久石さんに「藤巻さんでいこうと思ってるんです」と話したら、その瞬間、顔色が変わっちゃったんです。ただ、僕に対する遠慮もあってか、直接異議を唱えることはありませんでした。

レコーディング本番の日。藤巻さんはいつものとおり、気楽な調子で歌いだします。最初は黙って聴いていた久石さんですが、一番が終わると、ふいに立ち上がり、外に出ていってしまいました。そして、そのまま帰ってこなかったんです。しょうがないから、僕らのほうでそのまま歌入れを続け、レコードは完成することになりました。

その一件から、何となく久石さんとは会いにくくなってしまい、次にお目にかかったのは『ポニョ』の主題歌発表記者会見のときでした。その場で大橋のぞみと藤岡藤巻に生で歌ってもらうという段取りです。久石さんも来てくれるには来てくれたんですけど、僕とはいっさい口をきいてくれない。本気で怒っていたんですね。

弱ったな……と思いつつ、プロデューサーとしては、何とかこの発表を成功させなければいけない。そこで思いついたのが、藤巻さんを緊張させるという作戦です。藤巻さんは誰の前に出ても物怖じしない反面、態度が不遜に見えることがあります。大事なお披露目の場で、それが出たら何もかもおじゃんになってしまいます。

そこで、僕は藤巻さんに「トイレ行った？　舞台で行きたくなったら大変だから、行っておいたほうがいいんじゃない？」と言いました。彼は「そうですね」と言ってトイレに行く。帰ってきてしばらくすると、もう一回同じことを言う。それを三回ぐらい繰り返しているうちに、彼が珍しくあがってくるのが分かりました。こうなればしめたものです。

実際、舞台にあがると、態度がいつもと違っていました。真剣に歌ったんです。それがみんなの心を打った。誰より一番心を打たれたのが久石さんでした。会見が終わったあと、久石さんは僕を呼び止めて言いました。「鈴木さんがあの二人を選んだ理由、今日初めて分かりましたよ」。そう言ってもらったときは本当にうれしかったし、これで歌も映画もうまくいくと安心しました。

ところが、この歌、当初はさっぱり売れなかったんです。発売元のヤマハさんの希望もあって、映画公開の半年以上前にリリースしたんですけど、僕は「その時期じゃ、ぜったいに売れない」と言いました。過去の数字を見ても、CDが売れ始めるのは、判で押したように映画公開の直前だったからです。

実際、初回プレス三万枚のうち、六月までに売れたのはわずか三千枚。途中でヤマハの担当者が「宣伝しましょう」と言ってきたんですが、僕はあえてそれを止めました。僕が考えていたのは、公開直前になったら、過去に例がないほどの圧倒的な量の広告を打つという作戦です。

広告の露出量を測る指数にGRP（グロス・レイティング・ポイント）というものがあります。音楽でその最高値はどれぐらいなんだろうと思って調べてもらったところ、だいたい二千GRPぐらいだった。それを一万GRPまで持っていったらどうなるか？　ちょっと実験してみたい気持ちもあったんです。

実際に宣伝を開始すると、その効果たるや、すさまじいものがありました。それまで半年で三千枚しか売れなかったのが、毎日一万枚のペースで売れていく。結果、シングルは五十万枚まで伸びました。もうＣＤは売れないと言われていた時代ですから、立派な数字です。さらにすごかったのがネット配信でした。当時は携帯電話の「着うた」というのが流行っていたんですが、そこで飛ぶように売れて、最終的にダウンロード数は四百九十五万まで伸びました。

それでも、映画のヒットを心配する関係者は大勢いました。「歌が売れるのはいいことだけど、それはあくまで子ども向け。大人にはどうやってアピールするんだ？」。そんな意見もありました。ただ、僕としては、歌がヒットすれば映画もうまくいくと考えていたんです。予告編も歌を中心に作り、とにかく歌で押していきました。やがて、街中や会社、至るところで、♪ポーニョ、ポニョ、ポニョという歌が聞こえてくるようになり、ヒットを確信しました。

二〇〇八年七月下旬の公開直後から、『ポニョ』はものすごい観客動員数を叩きだしました。じつは僕の中では、本当の勝負はお盆からだったんです。その前の二週間ほどは、いわば有料試写会。そこで見た人が評判を広めてくれて、徐々にヒットしていく――そんな見込みを立てていました。ところが蓋を開けるとおそろしいほどの初速で、八月までの数字でいうと、『千と千尋の神隠し』に勝るとも劣らない勢いでした。

宮崎駿には〝枯れる〟才能がない!?

いまあらためて見ても、『ポニョ』の冒頭のシーンはすごいですよね。あれをぜんぶ手で描いていたと思うと、つくづく感心します。宮崎駿はもういちど長編を作るなんて言ってますけど、あの創作意欲はいったい何なんだろうと不思議になります。

映画監督には二つのタイプがあると思うんです。歳に応じてうまく枯れていく人と、枯れるなんてことはいっさい考えず、そのまま突き進む人。たとえば、黒澤明さんなどは、本人が枯れたいと思ったがゆえに悲劇が起こったケースじゃないでしょうか。黒澤さんの真骨頂といえば、何といってもダイナミックな戦闘シーンでしょう。でも、ご本人は枯れていくことを望んで、『影武者』では戦闘シーンを描かなかった。それで批判されて、晩年の『乱』では一転、戦闘シーンを描きます。でも、映画全体のテーマは「この世は虚しい」というものでした。

宮崎駿の場合も、本人は枯れたいと思っているんですよ。ところが、枯れる才能がないというのか、描き始めると、結局は力みなぎる作品を作ってしまう。

たとえば、『ポニョ』でいうと、宮さんは波をほとんどひとりで描いていました。新しい波の表現にこだわったんです。そもそも、いま日本のアニメーターが使っている波の描き方って、『未来少年コナン』で宮さんが発明したものなんですよ。それが広まってからすでに数十年。宮さんとしてはそろそろ新しい波を作ってやろうと考えた。試行錯誤の結果、おもしろい波の動きができた部分と、あまりうまくいっていない部分がありますけど、宮さんという人は、いつもそうやって新しい表現を探求し続ける技術者でもあるんです。

宮さんの中には、『ポニョ』という作品を通じて、アニメーションをもういちど子どもの手に戻したいという気持ちがありました。それは成功したと思います。ただ、僕はあの津波の描写を見て、「これって本当に子どものためのものなのかな?」と思ったのも事実です。あの表現には、ある種の狂気も宿っていますよね。

その後、三・一一（東日本大震災）が起きたときに、『ポニョ』という作品の予見性が云々されたりもしました。たしかに宮崎駿の映画では、劇中で描かれたことが、実際に起きることがままあります。

もともと宮さんにはペシミスティックなところがあって、栄枯盛衰の〝栄〟〝盛〟を見ると、必ず〝枯〟〝衰〟を想像する人なんです。だから、映画の中でもそれを描く。時代がバブルで浮かれているときも、宮さんは常に大量消費社会を批判してきました。冷静に考えれば、そんな時代がいつまでも続くわけはないんで、栄のあとには必ず枯が来る。だから、宮さんが描いたことが現実になるのは、偶然でもあり、必然でもある。僕はそんなふうに考えています。

『ポニョ』という作品が、宮崎駿にとってどういう意味を持っていたのか？　それは僕にも分かりません。ただ、もしかしたら、本人の中ではまだ『ポニョ』が続いているのかもしれません。というのも、宮さんが「ポニョの続編をやりたい」と言いだしたことがあるんですよ。僕はそれを断ち切るようにして、『風立ちぬ』へと進んでいくわけですけど……プロデューサーというのは、やっぱり因果な仕事ですね（苦笑）。

借りぐらしのアリエッティ

「完璧。麻呂、よくやった」米林宏昌監督デビュー

じつは『借りぐらしのアリエッティ』とは別に、僕としてはやってみたい企画があったんですよ。

僕の大好きなアメリカの児童文学作家に、エレイン・ローブル・カニグズバーグさんという方がいます。『ティーパーティーの謎』『ぼくと〈ジョージ〉』『ジョコンダ夫人の肖像』といった作品で知られていますが、中でも僕が好きなのが『クローディアの秘密』。クローディアという女の子が弟をさそって家出をして、ニューヨークのメトロポリタン美術館の中に隠れて暮らし始めます。やがて二人はミケランジェロ作とされる天使の像の謎を探る冒険に乗りだして……というお話なんですが、何といっても美術館という設定がいい。舞台を日本に置き換えるなら、上野の国立西洋美術館あたりかな、なんて考えながら、ずっと映画化の構想を温めていたんです。

宮さんにも「いつか『クローディアの秘密』をやりましょうよ」という話はしていまし

た。最初のうちは賛成してくれていたんですけど、いざとなると、人の出した企画には賛同の意を示さない人なんですよ（苦笑）。

天の邪鬼っていうんですかね。そういうときの宮さんはいろいろと別の企画を持ち出してきます。しかも、「これだったら鈴木さんは読んでないだろう」というものを探してくる。そのうちのひとつがメアリー・ノートンの『床下の小人たち』でした。「なんだ、鈴木さん読んでないの？」とか言って、ちょっとうれしそうなんですよね。僕は参ったなぁと思いながらも、ともかく企画を練り始めることにしました。

宮さんの「経営計画」

それと並行して、ジブリでは大規模に新人を募集する計画が進んでいました。アニメーションは動いてなんぼの世界ですから、優秀なアニメーターがいないことにはどうにもなりません。『魔女の宅急便』公開のときに社員募集を始めて、そこから育ってきたアニメーターはいたものの、ある時期からなかなかいい人が見つからなくなっていたんです。そのことに宮さんも危機感を持っていて、こんなことを言い出しました。

「優秀な先輩がいるところに、二、三人で入ってくるから押しつぶされちゃうんだよ。いちど大量に雇ってみたらどうだろう？　十人単位になれば同期同士の結束もできるから、力を出しやすくなるんじゃないか」

宮さんとしては、その中から一人でも飛び抜けた才能が出てきてほしいと考えていました。アニメーションスタジオというのは、たった一人の才能によって、いかようにでも変わっちゃうものなんです。

募集をかけてみると、たくさんの応募者が集まりました。ところが選考してみると、女の子だらけになっちゃったんです。女の子二十人に対して、男はわずか二人。要するに、女性の時代ということなんでしょう。宮さんも悩んでましたけど、「しょうがない。これで行くしかない」ということで、腹をくってスタートすることに

なりました。

問題は新人研修を行う場所です。そばに先輩がいない環境に隔離しようという話になったんですが、宮さんが突然「名古屋でやりたい」と言い出したんですよ。僕が映画のキャンペーンで日本全国を回っているとき、「いま日本で名古屋だけが元気なんですよ」という話をしたのを覚えていたんですね。

そこで僕は一計を案じました。名古屋といえば、日本を代表する企業、トヨタ自動車のお膝元。その工場内に〝西ジブリ〟を作らせてもらい、新人を缶詰めにして研修をする、というものです。これまでの新人は、入社してしばらくすると、先輩たちの影響を受けて朝来るのが遅くなり、夜ゴソゴソと作業するようになっていた。でも、きちんとした企業の一角で、朝早く起きてちゃんと仕事をするという癖をつけたら違う人が育つんじゃないか？　というわけで、トヨタさんに相談してみると快く引き受けてくださって、本社の中に一室を用意してくれることになりました。

研修のスタートは二〇〇九年。次の年もさらに十人採用して、西ジブリの新人は総勢三十二名となりました。研修とはいえ、単に絵を描く練習だけしていても仕方ありません。原宮さんの発案で、習作としてジブリ美術館のための短編映画を作ることになりました。原作は中川李枝子さんの『たからさがし』です。

こうしてアリエッティの企画が立ち上がり、西ジブリでの人材育成も始まったある日、宮さんが僕のところにやって来ました。

「鈴木さん、これまで無目的にやってきたけど、これからは経営計画が必要だ。俺はジブリの三年計画を考えた」

いったい何を言い出すんだろう？ と思っていると、「これからの3年」と題した手書きのスケジュール表を見せてくれました。

次回作『アリエッティ』と美術館用の『ちゅうずもう』の二作品に加え、研修生の『たからさがし』を並行して作りながら、次々回作（『コクリコ坂から』）も準備。最後には本格的な長編を制作する——新しいジブリを作るための積極策を打ち出したんです。僕もこれにはすっかり感心しました。

「若手の監督を起用して二本作るんだ。その間に短編もやる。こうすればみんなが育つじゃないか」と自信満々です。

ただ、その一方で「二〇一一年に始める大作は誰が監督をやるか分からない。俺になるかもしれないし、他の人になるかもしれない。俺だってもう歳だから分からない。分からないんだ」と繰り返して言うんです。自分でやるつもりだというのは明らかですよね（笑）。

宮さんとの付き合いは長いですから、だいたい意図は読めました。次回作、次々回作と西ジブリで育ったスタッフを最終的には自分の大作に投入したいんですね。宮さん自身、こういう計画を考えたことが初めてだったこともあって、興奮していたんでしょう。説明会を開いてスタジオ、美術館のスタッフ全員にこの計画を発表しました。

「麻呂」の名前に動揺した宮さん

そうこうするうちに、『アリエッティ』の監督を決めなきゃいけない時期になりました。宮さんは東映動画時代に組合運動を長くやってきたせいか、正式な話をするときは本音じゃなく建前で話す癖が骨の髄まで染みついています。だから、自分が発案者であることは棚上げにして、「鈴木さん、会社の責任者として監督はどうするつもりなんだ？」と言ってくるわけです。

そのときふと〝麻呂〟こと米林宏昌のことが思い浮かびました。麻呂はジブリでも絵の上手さでは一、二を争うアニメーターです。当たり前ですけど、映画というのは監督一人じゃできません。宮さんにとって麻呂は自分の作品を作る上で非常に重要なスタッフでした。とくに『崖の上のポニョ』は、彼がいなければ作れなかったと言っても過言じゃない。

でも、麻呂はアニメーターとしての仕事に満足していて、演出をやりたいなんて希望したことは一度もありません。僕もそのときまで麻呂に監督をさせようなんて考えたこともなかった。だけど、建前で詰め寄られて、ちょっと腹も立っていたので、宮さんが一番困る名前を出しちゃおうという意地悪な気持ちもあったんですね（笑）。

「麻呂はどうですかね」

そう言ったら宮さんは動揺しましたねぇ。急に声に力がなくなりました。

「い、いつから考えてたの？」

「二、三年前からですかねえ……」

僕は大嘘をつきました。でも、そこからが宮崎駿という人のすごいところで、動揺している自分の気持ちをスパッと断ち切るんです。

「よし分かった。じゃあいますぐ呼ぼう！」

麻呂が顔を出すやいなや宮さんは告げました。

「麻呂、次回作はおまえが監督をやれ！」

彼にとってみれば青天の霹靂ですよね。しかも、麻呂って慎重な性格だから、すぐには返事をしないんです。でも、宮さんも僕も気が短いから、「いいから、やると言え」とせっつきます。しばらくして、麻呂はやっと重たい口を開きました。

「映画って思想とか主張がないと作れませんよね。僕にはそれがありません」

その言葉が終わるか終わらないかのうちに、宮さんと僕は机の上の原作本を左右から同時に摑み上げて、「それはこの中に書いてある！」と叫んでいました。宮さんと僕って、なぜだかそういうときは示し合わせたように行動が一致するんです。

麻呂は「ともかく読んでみます」と言って帰っていきました。でも、これがなかなか読まないんですよ。宮さんが翌朝、「読んだか？」と聞きに行くと読んでいない。次の日行っても同じ。どうやら本を読むのが極端に遅いんですね。三日もしないうちに宮さんが「あいつはダメだ」と言い出しました。そこで僕のほうから「頼むから、少し急いで読んでよ」と説得しました。

二週間ぐらいしてようやく読み終わり、「やります」と言ってくれました。宮さんはもう麻呂を担ぎ出すことに飽きちゃっていたんですが、ともかく報告に行きました。

「麻呂がやってくれることになりました。ただ、いままでジブリは宮さんにしろ、高畑（勲）さんにしろ、監督中心主義でやってきたじゃないですか。でも、今回は企画を中心に進めてきて、おまけに麻呂にとっては初めての監督作です。シナリオまではこちらで完成させて渡してあげなきゃいけないと思うんですよ。宮さん、やってくれますよね」

そうしたら、宮さんは「分かってる。俺がやるよ」と言ってくれました。当然、僕も付き合うことになり、最終的にまとめてもらうシナリオライターは『海がきこえる』『ゲド戦記』につづいて丹羽圭子くんにお願いすることになりました。

じつは彼女、『アニメージュ』編集部時代に僕の下で働いていたことがあるんです。当時、脚本家の一色伸幸さんと知りあった僕は、彼を編集部に呼んだことがありました。編集部に入ってきた一色さんは丹羽圭子を見て「こんなところにいたのか！」と仰天します。話を聞いてみると、彼女は学生時代、松竹のシナリオ研究所で一色さんと同期で、「天才少女」と呼ばれていたそうなんです。ところが、あるとき忽然と姿を消してしまったという。どうりで雑誌の原稿も上手いはずです。一見、ぼーっとしているんですけど、とにかく書かせるとすごい。

脚本作りは、宮さんがいろんなアイデアをしゃべりながらホワイトボードに書いていき、それを丹羽圭子が整理してまとめていくという形で進みました。ただ、宮さんという人は最初に全体の〝箱〟を作っておいて、それから細部を埋めていく作り方はできない人なんです。順番にひとつひとつ細部を作っていく。しかも、細部の設定が全体に影響を与えるので、ひとつのアイデアからストーリーが進行しても、一晩寝て起きて、細部をやっぱり変えようということになると、全体がまったく変わってしまう。それを何回も何回も繰り返す。朝令暮改どころじゃなくて、一日に平気で三回変わったりもします。これまで何人ものシナリオライターがそれに参って討ち死にしてきました。

でも、丹羽圭子は違いました。宮さんがその日しゃべったことをとりあえず整理して次の日持ってくる。そして、「ここのところ辻褄が合ってませんね」と指摘します。そのとき宮崎駿はすでに別のことを考えているから、「あ、そこはもう変えたからいいんです」となる。その新しいアイデアを聞いて、彼女はまた書き直して持ってくる。そうすると、宮さんはまた違うことを考えている。普通のシナリオライターは、設定の変更が嫌になって、宮さんに「まず〝箱〟を作りませんか」と提案して、うまくいかなくなる。でも、丹羽圭子はそういうことを一切言わず、ひたすら書き直し続けたんです。とはいえ、さすがに僕も途中で心配になりました。

「あんなに言うことがコロコロ変わるけど、きみ大丈夫か？」

「大丈夫です。だって天才の思考過程ですよね。こんなに面白いことはないですよ」

しばらくして、途中まで仕上がった原稿を読んだ宮さんは、「鈴木さん、よくできてるよ、これ」としきりに感心していました。

難航した絵コンテ

一方、麻呂のほうはキャラクターを描き起こしたり、美術の準備などを始めていました。宮崎駿はそういうとき口も出すし、手も出します。ちょっとでも何か描いていると、すぐに見に来てあれこれ注文をつけるんです。それを聞いていると、監督は混乱するし、作業も滞ってしまいます。

これまでの若い監督は、宮崎駿とは違うキャラクターを描こうとして試行錯誤に陥り、先に進めなくなるケースが多くありました。ところが、麻呂はその問題をいとも簡単にクリアするんです。揉めることが分かっているから、割り切ったんでしょうね。最初から宮崎駿のキャラクターで描いたんです。麻呂に「キャラクターこれで行くの？」と聞いたら、「はい、時間がないですから」とあっさりしています。

美術に関してもそうでした。新人監督の場合、たいてい気負って美術も自分で決めたいと言い出します。ところが、麻呂はまったくこだわらず、宮さんが描いた家の設計図を「じゃあ、ありがたく」と言ってそのまま受け取りました。見かけとは裏腹に、すごく現実主義な彼の一面をそのとき思い知りました。

やがてアリエッティ準備室には、麻呂を手伝うべく先輩たちが続々と集まってきました。絵が上手いアニメーターというのは、たいていスタジオの中で浮くものなんですよ。一匹狼になって人柄にも問題が出てくる。だから、みんなの人望を集めて、統率していく仕事に向いていないことが多い。ところが、麻呂の場合は先輩からはかわいがられ、下からは慕われるという、とんでもない才能を持っていました。監督になってみると、その才能がものすごく大きな力を発揮しました。

意外な能力をいくつも見せてくれた麻呂ですが、ただ一点、絵コンテ作りだけは難航しました。シナリオをもとに、どういう画面構成にして、どういうテンポの映画にするかは、すべて絵コンテで決まります。これまでジブリでは高畑勲、宮崎駿以外に自ら絵コンテを描いた監督はほとんどいませんでした。『ゲド戦記』の宮崎吾朗くんは例外的に自分で描きましたが、たとえば、近藤喜文が監督した『耳をすませば』は、宮崎駿が絵コンテを描いているんです。

そこで麻呂に「絵コンテどうする?」とたずねると、そこはハッキリと「僕がやります」と言う。そこでさっそく宮さんのところへ報告に行きました。麻呂が「絵コンテは自分でやろうと思います」と告げると、宮さんも「よし、お前は男だ。俺は手も足も出さない」と答えました。でも、それを真に受けるとひどい目に遭うことは分かっていたので、僕は近くにマンションの一室を借りて、そこに麻呂を隔離しました。

さあ、次の日から大変です。宮さんは「麻呂はどこへ行ったんだ?」と大騒ぎ。知ってそうなスタッフを一人ずつ呼び出しては詰問します。でも、みんながんばって教えなかった。僕が「どこにいるか絶対にばらすな」と言い含めておいたからです(苦笑)。

ところが、麻呂の隠れ家を訪ねて、最初にできた絵コンテを見せてもらった僕は愕然としました。冒頭のシーン、翔くんが大叔母さんとクルマに乗って屋敷に着くまでを、一切省略せず、どこをどう曲がったかまできっちり全部描いてあるんです。まったく時間を盗むということをしてない。つまり映画になっていないんです。頭を抱えましたねえ。

「麻呂さ、映画というのは必要なポイントだけ描いていくんだから、時間を盗まなきゃいけないじゃん」と諭すと、「はい」と言ったまま黙っている。

ここまではすごかったのに、やっぱりダメになっちゃうのかなあ……僕としては不安を抱えたまま、次の日また顔を出してみました。すると、直した絵コンテができあがっていて、見違えるようによくなっているんです。

「すごくいいじゃん。どうして最初からこう描かなかったの？」と聞くと、「えへへへ」と笑っている。ところが、次のシーンになると、また元の馬鹿正直なやり方に戻っているんです。二回目だとさすがに僕も頭にくるから、「このシーンだったら、ここだけ描けばいいじゃん」と怒りました。翌日行くと、また直して完璧になっている。このやりとりを一シーンごとにずーっと繰り返すんです。

何回目かにいい加減あきれて「あのさ麻呂、なんで最初からこう描いてくれないの？」と聞くと、「癖なんです……」と告白を始めました。

原画を担当していたころ、宮崎駿の指示を受けるうちにそうなっちゃったというんですね。キャラクターの芝居を描いて持っていくと、毎回いろんな直しを受ける。どういう指示が来るか予測がつかないから、何を言われてもいいように、事細かに全部描いておく癖がついたそうです。僕としてはカルチャーショックですよ。

「じゃあ何これ、俺が何か文句を言ったときのために、全部描いておいたの？」

「はい」

「おまえそんなこと考えてやってきたんだ……」

もはや感心すべきなのか、唖然とすべきなのか、よく分かりません。

「あのさ、それもういいから、最初から描きたいように描いてよ」

そう言って見守ることにしました。しばらくはその癖が抜けませんでしたけど、最後のほうはだいぶ直ってきました。もちろん、映画をご覧になっていただけば分かるように、最終的なカット割りは何の問題もないどころか、素晴らしい出来になりました。

「昔のジブリが帰ってきた」

ラッシュが始まりました。できあがった映像のチェックです。そこでちょっとした問題になったのが美術です。最初のラッシュを見て、僕は背景の描き方に物足りないものを感じました。でも麻呂は何も言わない。そこで、僕が「もう少し何とかなりませんかね」と言うと、若いスタッフを助けてくれていた男鹿和雄さんが、「レベルを変えるということですね？」と聞いてきました。つまり、作業量も上がるけどいいか？　ということです。僕は頷きました。

二回目のラッシュでは、背景が驚くほどよくなりました。屋敷の庭を横にパンするシーンを『ハウル』などで美術監督だった武重洋二が描き足してくれたんですけど、絵そのものは大して変わらないにもかかわらず、印象が全然違って見えたんですよ。見る人の目線の動きを計算して、ポイントになる場所に力点を置いて描いているんですね。それに対して、最初のものは絵としてはちゃんとしているんだけど、どこを見たらいいか分からなかったんです。「武ちゃん、やっぱり違うもんだね」と言うと、「そういうことはみんななかなか分からないんで」と照れてましたけどね。まだスタッフは確定していなかったんですが、これは絶対やってもらわなきゃということで武ちゃんには美術監督になってもらいました。

ラッシュの上映には普段よりも大勢の人間が集まりました。ところが、麻呂はラッシュを見ても、何も意見を言わない。今までは宮さん、高畑さんの判断にすべて任せてきたけど、今回はどうやって決めていくべきか？　メインスタッフで話し合うことになりました。そこでも麻呂はとんでもないことを言い出したんです。

「じゃあ僕は見なくていいんで」

この一言にはみんな固まりました。

絵コンテまで完成させたので、あと自分がやることはキャラクターにお芝居をつけることだけ。どういう色を塗るかは色指定に、背景の絵とのバランスは美術監督に任せたい。というのも、自分は今までアニメーターだけをやってきたので、色や美術のことは分からない。だから、ラッシュも見なくていい——それが彼の考え方でした。

横にいた武ちゃんは「麻呂さあ、おまえが監督だろう」と苦笑いしてましたけど、自分がやる範囲を決めたら、そこはちゃんとやって、それ以外は完全に人に任せる。つくづく現実主義なんですよ。普段はへらへらしているんですけど、仕事の役割分担については曖昧なところが一切ない。できないことはできない。分からないことは分からないとハッキリ言う。それはもう徹底していました。

映画を一本作ると、現場のスタッフは毎回ほんとうに疲弊するんですけど、麻呂の場合は最後まで全員が明るく元気に仕事をしていました。それも彼の特殊な力だと思います。だから、僕は作っている途中で分かっちゃいましたよね。ああ、こいつはほんとうに才能があるんだなって。

みんな仕上がりに手応えは感じていたものの、気になっていたのはやっぱり宮さんの反応です。何しろ、途中から宮さんは一切関わらなくなって、ラッシュも見ていない。

迎えた初号試写の日。映画はぶじに終わり、エンドマークが出ました。普通はその瞬間、拍手が起こるんですが、今回はみんなしんとしたままです。みんな宮さんが何を言うか、うかがっていました。そうしたら、宮さんがおもむろに立ち上がって拍手を始めたんです。そして一言こう言いました。

「完璧。麻呂、よくやった」

一点の曇りもない言葉でした。宮崎駿のお眼鏡にかなった、初めての新人監督の誕生です。

世間からは「昔のジブリが帰ってきた」と喜んでもらい、お客さんは超満員。初々しさを感じてもらえたんだと思います。逆に言えば、『風の谷のナウシカ』から二十六年。やっぱりジブリも歳をとってきたということかもしれません。

「米林という監督はすごい。彼の映画にはマジックがある。映画というのはマジックがあるかないか、それがすべてなんだ。彼はそれを持っている」

ピクサーのジョン・ラセターも手放しで誉めてくれました。その言葉を麻呂に伝えたら、うれしそうにしてましたねえ。

その後、ローマ国際映画祭をはじめ外国でも次々に上映されて、高い評価を受けました。

外国人記者からのインタビューも増えて、それに答える麻呂を見ていると、ほんとうにしっかりしているんですよ。「こいつこんな才能もあったんだ」と驚きました。

でも、宮さんの心中は複雑だったと思います。若手監督を生みだすことに成功した一方で、右腕ともいうべき大事なスタッフをひとり失ったわけですから。僕は、実はここに宮崎駿が長編アニメーションから引退することになる〝伏線〟があったんじゃないかな、と思っているんです。

公開後、隅田川の屋形船で盛大に打ち上げを行いました。僕としては麻呂への感謝を形にしたかったし、主題歌を歌ってくれたセシル・コルベルさんの送別会の意味もありました。当日は麻呂の奥さんも来ていました。ジブリの社員だった人ですが、それまでじっくり話す機会もなかったので、「麻呂、すごくがんばってくれたよ。ほんとうにありがとう」と伝えると、彼女はピシャリと言いました。

「鈴木さん、うちのに二度と監督はやらせません。家はめちゃくちゃになりました」

麻呂は何も言いませんでしたが、何しろ朝から夜中まで働き詰めでしたから、いろいろとあったんでしょう。残念だけど、彼の監督作はこれが最後か……。そう思っていたら、彼のほうから「もういちど監督をやりたいです」と言ってきました。

彼がそんなにハッキリ意思表示をするのは珍しいことです。「なんで?」と聞くと、「やり残したことがあります」とだけ言いました。言葉数の少ないやつなんですよ。僕もそれ以上余計なことは聞きませんでした。それが次作『思い出のマーニー』につながります。一番変わったのは、監督として現場全体を見るようになったことです。『マーニー』を制作する過程で麻呂はさらに進化しました。

コクリコ坂から

前向きだった時代を悪戦苦闘して描いた青春映画

『崖の上のポニョ』の公開が一段落した二〇〇八年の秋のこと。宮崎駿が「鈴木さん、これからは経営計画が必要だ」といって持ってきたのが、「これからの3年」と題した計画表でした。それによると、『借りぐらしのアリエッティ』を作りつつ、ジブリ美術館用の短編『ちゅうずもう』『たからさがし』を制作。さらに、二〇一一年にはもう一本、中編を公開。そして、そこで育った若手スタッフを投入し、満を持して大作に乗り出す――壮大なプランでした。

じつは当時、『ゲド戦記』を作り終えて、美術館の仕事に戻っていた宮崎吾朗くんが、「やはり映画を作りたい」と言って企画を検討し始めていました。彼と話す中で俎上に載ったのが、僕が前々から映画化したいと思ってきたE・L・カニグズバーグの作品。『クローディアの秘密』『ぼくと〈ジョージ〉』『ジョコンダ夫人の肖像』が候補にあがり、企画の準備が進みかけたんですが、諸般の事情で暗礁に乗り上げてしまいます。

そこで、僕は、以前から宮さんが提案していたアストリッド・リンドグレーンの作品、『山賊のむすめローニャ』はどうかと吾朗くんを説得します。吾朗くんもそれを受け入れ、東欧へロケハンにも行き、具体的な準備作業を進めていきました。ところが、中編にまとめるには難しい題材で、これまた制作中断となります。

タイムリミットが迫るなか、宮さんが唐突に言いました。

「そうだ、『コクリコ』をやろう!」

遡ること二十年前。信州の山小屋で夏休みを過ごす際、宮さんは姪っ子が置いていった少女漫画雑誌を繰り返し読んでいました。その中で目にとまったのが『耳をすませば』と『コクリコ坂から』。遊びに来た押井守や庵野秀明らと、「どうやったら少女漫画を映画にできるか」を議論したりもしていました。

結果的に『耳をすませば』は一足先に映画化したものの、『コクリコ』のほうは時代に合わないという理由で企画を断念していたんです。ところが、今回は宮さんの中に明快な企画意図ができあがっていた。

——二十一世紀に入って以来、世の中はますますおかしくなってきている。なんでこんな社会になってしまったのか? 日本という国が狂い始めるきっかけは、高度経済成長と一九六四年の東京オリンピックにあったんじゃないか。物語の時代をそこに設定すれば、現代に問う意味が出てくる——

その考えを聞いて、僕も非常に納得するものがありました。高度成長の結果、暮らしは豊かになったけれど、その後、バブルが崩壊。〝失われた十年〟を経て、いっこうに未来

は見えてこない。社会全体が閉塞感に覆われているのを感じていたからです。

企画の方向が見えてきたところで、宮さんはふと僕の顔を見て言いました。「東京オリンピックのとき、鈴木さんはいくつだったの？」「十六歳、高校一年生ですね」「じゃあ、これは鈴木さんの映画だよ」。

おかげで脚本作りの間、僕はず

っと宮さんの取材を受けることになります。というのも、一九六三年といえば、宮崎駿がちょうど東映動画に就職した年。主人公の高校生たちとは年代がずれています。当時の中高生たちが、世の中の雰囲気をどんなふうに見て、何を感じていたのか、本当のところが分からない。「だから、鈴木さんの力が必要なんだ」。そう言われて、ずいぶんいろんな話をしました。

子ども心にも、一九六〇年代は明るい時代でした。戦後の焼け野原から復興して、高度成長が始まっていた。実際にはまだまだ貧しかったんだけれど、世の中は右肩上がりでどんどんよくなっていく。先には光り輝く明るい未来しか待っていない。そんな気分が横溢していました。

「所得倍増計画」なんていう言葉も、子ども心によく覚えています。経済的に豊かになるだけじゃなく、科学の進歩があらゆる問題を解決して、人々を幸せにする。本気でそう信じられていた。手塚治虫の影響が強いのかもしれないけれど、僕ら団塊の世代は、〝科学の子〟の第一世代でもあります。僕自身、子どもの頃からよくモーターをいじったり、ゲルマニウムラジオを作ったりしていました。

ちょうど一九六〇年には、東京で都市ガスが普及し始めます。それによって住宅の高層化が可能になり、公団住宅の建設ラッシュが始まる。新しいモノもどんどん出てきました。〝三種の神器〟といわれた白黒テレビ、冷蔵庫、洗濯機が普及すると、次はカラーテレビ、クーラー、自動車という〝新・三種の神器〟が登場して、生活革命が起きる。

うちも商売をやっていたから、荷物を運ぶための車があって、僕は小学校五年のときから運転をしていました。街角で警察官に会っても、「気をつけろよ〜」と言われるだけ。いまから考えると信じられないでしょうけど、そんな時代だったんです。

もうひとつ印象に残っているのは、世の中からエログロの類が消えちゃったことです。なんだかすごく清潔な時代がやってきたというイメージがある。学校にはイジメもありませんでした。ケンカはしたけれども、小学校から高校に至るまで、陰湿なイジメというのは見たことがない。

まわりにあるものがプラスだらけだったんです。もちろん、実際にはマイナスなこともあったはずなんだけど、がむしゃらに前へ進んでいくとき、人は過去を振り返りませんよね。だから、いやなことが何も見えなくなる。とくに、あの時代は社会全体が前向きだったから、いろんな問題が覆い隠されてしまったのかもしれない。

政治家や実業家に限らず、市井の人々に至るまで、一人ひとりが「社会をよくしていくんだ」という感覚を持っていた時代。そう評する人もいます。そういう時代はやっぱりみんな幸せなんです。僕もその中で多感な時期をすごしたから、やっぱり世の中はよくなっていくんだと思っていたし、脳天気にもなりました。

でも、やってきた未来はどうだったか？　たしかに豊かにはなった。でも、モノに溢れた社会の中で、多くの人たちが生き方に悩み、心の問題を抱えている。それがいまの日本の姿。だとしたら、その始まりとなった時代を描くことには意味があるはず——。宮さんと話しながら、僕はそんなことを考えていました。

モデルは日活の青春歌謡映画

それまで監督中心主義でやってきたジブリが、企画中心主義にして成功したのが『アリエッティ』でした。企画からシナリオまではプロデュース側で作り、それを若い監督に提供して絵にしていく。『コクリコ』でも、その方式をとることにしました。宮さんと僕とで企画をまとめ、シナリオ作りには『アリエッティ』に続いて丹羽圭子に加わってもらいました。

シナリオで宮さんがこだわったことのひとつは、学生運動を入れること。もうひとつは徳丸理事長というキャラクターでした。モデルは徳間書店の創業者、徳間康快です。毀誉褒貶ある人ですけど、ジブリを生みだし、宮崎駿を世に出したパトロンであることは間違いない。実際に逗子開成学園の校長、理事長を務めていたこともあって、港南学園の理事長として登場してもらうことになりました。宮さん流の社長への感謝と供養だったのかもしれません。

完成したシナリオを吾朗くんに渡すと、のっけからつまずいてしまいました。「僕らの世代には分からないことだらけですよ」と言うんです。なんせ彼の生まれる前の話だから、しょうがないといえばしょうがない。そこで、僕は宮さんに聞かれたことを、もういちど吾朗くんの前でも話しました。

それに加えて、当時大流行した日活の青春歌謡映画を何本も見せました。象徴的なタイトルをあげると、『上を向いて歩こう』『いつでも夢を』『若い東京の屋根の下』『美しい十代』といったあたり。

『上を向いて歩こう』は言わずとしれた坂本九の名曲を映画化したもの。『いつでも夢を』と『若い東京の屋根の下』は、橋幸夫と吉永小百合のデュエット曲が元になっています。『美しい十代』は三田明の歌。まず歌が大ヒットして、それをもとに映画を作り、ラストシーンでは登場人物たちが大合唱する。それがこの時期の日活青春映画のパターンでした。

それ以前の日活は、別れられない男女の話とか、どちらかというと暗いものが多かった。そこに石原裕次郎が颯爽と登場して、派手なアクションで人気になっていくのが五〇年代。ところが、スキーで足を骨折してアクションができなくなったことで、『陽のあたる坂道』のような石坂洋次郎原作の映画に出始めます。それが六〇年代の青春ものへとつながっていくんです。石坂洋次郎ものは、その後、『若い人』『青い山脈』へと続いていきます。石坂洋次郎が描いた青春と、日活の新路線とが結びついて、若者の圧倒的な支持を得る。それも六〇年代の大きな特徴でした。

ちなみに、『陽のあたる坂道』は宮さんの大好きな映画のひとつ。理由はファンだった芦川いづみが出ているからでしょう（笑）。

日活の青春映画の主人公たちは、ただ明るいだけじゃありませんでした。青春の悩みを抱えながらも、明るく生きていこうとする。問題が起きても、みんなで克服して前向きにがんばる。それが当時の時代の空気に合っていたんだろうし、『コクリコ』のテーマとも重なる部分です。

そこで、僕としては劇中に時代を象徴する歌を入れたいと思った。となると、やはり

『上を向いて歩こう』をおいて他にない。二〇一一年は『上を向いて歩こう』が発表されてからちょうど五十周年ということで、タイミングもよかった。作曲者の中村八大さんの息子さんも快諾してくれて、挿入歌として使わせてもらえることになりました。
宣伝コピーもストレートに、「上を向いて歩こう。」にしました。ボディコピーにはこんなことを書いています。

1963年5月、横浜。
少女よ、君は旗をあげる。なぜ。　少年は海からやって来る。
ふたりはまっすぐに進む。　心中もしない、恋もあきらめない。
自分たちの出生に疑惑を抱く　ふたりの暗い青春の悩み！
戦争と戦後の混乱期の中で
ふたりの親たちがどう出会い　愛し、生きたかを知っていく。
人はいつも矛盾の中で生きている。
人間への絶望と信頼。その狭間で人は生きている。
上を向いて歩こう。

吾、朗らか。この夏、ジブリとゴローが〝親子二世代にわたる青春〟を描く！

演出家、宮崎吾朗の苦悩

父親が作った脚本を渡され、プロデューサーの経験談を聞き、昔の日活映画を山ほど見て、知らない時代を描く――何重苦なのか分かりませんが、吾朗くんにとっては大変な作業だったと思います。

初めて青春映画を見た彼は、「何ですか、これ!?」とびっくりしていました。それでも悪戦苦闘しながら、時代背景を丁寧に調べていった。ある時代にタイムスリップして、そこで見たこと聞いたことを、当時の気分も含めて再現する。ある意味、文化人類学のフィールドワークみたいなものですよね。

彼はそれを見事にやってのける。この映画で吾朗くんが見せたのは、客観的に物事を捉える力でした。そして、『ゲド戦記』のときと同様、統率力も発揮した。吾朗くんがやるとスタッフはみんな明るく働く。それは得がたい資質ですよね。

どんな企画、どんな脚本が来ても、自分の持ち味を出しながら、おもしろい映画にしてみせる――それが職業演出家というものです。いまは映画監督にも作家性が求められますけど、もっと職業演出家が認められてもいいはずだと、僕は常々思ってきました。

吾朗くんは『コクリコ』の後、『山賊の娘ローニャ』の企画を復活させて、ＮＨＫのテレビシリーズとして演出していくことになります。そこで彼は職業演出家としての手腕を発揮します。

映画の場合、二時間で物語をまとめなければいけないこともあって、原作を換骨奪胎して再構成する力が求められます。お客さんに劇場まで足を運んでもらうためには、ある種のケレンやサービスも必要です。それに対して、テレビシリーズは正味二十五分を二十六回として、映画の五倍以上の尺をとれる。そうすると、原作のエピソードを一つひとつ忠実に描いていくというやり方ができます。

たぶん、吾朗くんの場合はケレンで見せていくのが苦手というか、嫌いなんだと思います。原作通りにお話が進んで、理屈が通っていて、細部まで整合性もとれている。そういう作り方を好む。ある意味、父親とは正反対のタイプです。

特殊な才能が要求されるファンタジーは向いていないかもしれないけれど、リアリズムの作品では彼の資質が活きます。とくに、『コクリコ』のような日常生活の芝居を丁寧に積み重ねていく作品は、彼に向いていたんじゃないでしょうか。

ただし、丁寧さがあだになることもあって、吾朗くんの作品はどうしてもテンポが遅くなりがちです。制作中、試しにライカリール（絵コンテを映画のようにつないだフィルム）を一・三倍にして見たことがありました。そうしたら、テンポが上がって印象ががらりと変わったんです。そのことを本人に伝えたら、彼も受け入れてくれて、いくつかのシーンでテンポを変えました。テンポがゆっくりしているのは、彼が学生時代、人形劇をやっていたことと関係しているのかもしれない。あとで、吾朗くん自身がそう説明していました。人形劇とアニメーションとでは、やっぱり生理的な感覚が違うんです。

そういったいくつかの問題はあったものの、制作は順調に進んでいきました。ところが、最後の追い込みに入った二〇一一年三月、東日本大震災が起こります。原発事故の影響で計画停電も行われて、現場をどうするかが大問題になった。吾朗くんからは、「とりあえず三日間は休みにしましょう」という提案がありました。制作進行を考えると厳しい面がありますが、状況を考え、僕もやむなしと判断しました。

ところが、それを知った宮さんが怒ってしまった。

「生産現場は離れちゃだめだよ！　封切りは変えられないんだから、多少無理してでもやるべし。こういうときこそ神話を作んなきゃいけないんですよ」

宮さんの言うことも分かります。高畑、宮崎の時代はそれでよかったのかもしれない。でも、いまの時代にそれをやろうとしたら、いろんな支障が起こる。とくに、昔と今では家族のありかた、子どもを育てる環境があまりにも違う。だから、僕は一定の休みは必要だと思ったんです。だから、出られる人は出る。出られない人は家のことをちゃんとやる。そういう曖昧な結論にしました。

もうひとつの大きな出来事が川上量生さんの登場です。二〇一〇年の十二月、僕のやっているラジオ番組『ジブリ汗まみれ』に彼がゲストとしてやって来ることになりました。いまをときめくITベンチャーの経営者と聞いて、会う前は正直いいイメージはなかったんです。ところが、穴のあいたよれよれのジーパン姿で現れて、話すことはすべて本音でおもしろい。しかも、本番中に突然、「ジブリで働かせてください」と言いだした。「これは本気だな」と思って、さっそく翌日には受け入れる態勢を組みました。そうしたら、川上さんから「僕は真剣です」というメールが来た。

話を聞いてみると、彼は映画というものをこれまでほとんど見てこなかったことが分かりました。せっかく映画会社に来たんだから、映画作りの全工程を体験してもらおうと思って、僕のやることにぜんぶ付き合ってもらうことにしました。肩書きは〝プロデューサー見習い〟です。

まずは『コクリコ』のシナリオを読んでもらうことから始めました。そこで感想を聞く。次に絵コンテを読んでもらい、また感想を聞く。さらに、ライカリールを見てもらって、感想を聞く。すると、そのたびに言うことが変わっていきます。「最初の印象とまるで違う！」。彼自身が驚いていました。

僕は「それが映画なんですよ」と説明しました。「シナリオの段階だと、とかく理屈で読もうとするけれど、映像に変わっていく中で情報の質が変わっていくんです。映画というのは最終的には絵なんですよ」。

彼がジブリに通い始めてほどなく、宮さんが僕を呼び出しました。というのも、川上さんが席を置いていたプロデューサー室は、宮さんが仕事の息抜きに顔を出して、ひとしきり茶飲み話をしていくところだったからです。

「鈴木さん、あの男は何なんですか」。僕はあれこれ説明するのはやめて、ただ一言、こう言いました。「引きこもりです」。そうしたら、宮さんもすんなり納得してしまった。

「ああ、働きたくないんだ。それなら俺もよく分かるよ……」。その日をきっかけに、ふたりはぽつぽつと会話を交わすようになっていきます。

その期間、川上さんが自分の会社に行くのは週一日だけでした。それ以外は毎日ジブリに来る。表向きはコンテンツビジネスを学ぶとか、マーケティングの勉強とか言っていたようですけど、本音はそうじゃない。

「いわゆる世の中で成功者といわれている人たちに会うと、なぜかみんな幸せそうじゃないんですよ。でも、鈴木さんだけはなぜか幸せそうにしている。それが不思議だったんです」。好奇心旺盛な人だから、それを解き明かすためにやってきたんですね（笑）。

僕のほうも、建て前としてはインターネットの展開をやってもらうとか何とか言っていましたけど、本当のところは川上量生という人物に興味が湧いた。それだけなんです。もちろん、宣伝ではニコニコ動画が大活躍してくれて、ありがたかったんですけど、それは結果論。お互い動機が欲得尽くじゃなかったのがよかったんでしょうね。その後、現在に至るまで、公私にわたる関係が続いています。

しばらくして、宮さんは、「あの青年は若返ったね」と言っていました。実際、川上さんは人間的にも、経営者としても変わったと思います。よくしゃべるようになったし、明るくなった。

一方で、長年ジブリ作品の宣伝に携わってきた製作委員会のメンバーも、川上さんの登場が刺激となって元気になった。そんなことも、『コクリコ坂から』という映画がもたらした効果のひとつだったのかもしれません。

ファンタジーとリアリズム

『コクリコ坂から』の興行収入は四十四億六千万円。二〇一一年の邦画ナンバーワンとなりました。『アリエッティ』のような数字をあげることはできませんでしたが、ファンタジー要素のない作品に、三百五十五万人ものお客さんが集まってくれた。これまでジブリ作品が積み上げてきた実績と、ファンの支持があったからこそだと思います。こういう作品がほとんど作られなくなった日本でも、きちんと作れば見にきてくれる人がいる。僕としてはそれがうれしかった。

じつは、シナリオを作っている段階で、僕はいちど宮崎駿に詰め寄っているんです。「宮さん、これファンタジーの要素がまったくないですよね」。そうしたら、「いいんだよ」と言うんです。宮さんとしては、ファンタジー要素なしで、どれくらいの人が見てくれるのかを知りたかったんです。ある意味では、『風立ちぬ』という作品を作るための助走だったのかもしれません。

いままで宮崎駿という人は、自分の作品であれ、高畑さんの作品であれ、興行成績というものを気にしたことがありません。ところが、このときだけは「鈴木さん、どうだった?」と聞いてきました。「こんなに来てますよ」と話したら、満足そうな顔をしていました。

そもそも、息子が監督することについても、『ゲド戦記』のときとはまるで違う反応でした。「一本作ったら、もう映画監督。どうしていくかは自分次第だ」と言って、脚本を作ったあとは現場介入も控えていました。初号試写を見たときも、海ちゃんが階段を降りてくるシーンなど、細かい芝居には文句をつけていましたけど、全体的には思った通りのものになっていて、手応えを感じたようです。

各方面からの評価もよくて、『ゲド』のときのように、吾朗くんが〝親の七光り〟だと批判されることも少なかった。そういう意味でも、よかったと思っています。まあ、検討していた企画がうまくいかず、親父に脚本を渡され、プロデューサーからもいろいろ言われて、吾朗くんにとってはしんどい仕事だったかもしれませんが(笑)。

風立ちぬ

葛藤や偶然の末に描いた震災と戦争

宮崎駿が立てた三年計画に従って、『借りぐらしのアリエッティ』と『コクリコ坂から』を作り、新人アニメーターも育成しました。そして、いよいよ宮さん自身が長編の制作に乗りだすわけですが、問題となったのは企画でした。じつは、もともと本人がやりたかったのは『風立ちぬ』ではなく、『崖の上のポニョ』の続編だったんです。『ポニョ』が公開された直後、宮さんには待望の初孫ができました。その子を喜ばせるものを作りたいという気分もあったのかもしれません。ただ、ジブリはこれまで続編は作らないという方針でやってきたわけで、僕としてはその点が引っかかりました。もうひとつ気になったのは、『ポニョ』の続編が幼児を喜ばせる作品になるんだろうか？　ということです。

というのも、『ポニョ』自体、必ずしも小さな子どものための作品になっていなかった部分がありました。上映中の映画館の様子を聞くと、ポニョが波に乗って登場するシーンで、泣きだす子がけっこういたというんです。やっぱりあのシーンにはある種の狂気がある。大人が見るとおもしろいんだけれど、幼児が見ると怖いんですね。

　それは『となりのトトロ』にも言えることで、やっぱり幼児の中には泣く子がいます。トトロの存在そのものが怖いんです。それを克服するのが、だいたい四、五歳ぐらい。それより上になると、今度は夢中になって楽しむようになる。

　それは偶然の結果じゃないと思います。もちろん、子どものための映画は、優しく温かい気持ちに包まれるようなものがいい。でも、世の中には怖いものもあるわけで、そういうものもきちんと描かなければいけない――そういう意図が宮さんにはあった。温かさと同時に怖さも表現しているのが、『ト

トロ』という作品だったんです。

もともと宮さんはトトロについてこんな妄想を膨らませていました。かつてこの世には、たくさんのトトロ族がいた。彼らは人類と戦って滅ぼされたが、その生き残りがいろんな時代に登場する。中世なら〝もののけ〟、江戸時代には幽霊。そして、いまは『となりのトトロ』……。

トトロはそういう歴史を背負っている存在なんです。ただかわいいだけの生きものじゃない。怖ろしさも含んでいる。幼児はそれを本能的に受けとめるんでしょうね。

宮崎駿という人と四十年つきあってきて感じる最大の特徴は幼児性です。いつも子どものように自由自在に妄想を膨らませている。それは必ずしも明るいものだけじゃなくて、暗いものも含んでいる。そこが彼の魅力のひとつでもあります。

そういう意味では、続編をやるなら『ポニョ』より、むしろ『トトロ』のほうだろうと思いました。ある時期、実際に検討したこともあるんです。大きな台風がやって来た一夜、サツキとメイの一家に起きた出来事を描くというものです。けっこういい話になりそうだったんですけど、肝心のトトロが出てこないので頓挫しました。ただ、その後あらためて美術館用の短編として『めいとこねこバス』を作ることになります。

映画にするつもりはまったくなかった

そういったもろもろのことを考えると、僕としては続編の企画にはいまひとつ乗り気になれなかった。そこで、逆提案した企画が『風立ちぬ』だったんです。もとになったのは、宮さんが模型雑誌に連載していた漫画で、零戦の設計者、堀越二郎の物語でした。宮さんはこれまでも映画制作の合間に、こういう飛行機や戦車の漫画を描いてきました。でも、それはあくまで趣味、道楽の延長。映画にするつもりはまったくなかった。

僕はそこに目をつけたんです。昔から宮さんは、何かというといつも戦闘機や戦車の絵を描いていました。アトリエの本棚には戦争にまつわる本や資料が大量に並んでいて、兵器に関する知識は専門家も顔負けです。その一方で、思想的には徹底した平和主義者で、若い頃からデモに参加して「戦争反対！」と叫んできた。大矛盾ですよね。そこで、僕はあるとき思ったんです。これって宮さんだけの問題なんだろうか？　もしかしたら、戦後の日本人、みんなが抱えてきた矛盾なんじゃないか？

僕は宮さんより八歳下で、戦後の生まれですけど、やっぱり戦闘機の絵をよく描いていたし、当時の子ども雑誌には太平洋戦争の架空戦記物がいっぱい載っていた。戦後、民主化が進み、多くの人が戦争反対を唱える一方で、社会の中には根強く戦争への関心が続いてきたわけです。

この戦争に対する相反する感情を、何らかの形で解消するような映画を作れたら、世に問う意味があるんじゃないか——そんなことを話しながら、『風立ちぬ』の映画化を提案したんです。

宮さんは決断が早い人で、極端にいえば、これまでだいたい三秒で企画を決めてきました。ところが、このときばかりは考えこんでしまった。最初に提案したのが夏のこと。それから宮さんの中で葛藤が続き、暮れになってようやく「やろう」ということになりました。

幻の重慶爆撃シーン

主人公は、純粋に美しい飛行機を作りたいと願う青年です。ところが、時代は大正から昭和へと向かう激動の時代。不景気、貧乏、病気、大震災に加えて、戦争の足音も忍び寄ってくる。飛行機づくりを職業にすれば、必然的に軍用機を開発することになります。飛行機は「美しい夢」であると同時に、人を殺す道具にもなる。当然、彼の中には葛藤が生じるはずです。そのせめぎ合いの中で、青年はどう生きたのか。テーマはそこに収斂していくはずでした。

具体的にいえば、二郎が戦闘機を開発する過程だけでなく、その戦闘機が戦場で何をしたのかを描かなければいけなかった。彼の作った零戦の最初の任務のひとつが、中国の重慶への爆撃でした。スペインのゲルニカ爆撃に続く、世界でも最初期の無差別爆撃です。そこから世界中で都市への無差別爆撃が行われるようになり、現代でも市民を犠牲にする空爆が続いています。その始まりとなったのが重慶爆撃であり、零戦だったわけです。たぶん、重慶爆撃をきちんと描いた映画はこれまでなかった。それをやるのは意義があるし、宮さん自身がやるべきだと言っていた。

ところが、絵コンテを描き進め、そのシーンまで来たとき、宮さんは激しい葛藤に苦しむことになりました。ひとつには、そのシーンを描いたら、お客さんがどう受けとめるかということです。爆撃によって人々が無惨に殺されたあと、二郎が何を言おうとも、共感を得るのは難しいでしょう。

一方、僕としては中国の反応が心配でした。そこで、この映画の製作者でもあった日本テレビの故・氏家齊一郎会長に相談に行きました。率直に「どう思いますか」と尋ねると、氏家さんは力強く「敏ちゃん、やるべきだよ」と言ってくれた。それで僕としては踏ん切りがついた。氏家さんの言葉は宮さんにも伝えました。

「来て」が「生きて」に

ところが、宮さんの中にはもうひとつ別の葛藤があったんです。絵描き、技術者としての悩みでした。零戦が編隊を組んで戦場へ飛んでいくシーンを何枚も描くものの、どうしてもうまく描けない。あるアニメーターを呼んできて、試しに画面設計を頼んでみたりもしました。それでも満足のいくものはできなかった。もがき苦しんだ結果、宮さんは爆撃シーンそのものをなくす決断を下しました。

自分が生みだしてしまったものの恐ろしさを知ったとき、技術者は何を思うのか？　二郎のやったことというのは、ある意味では核兵器を作りだした物理学者と同じですよね。科学技術の功罪というのは難しいテーマです。それでも、宮さんなら何とか表現してくれるんじゃないかと期待していた。実際、宮さんはぎりぎりまでがんばって、辿り着こうとした。

そもそも『風立ちぬ』は不思議な構造を持った映画です。実在の人物、堀越二郎の半生と、堀辰雄の恋愛小説『風立ちぬ』、まったく異なる二つの物語をひとつに合体させてできています。さらに、当初は二郎と本庄との友情物語を描こうという意図もあったりして、実際、前半はその要素も強く出ている。でも、それは途中でフェードアウトしていき、後半はがらりとトーンが変わって、菜穂子の病気と、ラブストーリーが話の中心になっていきます。

そしてラストシーン。無惨に破壊された零戦の残骸の前に二郎は佇む――それが宮さんの辿り着いた答えでした。

絵コンテでは、そこで菜穂子が「あなた、来て」と、二郎をあの世に誘うことになっていました。あまりにもつらい終わり方です。そこで、宮さんに相談したところ、最後の最後に、「あなた、来て」が「あなた、生きて」に変わった。たった一文字「い」を入れるだけで、まるで逆の意味にしたんです。あの手際には本当に感心しました。

ユーミンの『ひこうき雲』

これまで宮さんの作品は、数々の主題歌に彩られてきました。ただ、今回は早い段階から本人が「主題歌はなし」と言っていたんです。映画の性質上、娯楽要素を減らしたいという気分は僕にもよく分かりました。

ところが、制作も終盤に入った二〇一二年の年末、僕がユーミンと公開トークショーをやるという企画が持ち上がりました。彼女のデビュー四十周年を記念して『日本の恋と、ユーミンと。』というベストアルバムが出るのと、『魔女の宅急便』のブルーレイディスクが発売されるタイミングが偶然重なったのです。

見本盤のＣＤをいただいて、通勤の車の中で聴いていると、最後に『ひこうき雲』が入っていました。久しぶりに聴いてみて驚いたのは歌詞の内容です。空に憧れた〝あの子〟が、若くして亡くなってしまい、ひこうき雲となって空をかけていく――なんだ、これ⁉ 菜穂子じゃないか！

聴けば聴くほど、この映画の主題歌としか思えなくなってくる。そこで、トークショーの前日、宮さんにも聴いてもらうことにしました。

「宮さん、これ聴いてもらえます？」。僕がｉＰａｄで『ひこうき雲』を流すと、「なにこれ、主題歌じゃん」と宮さんもびっくりしています。

というわけで翌日、僕は早めにトークショーの会場に入って、ユーミンと話をしようと待ち構えていました。ところが、ぎりぎりまでいろんな支度があって、二人で話をする時間がなかった。こうなったら仕方がない。トークショーの最中に話してしまおうと思って、「いま僕らが作っている映画があって、それに『ひこうき雲』を使えないかなと思っているんですよ」と切りだしたんです。そうしたら、ユーミンも「鳥肌が立ちました。光栄です」と言ってくれて、とんとん拍子で話が進んでいくことになりました。

その翌日のこと。宮さんが自宅のそばの森で地元の人たちとゴミ拾いをしていると、みんなから「ユーミンの歌が主題歌になるんですね」と言われて、狐につままれたような気分になったそうです。「ユーミンへの公開オファー」が新聞やネットでニュースになって伝わっていたんですね。宮さんはスタジオへやって来るなり、「鈴木さん、もうしゃべっちゃったの!?」と言ってました(笑)。

振り返ると、『魔女の宅急便』のテーマ曲を『ルージュの伝言』『やさしさに包まれたなら』に決めたときも、たまたま会議の前日、僕がユーミンのコンサートに行っていたのがきっかけでした。映画を作っていると、よくこういう偶然に助けられます。

庵野秀明に主人公の声を

庵野秀明に二郎の声をやってもらうことになったのも、偶然の賜物。二郎役について、宮さんが挙げていた条件は、滑舌がよく、高い声で、早くしゃべる人。それをもとに録音監督がいろんな役者さんの声を集めてくれたんですが、なかなか宮さんのお眼鏡に適う人がいない。人選が難航し、もう決めないと間に合わないというぎりぎりの日になってしまいました。

その打ち合わせの最中、宮さんがちょっといらつき始めたとき、神様が降りてきたみたいな感じで、僕はふと「庵野……」と呟いていました。

じつはその前の晩、ドワンゴの川上量生さんが、「ちょっと行っていいですか。庵野さんもいっしょです」と言って十二時すぎに相談にやって来たんです。もちろん、そのときは庵野に声をやってもらおうなんて、いっさい考えもしなかった。ただ、意識下に彼の声が残っていたんですかね。気がついたら、彼の名を口にしていたんです。

宮さんは冗談だと思ったみたいで、「ふーん、庵野ですか」と言っていました。でも、一呼吸おくと、急に真顔になって、「庵野の声ね。いいかもしれない」と言いだした。そこで、さっそく庵野に連絡して、テストで録音してみることになりました。

「君たち、ひもじくない？　これを食べなさい。そこの店で買ったばかりのシベリヤです」。庵野に台詞を読んでもらったところ、一発オーケー。宮さんは大喜びです。庵野は庵野で「宮さんに頼まれちゃ断れない」と微苦笑を浮かべていました。

庵野っておもしろい男で、普段は口を閉じてしゃべる癖があるので、何を言っているのかよく分かりません。ところが、取材など公式な場では、滑舌よくはっきりしゃべる。二種類のしゃべり方を持っているんです。映画のときは滑舌よく、非常にいい演技をしてくれました。

菜穂子をやってくれた瀧本美織ちゃんの声もよかったですね。もともと彼女は『かぐや姫の物語』のヒロイン候補の一人でした。すごくうまくて、高畑さんも気に入っていたんですが、むしろ菜穂子のほうが向いているんじゃないかということで、高畑さんから推薦されたんです。不思議な子で、日常会話や、『かぐや』のテストではぜんぜん違う声でしゃべっていた。ところが、菜穂子の映像を見ながらやると、役になりきって、ああいう声になるんです。天性の女優なんでしょうね。

じつは、高畑さんと宮さんが選ぶヒロインには、ちょっとした因縁があるんです。『赤毛のアン』のとき、最終候補に残った一人に島本須美さんがいました。宮さんは島本須美さんを推したんですけど、高畑さんが最終的に選んだのは山田栄子さん。声の透明感よりも、現実感を重視したんでしょうね。一方、宮さんはその直後に作った『ルパン三世　カリオストロの城』で、クラリス役に島本須美さんを選んだ。瀧本美織ちゃんをめぐっても、そのときと同じことが起きたんです。

偶然ということでいえば、もうひとつ記憶に残っているのが震災のこと。宮さんが絵コンテで関東大震災の場面を描いたまさに次の日、東日本大震災が起きました。スタジオ中、みんながショックを受け、「このシーンは描けない」というスタッフもいました。宮さんも直後は相当悩んでいました。たしかに今回の震災は悲劇だし、つらい思いをした人も多い。けれど、関東大震災は歴史的事実。シーンとして必要だったし、僕としては自主規制したくなかった。宮さんもやがて意を決し、そのまま描くことになりました。

ちなみに、関東大震災の地響きをはじめ、零戦のプロペラ音や、機関車の蒸気音などの効果音は、人間の声を加工して使っています。そのアイデアの元になったのが、美術館用の短編『やどさがし』です。すべての効果音をタモリさんと矢野顕子さんに声で演じてもらったんですけど、これがじつにおもしろかった。そうやって短編で試した上で、長編に採り入れる。その点、宮さんは実験精神に富んでいると同時に、慎重でもあります。『ポニョ』を作る前にも、『水グモもんもん』という短編で、水中世界の描き方を試していま す。

引退発表、そして撤回

『風立ちぬ』が追い込みに入った頃、時を同じくして、高畑さんが足かけ八年作り続けてきた『かぐや姫の物語』のほうも終わりが見えてきました。『かぐや』の担当プロデューサー、西村義明から報告を受けた僕は、高畑さんのところへ向かいました。

同日公開となれば、二本立てだった『火垂るの墓』と『となりのトトロ』以来、二十五年ぶりです。師弟として、ライバルとして、長い間、日本のアニメーションを牽引してきた二人が、最後になるかもしれない作品で競演する。そうなれば、大きな話題になるのは間違いありません。

同日公開のプランを話すと、高畑さんは「そうやって作品を煽るんですか？」と聞いてきました。僕は率直に「そうです」と答えました。これだけ時間も予算もかけて作ってきた大作。やっぱり多くの人に見てもらいたい。でも、高畑さんは、そういう仕掛けには乗りたくないという。結果的に、その後『かぐや』の制作は遅れ、同日公開は断念せざるをえなくなりました。

『風立ちぬ』は興行収入百二十億円をあげ、二〇一三年のナンバーワンヒット作となりました。それにもかかわらず、劇場公開だけの収支でいえば、回収ラインに達しませんでした。高畑さん、宮さんが本気で映画を作ると、それぐらいの制作費がかかるようになっていたんです。

映画が完成すると、宮さんはすぐに「引退発表をしたい」と言いだしました。そして、社員を集めて、みんなの前でただ一言、「もう無理です」と語りました。それ以上、何も言わなかったし、みんなも聞かなかった。『風の谷のナウシカ』から数えて二十九年、宮さんは堪るかぎりの力を尽くしてがんばってきた。僕も引き留める気はありませんでした。

ただ、すぐに引退会見をすることには反対しました。映画の公開前に発表してしまっては、「引退」を宣伝材料として使う形になってしまう。それはよくないと思ったんです。そこで、はやる宮さんを説得して、上映が一段落する九月まで待ってもらうことにしました。

ところが、その「引退」の決意も、日がたつにつれて徐々に薄まってくるんです。会見前日には「長編からの引退」ということになっていた。短編は作るということです。

振り返ってみれば、あのときの僕の判断は甘かった。これだけ長く付きあってきたにもかかわらず、宮さんという人を見誤ってしまったんです。口では「引退」と言っても、心の深層にあるものは違う。どこかでそう感じていたはずなのに、冷静さを失ってしまった。僕自身が、老後の楽しみにとっておいたいろんなことをやりたかったこともあって、ひとり芝居をやってしまった気もします。「映画監督に引退はない」と言っておきながら、うっかり騙された自分に腹が立ちます（苦笑）。

一方、高畑さんだけはこうなることを見抜いていた気がします。『かぐや』の公開後、『文藝春秋』で鼎談の最中、高畑さんは、こう言ったんです。「宮さん、引退するって本当なの？」。そうしたら、宮さんは「いや、あれは鈴木さんの陰謀で……」と言いだした。そのときから、すでに引退撤回は始まっていたのかもしれません。

次回作は『君たちはどう生きるか』

そして、美術館用の短編『毛虫のボロ』を作るうちに、宮さんの中で長編への意欲が湧き上がってきた。その制作過程を追ったＮＨＫのドキュメンタリーの中で、宮さんが引退撤回を口にするのを見た方も多いでしょう。さらには、本人が半藤一利さんとの対談の中で、新作のタイトルは『君たちはどう生きるか』だと漏らす始末……。

宮さんが敬愛する作家、堀田善衞《よしえ》さんが、最後の全集のあとがきにこんな意味のことを書いています——日本社会は放物線を描くように大衆消費社会に変貌した。人間は物を作る人から、消費する人になり、文学までもが娯楽化=情報化され、消費の対象になっている——。

吉野源三郎さんの『君たちはどう生きるか』が、いまあらためて読まれているのは、そういう現代社会への反動でしょう。映画の内容と、吉野さんの本との間に直接的な関係はないんですが、宮さんがそのタイトルを持ってきたとき、僕は感心したんです。タイトルを見た関係者の中には「古くさい」と言う人もいました。でも、僕は逆に「この人はまったく古びてない」と思った。世の中が閉塞感に覆われて、これ以上どこにも行けない雰囲気が充満する中、このテーマにはぜったい多くの人が興味を持つはずです。

まだ詳しい内容は言えませんが、絵コンテを見るかぎり、宮崎駿は健在。まるで永遠の少年のようです。現場で活き活きと働く宮さんを見ていると、『風立ちぬ』というリアリズム作品じゃ終われなかったんだなと、つくづく感じます。やっぱり宮崎駿の真骨頂はファンタジーにある。

文学や映画を志す人たちって、若い頃にとてつもなく大きなテーマを掲げるものです。そして、作品を作りながら必死にあがく。でも、なかなかテーマを消化することができない。たとえば、『もののけ姫』がそういう作品でした。テーマが大きすぎたがゆえに、映画の完成度としては高くないかもしれない。けれど、作家が必死であがいているさまが伝わり、お客さんの共感を呼んだ。『風立ちぬ』にもそういう面があったと思います。そして次の作品に向けて、宮崎駿はまさにもがき苦しんでいる最中です。

作家が苦しんでいるのを見ると、プロデューサーとしてはワクワクしてくるんですよ。宮さんのおかげで、あらためて気づきました。やっぱり作品づくりはおもしろい――。

思い出のマーニー

僕にGMは向いていない

『風立ちぬ』の制作が進んでいたある日、麻呂（米林宏昌）が僕の部屋にやって来て、不意に言いだしたんですよ。「監督をやりたいです」って。僕はそれを聞いて、びっくりしました。

『借りぐらしのアリエッティ』が終わったあと、麻呂とは次回作の話はいっさいしていませんでした。というのも、完成後の打ち上げの席で、彼の奥さんから「二度と監督はやらせないでください」と言われてしまったからです。たしかに麻呂はがんばった。でも、そのおかげで家庭は滅茶苦茶になってしまった。「自分の旦那には家庭人であってほしい」。彼女の気持ちは分かります。そんなわけで、麻呂の監督で作ることはもう難しいかなと思っていたんです。

ところが、彼のほうから「やりたい」と言ってきた。いちばん最初に聞いたのは、「奥さんは大丈夫？」ということです。「それはちゃんと話し合いました」と言います。「じゃあ、何かやりたい企画はあるの?」とたずねてみたら、これといって企画は持ってないんです。ただ、もういちど監督をやりたいというんですね。「アリエッティでやり残したことがあるので……」と言う麻呂に、「そうだったんだ」と答えつつ、僕は頭のもう一方で宮さん（宮崎駿監督）の言葉とスタジオの未来について考えていました。

というのも、その頃すでに宮さんは引退を心に決めていたんです。そして、『風立ちぬ』と『かぐや姫の物語』を作り終えたら、「スタジオとしても、いちど制作を休止しよう」という話を持ち出していました。宮さんの気持ちはよく分かりましたし、いろんな意味で新作の制作が難しい状況になっているのもたしかです。僕としても宮さんの意向に反対するつもりは

ありませんでした。

ただ、休止するとしても、ジブリには常雇いのスタッフが大勢いて、彼らの行き先などを考えると、いきなりやめるわけにもいかない。会社を〝整理整頓〟するための準備期間が必要です。それには、もう一本映画を作りながら進めていったほうがいいという考えもありました。

そういう事情を抱えていた中での麻呂からの申し出だったわけです。そこで僕は、「じゃあ、これをやってみる?」と言って、本棚に置いてあった『思い出のマーニー』を差し出しました。僕はこの原作が好きで、映画化についてもこれまでたびたび考えていたんです。「知ってる?」と聞くと、麻呂は「知らないです」と言う。

麻呂はもともとあんまり本を読む人間じゃありません。ただ、アニメーターとしての腕はずば抜けています。とくに、女の子の絵を描かせたら右に出る者はいません。しかも、顔をかわいく描くだけじゃない。手でしなを作ったりする仕草なども含めて、本当に魅力的に描く才能を持っている。その一点でいえば宮崎駿もかなわないほどです。そこで僕はこう提案してみました。

「麻呂って、女の子を描くのが得意じゃん。この作品には女の子がふたり出てくるんだよ。

麻呂にはうってつけの企画なんじゃないかな」。それで興味を持ったのか、彼は「ともかく読んでみます」と言って、本を持っていきました。

『アリエッティ』のときは読むのにすごく時間がかかって、宮さんや僕をやきもきさせた麻呂ですが、このときは一週間もたたないうちに読み終えて、また僕の部屋にやって来ました。「本としてはおもしろかったです。ただ、アニメーションにするのはものすごく難しいと思います」「だったら、他の企画にする？　でも、何かあるかなあ」「もう少し考えさせてください」というやりとりをしながら、ともかく『マーニー』の方向で企画を検討していくことになりました。

麻呂に対しては、「かわいい女の子が描けるぞ」という一点で押しましたけど、もちろん、この原作を選んだのには僕なりの理由がありました。ひとつには主人公のアンナとマーニーの関係をめぐるストーリーが非常におもしろいこと。もうひとつは、一九六〇年代にイギリスで書かれた作品でありながら、まさに現代の日本の子どもたちが抱える問題に直結するテーマを描いていることです。

心理学者の河合隼雄さんは、『子どもの本を読む』という著作の中で『思い出のマーニー』を採りあげ、この物語を「たましいの再生」という視点から読み解いています。

「アンナのような状態を理解するためには、われわれは、人間の心と体とを結び合わせ、人間を一個のトータルな存在たらしめている第三の領域——それをたましいと呼びたいと思うが——の存在を考えざるを得ない。アンナはそのたましいを病んでいたのだ」

しめっ地やしきという「たましいの国」で、マーニーと心を通わせることで、アンナはいかに癒されていったのか。河合隼雄さんの文章を読むと、この作品の持っている本当の意味が分かってきます。

この三十年ほどの間に、映画が描くテーマは人間の外面から内面に移り、〝たましい〟の問題を扱った作品がたくさん作られるようになりました。たとえば、『千と千尋の神隠し』が大ヒットした理由もそこにありました。そういう意味では、原作が持っているテーマを、現代人が抱える自我の問題としてきちんと描くことができれば、多くの人が見てくれるんじゃないか？　いや、それどころか、自我をテーマにした映画の中でも、極めつきの作品になる可能性もある——。

そのためには、まず何といってもシナリオが大事です。今回のテーマを任せるとしたら丹羽圭子しかいない。僕はそう考えていました。理由はふたつあります。

ひとつには、彼女がいまどき珍しい〝職業脚本家〟タイプの書き手であることです。最近は小説家だけでなく、脚本家も〝自己表現〟に向かう人が増えている。でも、彼女はそうじゃない。自分の言いたいことよりも、原作を活かしつつ、どうしたらおもしろい映画にできるかを職人的に追求する書き手なんです。

「今回の原作は普通に考えると映像化しにくい。麻呂もそう言っている。でも、映画はやっぱり絵だから、どうやったらうまくいくかを考えてほしい」。僕がそう注文すると、彼女からは「テーマは何にするんですか？」と質問されました。「いや、それはきみが考えてよ」と冗談まじりに返したんですけど、それこそが彼女にお願いしたもうひとつの理由なんです。なぜなら、彼女自身が自我の問題で悩んだ第一世代だからです。

おそらく彼女は「自我」にぶつかり、それを自分なりに克服してきた。その経験をもってすれば、アンナの心情を理解しつつ、それを客観的に突き放して書くこともできるんじゃないか？　そこで僕はこんなふうに話しました。

「原作の骨格そのものが、いまの人たちに非常に受け入れられるテーマを含んでいるんじゃないかな。ふたりの女の子のキャラクターの違いを出せたら、それだけでおもしろくなると思う」

実際、第一稿を読んで、つくづく感心しました。重く難しいテーマを扱いながら、それをカラッと明るい雰囲気に仕上げている。それによって思った以上の広がり感も出て、じつにいい本（脚本）になっていました。

最終判断は現場に任せる

そうこうするうちに『風立ちぬ』の制作も終わり、いよいよ本格的に『マーニー』の制作が始まりました。これまでジブリでは、ほとんどの作品のプロデューサーを僕が務めてきたわけですが、今後のことを考えると、休止前の一本は若い人が中心になってやったほうがいい。そこで、『かぐや姫の物語』でがんばってくれていた西村義明に、「『マーニー』のプロデューサーをやってみないか」と声をかけてみました。西村は八年間、青春時代をすべて『かぐや』に捧げた男です。その最後の追い込みに入っていたものの、「シナリオはもうできているし、こんどの作品はそんなにかからないから」と言うと、彼も安心したようで、「やってみます」と前向きになった。

というわけで、スタッフ編成や、制作現場の管理、宣伝など、プロデューサーの仕事は基本的に西村に任せることになりました。ただ、作品の要となる作画監督と美術監督の人選だけは、僕のほうでやることにしました。

まず作画監督には安藤雅司を起用しました。安藤はもともとジブリで育ったアニメーターで、『もののけ姫』と『千と千尋の神隠し』では作画監督として大活躍。その後、ジブリを飛び出して、いろんな現場を渡り歩いていたんですが、このときは『かぐや』のスタッフとして再びスタジオに通ってきていました。

作画監督としての能力は申し分ありません。ただ、麻呂にとっては先輩にあたるというのが唯一の気がかり。そこで麻呂に「安藤はどうかな?」と率直に聞いてみました。すると、「安藤さんがやってくれるなら心強いです」と言います。そこで安藤にも話を持ちかけると、さっそく本を読んで、乗り気になってくれた。ただ、ひとつ希望があるというんです。自分で納得した上で絵を描きたいから、シナリオや絵コンテにも関わりたいということでした。そこは麻呂との話し合いということにして、とりあえず作業に入ってもらうことになりました。

美術監督のほうは種田陽平さんにお願いしました。種田さんは実写の美術では以前から高い評価を得ていた人です。ジブリとは「借りぐらしのアリエッティ×種田陽平展」などの展覧会で、すでにいっしょに仕事をしたこともありました。彼に加わってもらえば、アニメーションの美術に何かしら新味をもたらしてくれるかもしれない。そう考えて話してみると、彼も興味を持ってくれて、二つ返事で加わってくれることになった。

シナリオは丹羽圭子。画の要には安藤雅司と種田陽平を迎えることができた。これだけのメンバーを揃えれば、まず大丈夫。あとは若い世代がどういうものを生みだしていくのか、ちょっと上のポジションから見てみよう——そんな気分が僕の中にはありました。

それで肩書きもプロデューサーからGM（ゼネラルマネージャー）に変更したんです。じつはちょうどその頃、落合博満さんが中日ドラゴンズの監督を退いた後、GMに就任していました。そこで「よし、おれもそれでいこう」と思ったんです（笑）。事の次第を報告したら、落合さんは「監督よりGMのほうがおもしろいぞ」と言ってくれました。

ただ、この映画にとって、僕がGMに退いたことがよかったのかどうかは微妙な問題です。というのも、あがってくる絵コンテを見ていると、どうも僕が思っていた方向とはずれてきている。具体的にいうと、シナリオ第一稿と比べて、台詞が格段に増えていました。びっくりして、西村に「どうしてこんなに増えたの？」とたずねると、安藤の提案で、原作をより反映する方向で変更を加えていった結果だという。

これは推測になりますが、たぶん安藤としては芝居に理屈を付けたかったんだろうと思います。彼は「正しく描く」ことにどこまでもこだわるタイプの絵描きです。デッサンも動きも芝居も、辻褄の合わないものは受け付けません。それが今回は絵だけでなく、物語のほうにも及んできた。

　そもそも映画の中である出来事を描くときは、ふたつのやり方があります。ひとつは、絵を見ていけば何となく分かるだろうという考え方。もうひとつは、台詞できちんと説明する方法。そのせめぎ合いが、麻呂と安藤の間で起きていたようなのです。ただでさえ、監督と絵描きの関係は難しいものです。宮崎駿と安藤が組んでいたときも、たえず緊張関係がありました。

　僕は現場に任せた以上、中途半端に口を出すのもよくないと考えましたが、最終的にできあがってきた完成稿を見たら、台詞が最初の倍ぐらいになっていました。僕がプロデューサーであれば麻呂に直接意見を言うところですが、今回はプロデューサーの西村のほうに意見を言うことにしました。

「原作の要素をより強く出したのは分かる。でも、どうなんだろう。それによって映画として大事な部分が失われていないか？」

　正直な感想を伝えた上で、あとは西村の判断に任せることにしました。

　そんなふうにして、その後も要所要所で参考意見は言いながら、最終判断は現場に任せるという形で進めていくことになりました。

たとえば、音楽。それまでジブリは久石譲さんと組んで大編成のオーケストラによる厚みのある音楽を使ってきました。そもそも、日本の映画音楽で本格的にオーケストラを使うようになったのは、たぶん『風の谷のナウシカ』からです。それまではもう少し薄い音楽が多かった。そろそろ映画音楽も時代に合わせて変わっていいんじゃないか。そんなふうに思っていたんです。実際、『アリエッティ』のときにも、フランスのセシル・コルベルさんにお願いしてハープのシンプルな音を使ったりもしていました。

そこで、「思いきってギター一本っていうのはどうかな」と麻呂に提案してみたんです。なにしろ主人公は少女ふたり。扱う題材も繊細。となると、音楽もあまり壮大じゃないほうがいい。極論するならギター一本。せいぜい足すとしてもピアノぐらい。僕が具体的にイメージしていたのは、『禁じられた遊び』でした。あの映画の劇伴は、全編ナルシソ・イエペスがギター一本で演奏しています。その音源をそのまま使うという手もあるんじゃないかと思ったんです。

ところが麻呂は、「ギターなら『アルハンブラの思い出』はどうでしょう」と言ってきた。僕もちょっとギターを弾くから、「う〜ん、アルハンブラか。トレモロね」と言いつつ、意図が違うんだよなあ……と思っていました。

というのも、僕としては杏奈とマーニーの関係というのは、ある意味では〝禁じられた遊び〟だと考えていたからです。音楽を使ってそういう面を醸し出していけば、いままでのジブリとは違ったイメージの作品ができるんじゃないかと思ったんです。おそらく麻呂にも潜在的にそういうものを描きたいという欲求はあるはずで、そこを引き出したいとも思いました。でも、そこでも過度の口出しは控えて、最終的には現場に任せることにしました。

音楽についていえば、主題歌を歌ってくれたプリシラ・アーンさんをめぐって、ちょっとした争奪戦も起きました。じつは僕らが『マーニー』を制作している頃、宮崎吾朗くんはジブリを離れ、ＮＨＫのテレビアニメ『山賊の娘ローニャ』を作っていました。そのとき、ジブリのファンであるプリシラさんが来日。ジブリ美術館でコンサートを行ったのです。それを聴いた吾朗くんと西村が、同時に彼女に主題歌を歌ってもらいたいと言いだした。『ローニャ』のほうでそういう話が進んでいることを聞いた僕は、すかさず西村に「すぐにアメリカへ飛べ。先に言ったもの勝ちだぞ」とアドバイス。西村は一泊三日の強行スケジュールで渡米。彼女と会って約束を取り付けてきました。

それを知った吾朗くんからは、「こちらでも検討していたのにひどいですよ」と言われてしまいました。そこで思い出したのが、『千と千尋』で湯婆婆を演じてもらって以来、交流が続いていた夏木マリさん。「ちょっと聴いてみて」と送ってくださった新曲のデモテープを聴いてみると、じつにいい歌なんです。これはローニャにぴったりだなと思って吾朗くんに渡したら、彼も気に入ってくれて、何とか事なきを得ました。

声優の人選では、僕からは松嶋菜々子さんを推薦しました。彼女とは偶然ひょんなところで知り合いになって、「アフレコって興味あります?」と聞いたら、「ぜひやりたいです」といいます。「じつはいまこんな作品を作っていまして」と説明すると、とんとん拍子で出演してくれることになりました。演じてもらったのは杏奈の養母の役。「せっかく松嶋さんが出てくれることになったんだから、美人に描いてよ」と麻呂に頼んだんですけど、「いまから変えるのは……」と言われてしまいました(苦笑)。

『マーニー』に関しては、宣伝もなかなか思惑通りには行きませんでした。本当は宣伝も西村に任せるつもりだったんですが、彼のほうから「制作で手一杯なので、宣伝はお願いします」と言ってきた。そこで僕が乗り出すことになりました。

『君の名は。』のヒットの仕方を見ても分かるように、いまや広告の匂いがするものは嫌われて、SNSによる口コミが宣伝の主流になっています。その傾向は、『マーニー』のときにも一部起こりつつありました。それを感じていた僕は、宣伝チームにその点を強調しました。リアルな世界でいかに〝ネタ〟を作り、それをどうやってソーシャルメディアのほうに流して話題にしていくか。「今回はそのやり方の試金石になる」と言っていたんです。

宣伝においても、そうやって方針を伝えるに留めて、あとは若いスタッフに任せることにしました。そうすれば伸び伸びといろんなアイデアを試してくれるだろうと期待していたんですが、結果的にはうまくいきませんでした。まだ昔ながらの宣伝が一定の有効性を持っていたこともありますけど、いちばんの原因は、映画の宣伝に関わる人たちがネットやソーシャルメディアに疎かったこと。その点についていえば、年齢はあまり関係がないようで、残念ながらおもしろい展開はできませんでした。

ファンタジーはどこへ行くのか？

というわけで、『マーニー』については、本当は自分がどう思っていたかという話ばかりになっちゃうんですけど、そういうポジションで映画に関わると決めたのも自分だから、これればっかりは仕方がないですね。

完成した映画を見たときはやっぱりちょっと不満でした。

「最初にやろうとしたマーニーとはずいぶん離れていると思う。原作を尊重するって、こういうことなのかな？」

西村にも麻呂にも、率直な感想を伝えました。もちろん、麻呂には演出の能力がある。スタッフもがんばりました。だから、一定のクオリティは保たれています。ただ、一本の映画として、ある種の中途半端さが生じてしまった感は否めません。

とここまで話してきてわかったことがあります。僕にGMという仕事は向いていない。監督と四つに組んで仕事をする、それしか自分には出来ない。それが現実でした。麻呂、西村、そして安藤、気にさわったらごめん。

興行面については最初から難しいと思っていたので、三十五億三千万円という数字は大健闘だったと思います。

興行的に難しいと思っていた理由は、映画の出来や宣伝の問題とは別にありました。僕としてはもっと大きな問題、根本的に世の中が転換期に入りつつあると感じていたんです。具体的にいえば、アニメーションでファンタジーの世界を描き、そこから現実の世界を振り返るという手法――いわゆる寓話的な映画に、みんな飽き始めていた。制作を休止するという判断は、直接的には宮さんの引退が理由ですが、背景にはそういう世の中の動きを感じていたことがあったんです。

そんな中で『マーニー』が健闘したのは、ひとつには関係者の努力と、これまでジブリが培ってきた信頼のおかげだと思います。もうひとつは、中年のおじさんたちにこの作品を好きだという人が多かったことです。これには僕もびっくりしました。

でも、考えてみれば、その理由も分かる気がします。中年になると、誰しも自分の先行きが見えてくる。やっぱり見通しの明るい人というのは限られていて、そうじゃない人のほうが圧倒的に多い。僕の知るかぎり、人生がうまくいっている人でこの作品をいいと言った人はいません。先行きが見えちゃった人たちが、この映画を気に入ってくれた。たぶん、この作品には弱者に寄り添う優しさがあるからです。

逆に、若い人たちは力強くなってきていたから、そちらにアピールするのは難しかった。彼らはより〝現実〟に目を向けるようになってきている。それがいまはエスカレートしてきて、上の世代がやって来たことをすべて否定し始めています。

いまの若い人たちは、ドラマの中にある〝嘘〟を欲していないんです。昔だったら、

「えっ!?」という意外な展開に喜んでいたはずが、もうそういうことには驚かない。物語そのものを信じていないのかもしれません。

現実を動かす原則しか信じない。空想の中に流れる原則は信じない。

サン＝テグジュペリは「ほんとうに大切なものは目に見えない」と言いましたけど、それはみんなが目に見えるものしか信じない時代だったからですよね。一方で彼は、「人類が最後にかかるのは、希望という名の病気である」とも言っています。目に見える現実だけを信じるのか、その向こうにある空想や希望を信じるのか。世の中はふたつの岸辺を繰り返し行ったり来たりしているようにも見えます。

たとえば、平安時代、貴族たちが信奉した仏教は現世御利益でした。ところが鎌倉になると一転、手に負えなくなった現実を前に浄土思想が広まる。現代も、がんじがらめの現実を前に、幸せはあの世にあると考え、「死にたい」と願う人が増えている時代なのかもしれません。世界で自爆テロが頻発するのは、じつはそういった深層心理のせいなんじゃないでしょうか。

かつてはファンタジーがそれを癒し、慰めてくれる存在だったと思うんです。ミヒャエル・エンデなどは、ファンタジーにはそういう機能があるんだと明確に言っていました。

一方でその考え方に疑問を投げかける人もいて、実際、映画の世界を見ると、その力は弱くなってきています。

ただ、宮崎駿は別です。彼の描く世界は、ファンタジーという言い方がそぐわないほど現実感があるからです。ひとつのシークエンスの中に起承転結があって、なおかつタメがある。静かな時間を作り、そこから急激に、力強くシーンが展開していく。その落差の中で、嘘の世界にすさまじいまでの現実感が生じてくる。それが子どもたちを夢中にさせてきたわけで、その影響力を考えると、むしろ怖くなるぐらいです。

ファンタジーはこれからどこへ進んでいくのか？　それは僕にも分かりません。ただ、この『思い出のマーニー』という作品は、現実の世界で苦しんでいる人たちに向けて、多少なりとも生きる励ましになればと思って立てた企画でした。現実的な解決策は示せないかもしれない。でも、「苦しんでいるのは、あなただけじゃないよ」と寄り添うことはできる。

余談になりますけど、宮さんという人は親切というのかお節介というのか、若手の作品にはこれまで必ず口も手も出してきました。それが今回はずっと我慢して現場に近づかないようにしていました。ただ、麻呂が最初に描いた第一弾ポスターを見たときだけは、我慢できなかったようで、「麻呂のやつ、こんな美少女の絵ばかり描いて！」と怒っていました。

ちょうどその頃、宮さんはジブリ美術館で開く「クルミわり人形とネズミの王さま展」の展示を作っていました。そのポスターとして主人公マリーの絵を描くことになったんですが、よく見るとマリーもマーニーと同じようなネグリジェを着ている。麻呂のマーニーはちょっとあやしげな笑みを浮かべて、どことなく媚びを売るような気配。それに対して、宮さんのマリーはすっくと立って、明るく前に向かって歩いている。「自分ならマーニーをこう描く」という宮さんなりの挑戦状になっていたんです。

宮さんはそういう人です。若手に対しても、常にライバル心を持って挑んでいく。引退宣言などどこ吹く風。その後は美術館用の短編『毛虫のボロ』の制作に取りかかり、とうとう長編の準備も始めてしまいました。

一方の麻呂は、『マーニー』のあと、ジブリを離れて、西村といっしょに新しいスタジオを立ち上げ、新作『メアリと魔女の花』の制作に取りかかりました。才能にあふれたアニメーターが、『アリエッティ』で演出の能力も開花させた。『マーニー』では、美術、音楽など、映画制作のすべてに積極的に関わることで、演出家としての幅を広げた。ウェルメイドな作品を作る力は折り紙付きです。ただ、自分のテーマを持って、物語の中で表現していく力は物足りない。

でも、僕はそういうスタイルの監督がいてもいいと思うんです。脚本家と同様、映画監督も昔は作家性や自己表現は要求されませんでした。職業的な演出家が、ウェルメイドな作品を数多く撮っていたんです。ところが、現代の映画監督たちは作家性を求められ、自己表現をしようと躍起になっている。それが日本の映画界をややこしくしている大きな原因だという気もします。常々言っているんですけど、シェイクスピアの戯曲はこれまで世界中で数え切れないほど上演されてきました。同じひとつのシナリオから、いろんな演出家が異なる作品を生みだし、観客もそれを楽しんできた。僕は映画も、もう少しそういう形に戻ってもいいんじゃないかと思うんです。

麻呂は新作について、「これからの時代を生きていく子どもたち、二十世紀の魔法がもはや通じない世界で生きる僕たち自身の物語だと思っています」と語っているそうです。職業演出家に徹するのか、その先の新しい領域に挑戦するのか。彼が向かう先を見るのを、いまは楽しみに待ちたいと思います。

最初で最後のジブリ特別鼎談

宮さん、もう一度撮ればいいじゃない

（『文藝春秋』二〇一四年二月号）

鈴木 このメンバーで鼎談なんて初めてですね。そして最後かもしれません（笑）。二〇一四年はジブリ創設三十年目にあたります。昨年は宮崎駿監督の『風立ちぬ』、そして高畑勲監督の『かぐや姫の物語』が公開され、宮さんが引退宣言するという忙しい一年でした。そこで三人、顔を合わせて話をしてみようというわけです。

（編集部の方を向き）……何か聞きたいことあります？

――まず宮崎監督に『かぐや姫の物語』、高畑監督に『風立ちぬ』の感想をうかがいたいのですが。

宮崎 『かぐや姫』を観たときにね、長く伸びた竹を刈っていたでしょう。筍というのは、地面から出てくるか出てこないときに掘らなきゃいけないんじゃないかとドキドキしたんですけど。

高畑 真竹だからあれでいいんですよ。孟宗竹だったら宮さんの言うとおりなんですけど、当時、孟宗竹は日本にまだ入ってきていない。ちゃんと調べたんです（笑）。

宮崎 そうですか……。あのね、監督同士というのはお互いの作品について、とやかく口を出してはいけないという不文律があるんですよ。

高畑 それでいいと思いますよ。それぞれの作り手によって違いがあるから、それでいい。

鈴木 でも、編集部が聞くのは勝手ですから。

高畑 まあ、それはそうですね。僕は『風立ちぬ』を多くの女性と同様に堀越二郎と菜穂子の恋愛映画だと思って観て、恋愛映画として納得しました。でも、これは言っちゃっていいのかな。映画の終盤に変わり果てた大量の零戦が並ぶシーンがありましたが、その前に、この大戦で何があったのか、客観描写でいいから描くべきだったんじゃないかなと思いましたね。

宮崎 それは僕も十分考えました。でも、そういうシーンを描くと、アリバイ作りのような気がして……。それでもうやめようと。

高畑　零戦が残骸になると同時にまず人間が、あんなに大勢死んだんです。ある一定の年齢より上の人はともかく、若い世代には、あの戦争がどういうものだったか分かっていない人がたくさんいる。だから、どういう形ででも描いてほしかった。でも宮さんが十分考えた上だとは思った。考えないわけないから。

宮崎　うん。零戦に関するドキュメント映像をたくさん観すぎたせいもあるかもしれないけれど、そういう証言や記録はいっぱいあるわけですね。そういうものにまったく触れずに、アニメーションだけで全部を観客に理解してもらうのは無理だろうと。棘になるだけだと思ったんです。当初の構想では、そういう場面を入れていたんだけど、零戦は日中戦争から終戦までずっと飛んでいますから、長くなってしまうんですね。

高畑　でも、ほんの短くても、どういうことがあったか思い出すだけの時間があってもよかったと思うね。

宮崎　パクさん（高畑氏の愛称）のような意見が出てくると思っていましたけど、それを描いたとして、零戦の設計者である堀越二郎の人間像が変わるかといったら、全然変わらないんですよ。

高畑　それはわかりますね。

鈴木　二人の作品が同じ年に公開されるのは、一九八八年の『となりのトトロ』、『火垂るの墓』以来ですね。もっともあの時は同時公開でした。そもそも公開年が重なったのは、本当に偶然なんですよ。何といっても、『かぐや姫』は制作に八年かかっていますからね。

高畑　いや、よくそう言われますが、八年間ずっと『かぐや姫の物語』にかかりきりだったわけじゃないんですよ。

今から五十年以上前の東映動画時代、内田吐夢監督で「竹取物語」の漫画映画化が計画されたときに企画書を書いたことがあったんです。それが、なぜか八年前のある日、鈴木さんの部屋に行った日の朝、突然頭に蘇ってしまった。「竹取物語ではなぜかぐや姫が月からやってきたか記されていない。しかし、月は清浄無垢な世界かもしれないが、地上の草木花という満ち溢れる自然の生命や人間の情感がない。だから、かぐや姫が地球に憧れる。こういう観点から撮れば、まったく新しい竹取物語になって面白くなるんじゃないか」と。

でも、そのときは、自分が監督するという覚悟はさらさらなかった。いい企画だから僕じゃなくても面白くなるだろうし、僕自身、王朝ものは好きじゃなかったし。

「このまま行くと、二十年かかる」

鈴木　高畑さんはこういう言い方をしていたんです。「竹取物語は日本最古の物語だから、誰かがしっかり映画化するべきじゃないか」と。そこで「高畑さんが、その誰かになりませんか」と言ったんですが、「わかった」とはいわないんですねえ。「はあ」と返事するだけ（笑）。そこでとりあえず当面は、企画の検討を続けようということになった。

いざ制作がスタートして、高畑さんが信頼する少数精鋭だけで進めるという、ジブリとしては異例の方法をとりました。少しずつでも作っていけば、そのうち完成時期が見えてくると踏んでいたのですが、担当の西村義明プロデューサーから「このままで行くと、二十年かかってしまうかもしれない」という報告があったんですね（笑）。それで大勢のスタッフを投入するという通常の制作方法に戻したのですが、そこからも長い道のりでした。はじめは『風立ちぬ』と同日公開する予定でしたが、どんどん遅れて十一月にまでズレ込んだ（笑）。

宮崎　ただ少数精鋭というのは言葉の嘘でね、自分にない才能をもつ人間はいっぱいいるけど、自分が望んでいるような精鋭は存在しない。今ここにいる人間でやるしかないんです。

高畑　今回の作品では、美術の男鹿和雄さんと、人物造形・作画設計の田辺修君がやってくれなかったらできなかった。でもその二人を支えてスタッフが本当によくやってくれました。男鹿さんの描く水彩の風景と田辺君の魅力的な線の絵、そして余白をできるだけ生かしてアニメーションをつくるという方向は十分達成できたと思います。

これまでジブリを支えてきた二人を前にして言いづらいんですが、作っていく過程で、僕にとって単に竹取物語を題材にした映画を作ればそれでいいのではなく、目指しているものを実現させなくては意味がない。そう思ってしまうと、どうしても進行という部分がいい加減になる。会社側からは「何やっているんだ」といわれても当然なんですよ。でも、こちらは答えようがないという感じになっちゃったんですね。

宮崎　いつもそうなんだ（笑）。毎週、放映するテレビシリーズを一緒にやっているときも、パクさんはこの調子で、プロデューサーをつかまえて、「この作品をテレビシリーズとして作るのがいかに無謀か。その理由は――」なんて、延々議論しているんです。もう制作が始まって、現場は動いているんですよ。早くこっちに絵コンテをくれよと言いたくなりました。

高畑　その頃から、いつも宮さんは先のことを考えるんですよ。「こんな時間のかかることをやっていてはダメだ」とか言ってたよね。僕なんかは「先のことを考えても、なるようにしかならないんじゃないの」というタイプ。そこが大きく違った。

鈴木　宮さんはどうしてそんなに先々のことまで考えられるんですか。

宮崎　アニメーションというのは共同作業ですからね。僕たちが時間をかけすぎると、次のパートを担当する人が困るじゃないですか。

たとえば長編の制作に入るときは、紙に線を引くんですよ。二〇一四年から準備に入るとすると、一五年、一六年くらいまで書いて、ここで作画に入る、このときはスタッフがどれくらい空いているか、というのをずっと書き込んでいく。すると、二年間の運命がもうはっきり分かってしまうでしょう。あとは日々進むだけです。その先のことはもう考えたくない。

鈴木　非常にストイックですよね。朝起きてからジブリのスタジオに来るまでに、たわしで体をゴシゴシして、散歩して、コーヒーを飲んでと、全部スケジュールが決まっているでしょう。絶対、僕にはできないもん。

宮崎　誰でも年を取るとそうなりますよ。僕の場合、自分の能力がどんどん剝げ落ちてきたから、規則正しい生活を送っていないと、仕事のペースが維持できない。

まあ確かに、パクさんはナマケモノですね。僕は勤勉です。ねっ？　鈴木さん。

鈴木　……（無言）。

宮崎　うんと言わないね（笑）。

高畑　宮さんがいうほど、僕はナマケモノだと思っていないけど（笑）。宮さんが勤勉すぎるんです。

ディズニー作品に受けた衝撃

鈴木　それにしても、二人がアニメを作り始めてもう五十年以上でしょう。高畑さんが東映動画に入社したのが一九五九年ですね。宮さんがその四年後に入ってきて。そして六八年に高畑監督の映画デビュー作『太陽の王子　ホルスの大冒険』。宮さんが原画で参加している。

高畑　一緒に『アルプスの少女ハイジ』などを作ったアニメーターの小田部羊一が言うには、「アニメーションの歴史は約百年。その半分を俺たちは見てきたんだね」と。

宮崎　当時、パクさんも僕ものすごく攻撃的でしたね。鈴木さんもそうだから、そこが三人の唯一の共通点かもしれない（笑）。

高畑　今の若い演出家やアニメーターたちは、新しい作品を作ろうと思っても、宮崎作品がすでに聳え立つ存在になっているから大変です。我々が若いときは、誰もやっていないことがたくさん残されていたからね。たとえばディズニーにはすごい作品がたくさんあったけど、自分たちの志向とは全然違っていたから、あまり気にならなかった。

宮崎　いや、僕は結構気にしていましたよ（笑）。自分たちの作品を作る前に、参考試写といって、ディズニー作品を借りてきてスタジオで上映会をしますね。観終わると、とぼとぼ自分の席に帰ってきて、自分の描いている絵を見て、「いやだな、情けないな」と思いました。この差をどうやって埋めていけばいいのかという……。

高畑　たしかに当時のディズニー作品はそのくらい完成度が高かった。さらに様々な革新的な試みをする。たとえば『１０１匹わんちゃん』では、鉛筆線をペンでトレースするそれまでの方法から、ゼロックスによるコピーに切り替えるんだけど、その前にまず短編を試作するんです。

宮崎　ディズニーで、シリー・シンフォニーシリーズという短編のシリーズがあるのですが、『風車小屋のシンフォニー』という作品があって、昔観てすごいと思った覚えがあります。観直してみたら、たいしたことなかったけど。

高畑　いやあ、『風車小屋』はすごいよ。マルチプレーンカメラという奥行きの出るカメラで撮影して、独特の効果を出している。まず短編でそういう実験をして『白雪姫』のような長編で使うんですね。

鈴木　宮さんも同じ事をやっていましたよね。ジブリ美術館で上映するアニメでいろいろ実験して。

宮崎　美術館で流す作品はお金を儲けることを考えなくていいでしょう。だから気楽なんですよね（笑）。たとえば、効果音をどんどん抜いたらどうなるか。すると、足音もいらない、草をかき分ける音もいらないと、抜けば抜くほど観やすくなるんです。これは発見でした。

昭和五十年代のラジオドラマを聞いてみると、ものすごく心地よく聞こえるんです。どうしたら、あの感じの良さが出るのかと考えていたら、効果音を少なくすればよかったんですよ。今は、神経質に音を入れすぎているのではないかな。

鈴木　タモリさんと矢野顕子さんに、効果音をすべて声で演じてもらった『やどさがし』という短編もすごかったですね。

高畑　それは日本の伝統文化に連なるものですよ。たとえば狂言では、ふすまを開け閉めするときに「さらさらさら、ぱったり」とか、石が川に落ちて水底につく音を「どんぶりかっちり」とか、全部声で、オノマトペで表現するんです。

宮崎　進化というと一定方向を向いているものだ、という思い込みがありますよね。でも僕は案外、そうでもないと思うんです。いろんな方向に枝分かれしていて一見、古かったり、単純に見える手法も、実は別の意味で進化させることが出来て、新しい表現になるかもしれない。ただ、それを全部長編で使うわけにはいきませんが。

高畑　『風立ちぬ』では零戦のプロペラ、機関車の蒸気、車のエンジンの音を、声で表現していましたね。

宮崎　今、零戦のエンジンを録ろうと思っても、音がないんです。今の飛行機を使っても、昔のエンジン音ではないし、ロクなものが録れない。再現するのは無理だから諦めて、声でやってしまおうという発想でした。マイクとスピーカーを上手く使えば相当色んな音が出るし、そっちのほうがいいと思ったんです。

高畑　あれは聞いていて面白かった。単なる音じゃないんですね。やっぱりそこに人間味が感じられるんですよ。特に効果的だったのは、エンジンの爆音や関東大震災の地響きの音。「鳴る」という言葉には、神の怒りに通じるものを感じるけれど、そういうものは人間の声を通すことによって、非常に効果的に表現できていたと思う。

鈴木　興味深かったのは音楽を担当した久石譲さんの指摘でした。効果音は音楽の邪魔にならないけど、人間の声でやると音楽とぶつかる、というんです。つまり、声で入れた効果音って一種の音楽でもあるんですね。

宮崎　あれは鋭い指摘でしたね。だから音楽とぶつからないよう、タイミングをずらしたり、音量を調整したり。『風立ちぬ』で関東大震災を描いたのですが、地震の音って何だろうと。東日本大震災が起きたとき、自分のアトリエで、じっとどういう音が聞こえるのかと耳を澄ませていたのですが、戸棚から物が落ちる音だけがやたら響くだけで、すごく静かだった印象があるんです。

高畑　今の話で思い出したのですが、僕が子供の頃、空襲に遭ったとき、空白の時間というのかな、不思議な間があるんですよ。焼夷弾がシャーーーッドカドカッとすごい音で落ちてくるのですが、そのあと、家などに燃え移ることもなく、ただあちこちで火が燃えているだけ。その何も起きない感じが、空襲のリアルな体験として残っている。

人間の感覚というのは非常に興味深くて、ただ肉眼や耳で感じ取ったことが、必ずしも現実と一致しているわけではない。逆に言えば、人間が実際に起きていること以上のことを感じ取っているともいえます。

宮崎　そういえば、モノクロ時代の日本映画を見ていると、部屋に何も置かれていない。ただ登場人物の立っているところが白く照らされているような不思議な空間を目にしますね。あのシンプルさに惹かれるものがある。僕はあまり映画やなんかを見ない人間なんですが、そうした映像の断片が時折、頭に浮かぶんです。

高畑　モノクロの画面の良さは復活させる価値があると思いますよ。

今回の『かぐや姫の物語』では、空間や陰影など、すべて描き込むのではなく、観る側の想像力や記憶をかきたてるスケッチ的な手法をとりました。ふつうのアニメーションだと観客はみな「絵」を本物そのものとして見ているんですね。でもスケッチ画を見るときには、それを描いた人が見ていただろう対象そのものを頭に浮かべようと努める。あえてラフなタッチで余白を残して、線の裏側に何が描かれているのか、観客の想像力を呼び覚まそうとしたんです。それが今回一番大変だったことでした。

宮崎　でも線をどう生かすかにこだわっていると、アニメーションは作れないんですよ。たしかに生き生きとしたラフ画を画面にしていくと良さを失うのは、僕らもよく経験することです。でも、ヘボな絵がそれなりに見えるようになるのも、アニメーションなんですよ。それが嫌だったら、アニメーションの仕事をやっちゃいけないと僕は思います。たくさんのアニメーターが集まって描くわけですから、線の良さにこだわっていると作業が進まなくなる。ある意味、絵の存在感が薄まるので、一人ひとりの責任も軽くなる。だからこそ気楽にできるという側面もあるんです。

高畑 でも宮さんが全面的にそう思っているかどうかは怪しいよね（笑）。今、思い出したのですが、テレビシリーズで『赤毛のアン』をやったとき、回想場面で宮さんがモノトーンに近い線画でやってくれたんです。見事でした。でも宮さん一人で長編すべてを描くわけにはいかない。宮さんはずっとバランスをとってやってきたんですよね。

鈴木 宮さんがどう思うかわからないけど、（新世紀エヴァンゲリオンシリーズ監督の）庵野秀明が、『風の谷のナウシカ』の続編を作りたいと言っているのですが、宮さんの描いた原作の線を生かしてできないかと。その着想のもとにはマンガの原作の線をアニメに生かした高畑さんの『ホーホケキョ　となりの山田くん』があるんですよ。

宮崎 それは絶対止めたほうがいい。よけいなことです。僕はもう線のタッチなんかにこだわりません。線をみせるために映画を作っているのではありませんから。

高畑 確かに宮さんの言うとおりなんだけど、今回の『かぐや姫の物語』ではその点をちょっと変えようという意図があったんです。「線の絵」のもつ力というのは、僕が絵画に関して以前から力説してきたことだから。最初の頃、スタッフは田辺君の線の絵を見て、「こんなの誰も描けないよ」などと言ってたけれど、作業を進めるにつれて、分業したにしては驚くほどの線の力が出せたんですよ。みんなほんとうによく頑張ってくれた。

宮崎　絵を描く立場からいえば、映画になったものをみて、失敗がごまかせていたり、ちょっとした油断がワーッと出てきたりして、そのたびに、一人でもがいているんです。自分では作り直したいと思うんだけど、ほとんどのスタッフは「どうしてそんな些細な部分を気にするんだ」、「もうこれでいいじゃないか」と思っているんですよ(笑)。

高畑　いや、でも、ひょっとしたら「宮さんも甘くなったんじゃないか」と思われているんじゃないかな。前はもっと怒っていたのに、とか。

宮崎　そうかもしれませんけどね。たとえば歩く場面一つとっても、毎日、人が歩いているのを見ていると、自分が頭で考えたのと全然違う動き、違うポーズをしているんです。ところが、多くのアニメーターは、自分でこういうもんだと思い込んだ絵を描いてくる。それを見ると、「何十年も、こいつは同じ絵を描いているのか。何を見て生きているんだ」と逆上してしまうんですよね。また腹が立つのは、こちらで直そうと思っても、自分も目が悪くなっているから、結構動きがガタガタしたりして、使い物にならないんです(笑)。

海外と日本では解釈が違う

高畑 宮さんの映画は海外でも人気がありますが、たとえば『魔女の宅急便』のような西洋の物語を撮っても、根っこの部分で日本らしさを感じますね。

鈴木 海外に作品を持って行っていつも思うのは、日本的なものほど海外に通じるのではないか、ということです。それは『もののけ姫』や『かぐや姫』のような古い日本を題材にしたものだけでなく、高畑さんが言われたような根っこにある「日本」にどうも反応しているようですね。

たとえば『ハウルの動く城』なんかも、フランス人などはあの城のデザインを見ただけでびっくりしていました。城というものは左右対称なものなのに、このゴチャゴチャしたデザインは、どこから浮かんでくるのかって。

宮崎 あれは建て増しの思想ですから(笑)。

高畑 『魔女の宅急便』の主人公キキが一時空を飛べなくなりますけど、この理由について、フランスの子供に聞いたら、なんて答えたかわかりますか。「トンボに恋したからでしょう」って。フランス人は理性というものを重んじるのですが、その理性の留め金を外してくれるのが恋愛なんですね。だから彼らは恋愛が好きなんです。

しかし、日本人に聞いたら、何も説明しなくても、魔女であることの疎外感というか、仲間はずれ、自分の居場所が見つからない辛さを感じるはずです。

宮崎 うーん。突然、絵が描けなくなるんです。それまでどう描いていたか分からなくなる。そういう経験ってないですか？　それは理由なしに突然来るものなんです。説明できないものですよ。

高畑 でもそうだとしたら、キキがまた飛べるようになる理由が変わってくるんじゃありませんか？

鈴木 そういえば、映画の中で、どうやって空を飛ぶのかと聞かれたキキが「血で（空を）飛ぶの」と答える場面がありますね。それに絵描きの女性が「魔女の血、絵描きの血、パン職人の血。神様か誰かがくれた力なんだよ」と返す。それについて、高畑さんと宮さんが言い合っていたことがありましたね。

高畑 「血」で説明するのはずるいと思ったんです。

宮崎 ほかに説明しようがなかったんです。でも、ありとあらゆる職業が血で決まっているはずはないもんね（笑）。

高畑　ハッハッハ。そうですよ（笑）。

宮崎　でも仕事という形で、社会とつながって精神的な安定を得るということは確かにあるんですよ。仕事という自分の役割を失うということが人間にとってどれだけ辛いことなのか。

高畑　今の話はよくわかる。キキが飛べなくなった理由に繫がる話ですね。

莫大な製作費は二人の退職金？

鈴木　これを言うとみなさん驚かれるのですが、『風立ちぬ』は昨年の興行成績ナンバーワンで百二十億円の興行収入に達したにもかかわらず、回収ラインに達していない。

宮崎　それを聞いて愕然とさせられましたね。ひとつの時代が終わったという気がしました。とにかく映画を作るのに金がかかりすぎるようになったのは事実ですね。

鈴木　よく考えてみると、この二作品で普通の日本映画の百本くらいの製作費がかかっている。この莫大な製作費は、お二人に対する一種の退職金かな。

『かぐや姫』の製作責任者は、故・氏家齊一郎日本テレビ会長です。氏家さんは高畑さんの作品に惚れ込んで、オレの冥土の土産に作品を作ってくれと協力してくれた。映画の完成をみることなく亡くなられたことは本当に残念ですが。

高畑　まったくです。僕なんかはもう、ありがたいとしかいいようがないですね。徳間書店の徳間康快社長もそういう存在でした。

鈴木　ジブリの作品で亡くなった方が最高責任者を務めるのは、今回の『かぐや姫』が二度目なんです。一度目は『千と千尋の神隠し』で、製作総指揮を徳間社長に務めてもらった。僕は全くの無責任で、亡くなられた最高責任者の下で働いているだけなんです。でも、このようなパトロンというべき人がいてくれたことは、ジブリにとって非常に幸運でした。その意味で『風立ちぬ』と『かぐや姫』のような映画は、もうちょっと作れないのではないでしょうか。

お互いの作品で一番好きなのは

鈴木　昨年、宮さんは引退を表明したわけですね。今後は自由に作れるわけです。この後、何をやろうとしているんですか。

宮崎　どういうことですか（笑）。

鈴木 商業映画から撤退したというだけでしょう。

宮崎 いやいや、長編アニメーションはもう撮らないといってるだけですから。

高畑 長編を撮ってもいいんじゃないの（笑）。『かぐや姫の物語』の記者発表のときに、宮崎さんの引退をどう思いますかと聞かれてね。

宮崎 そんなことをパクさんに聞くヤツが悪いんだ。

高畑 まったく。だけど僕は、「宮さんが引退撤回しても驚かないでください」といっておきました（笑）。そういう人でしょう。

宮崎 今、本当に空っぽの状態なんですよ。アイデアが頭を掠めても、活字にしようと思わない時期なんです。今は狭心症に付き合って、道楽で締め切りのないマンガを描いているだけです。

高畑 僕は新作の構想もあるし、機会があればまた撮りたい、なんて新聞に書かれたけど、本当はよくわからない。

鈴木 高畑さんは『かぐや姫』より前から、ずっと『平家物語』をアニメ化すべきだと唱えていますね。

高畑 ああ、あれは面白くできます。誰かが撮るべきものですよ。僕がやるとは言えないけれど（笑）。

映画はともかく、毎日を楽しんでいますよ。たとえば、どんどん葉っぱが落ちるのをみていても楽しい。隣の公園にいろんな鳥が来るのですが、時々珍しいのがやってくる。コゲラだとかね。それでもう嬉しいんです。

宮崎 僕もしょっちゅう散歩しています。その途中、近所にあるお墓にいって、両親をはじめお世話になった人を拝むんです。会ったことがなくても、書かれたもので、僕が目を開かされた方々のことも拝む。たとえば司馬遼太郎さんや、植物学者の中尾佐助さん、考古学者の藤森栄一さん。

高畑 それは敬虔な。僕はそんなこと考えたこともないよ。だってそういう人たちは、別に宮さんのために書いたわけではないでしょ。

宮崎 でも、恩義はありますから。だから散歩中に拝みはじめると、女房はさっさと先に行ってしまう（笑）。

高畑 そりゃ、そっちが普通ですよ。

宮崎 あとは、ジブリの託児所がアトリエのすぐ隣にあるんですけど、その子供たちが成長するのを見るのが楽しみなんです。名前と顔が一致していないチビがたくさんいるのですが、それがあるとき、突然、単なるチビではなく、ある確固とした存在として僕の目の前に現れたりするんです。そのときに油断しちゃいけないんです。

高畑　どういう風に対応するべきか？

宮崎　ただにっこり笑っていればいいわけじゃなくて、きちんと対応しないといけないんですよ。その瞬間に、子供の立ち居振る舞いは一変します。もう油断して生きてはいけないという張り詰めた感じになるのが面白いですねえ。その瞬間は逃すと、二度と来ないもんなんです。

高畑　老人として得がたい楽しみですね。

宮崎　ハッハッハ。この前、イギリスの「くるみわりにんぎょう」といういい絵本を、一人の女の子にあげたら気に入ってくれたんです。それで本物のくるみ割り人形がインターネットで買えることがわかって、その子にプレゼントしようと決めた。その話を女房にしたら、「うちの孫にも買って」って。孫は男の子なんですが、男にあげるのもどうかと思ったけど、さすがに抵抗できなかった。すると、いつの間にか周囲のスタッフの子供にもあげることになって、結局、八体も買うことになってしまったんですよ。

高畑　それは宮さん、平然と依怙贔屓《えこひいき》するべきでしたね。

宮崎　最初に僕がプレゼントしようとした女の子は、今度五歳になるんですが、僕に手紙を書いてくれたんです。「今度こっそりクルミを入れてみます。まだくるみ割り人形は夢には出てきません」って。本物といっても人形だからクルミを入れると壊れちゃうんですよ。でも彼女は入れたくてしょうがない。「まだ夢には出てきません」という言葉もいいでしょう。

鈴木　最近、僕は、これまでの全ジブリ作品をブルーレイで作るために、全作品を見直しているんです。

高畑　どれが面白かったですか（笑）。

鈴木　それがどうしても当時のことを思い出してしまって、作品に入り込めないんですよ。だから世の中で僕がいちばんジブリの面白さを分かっていない可能性もある（笑）。最後に聞いてしまいますが、お二人は、お互いの作品で何が一番好きなんですか？

高畑　僕は『となりのトトロ』が一番好きですね。

宮崎　『アルプスの少女ハイジ』ですね。僕も参加したし、他のスタッフも努力したけど、やはりあれは高畑勲が作り上げたものですよ。もっとちゃんと評価されてしかるべきなのに誰も評価していないから、頭に来ているんですよ。

高畑　僕のことはどうでもいいんだけど、『ハイジ』は「天の時、地の利、人の和」、この三つがすべて揃った。

宮崎　一生涯に一度あるかないかのことですよ。でもスケジュールはむちゃくちゃで、今日、外注の仕事を回収しなければ間に合わないという日に大雪が降った。タイヤのチェーンが買えない、どうしようと大騒ぎしたこともありました。でもああいう作品に出会えてよかったですね。

スタジオジブリ年表

1984年3月	「風の谷のナウシカ」（宮崎駿監督）公開
1985年6月	（株）スタジオジブリが吉祥寺で生まれる
1986年8月	「天空の城ラピュタ」（宮崎駿監督）公開
1988年4月	「となりのトトロ」（宮崎駿監督）、「火垂るの墓」（高畑勲監督）公開
1989年7月	「魔女の宅急便」（宮崎駿監督）公開
11月	スタッフを社員化・常勤化する
1991年7月	「おもひでぽろぽろ」（高畑勲監督）公開
1992年7月	「紅の豚」（宮崎駿監督）公開
8月	小金井市に第1スタジオ完成
1994年7月	「平成狸合戦ぽんぽこ」（高畑勲監督）公開
1995年7月	「耳をすませば」（近藤喜文監督）公開
1997年7月	「もののけ姫」（宮崎駿監督）公開
1999年7月	「ホーホケキョ　となりの山田くん」（高畑勲監督）公開
2001年7月	「千と千尋の神隠し」（宮崎駿監督）公開
10月	三鷹の森ジブリ美術館開館（館主・宮崎駿）
2002年2月	「千と千尋の神隠し」が第52回ベルリン国際映画祭で金熊賞を受賞
7月	「猫の恩返し」（森田宏幸監督）公開
2003年3月	「千と千尋の神隠し」が第75回アカデミー賞で長編アニメーション映画賞を受賞

2004年9月	「ハウルの動く城」（宮崎駿監督）が第61回ベネチア国際映画祭でオゼッラ賞を受賞
11月	「ハウルの動く城」公開
2005年3月	「サツキとメイの家」で愛・地球博（愛知万博）に参加
4月	（株）徳間書店より独立し、（株）スタジオジブリがスタート
9月	宮崎駿監督が第62回ベネチア映画祭で栄誉金獅子賞を受賞
2006年7月	「ゲド戦記」（宮崎吾朗監督）公開
2008年7月	「崖の上のポニョ」（宮崎駿監督）公開
2010年7月	「借りぐらしのアリエッティ」（米林宏昌監督）公開
2011年7月	「コクリコ坂から」（宮崎吾朗監督）公開
9月	宮崎駿監督、長編映画引退記者会見
2013年7月	「風立ちぬ」（宮崎駿監督）公開
11月	「かぐや姫の物語」（高畑勲監督）公開
2014年7月	「思い出のマーニー」（米林宏昌監督）公開
11月	宮崎駿監督がアカデミー名誉賞を受賞
2016年9月	「レッドタートル　ある島の物語」（マイケル・デュドク・ドゥ・ヴィット監督）公開
2017年6月	愛知県がジブリパーク構想を発表（2022年開業予定）
2018年4月	高畑勲監督が亡くなる
	「君たちはどう生きるか」（宮崎駿監督）公開未定

あとがき

鈴木敏夫

　ゲラを読んで驚いた。自分が体験したことを語った内容なのに、話の細部のほとんどが記憶に無い。いったい、何が起きたのか？　軽い健忘症に罹ったのか？　何故、忘れてしまったのか？　そして、これは、本当に自分で体験したことなのか？　読みながら、歴史上の人物のやった出来事を読んでいる気分だった。ぼくは夢を見ているに違いない。何度もそう思った。

　これまでにも二度、ぼくはジブリについて語った本を出版した。最初は、ジブリの誕生から宮崎駿の引退、そして、その後について。これは、『仕事道楽　新版』（岩波新書）という本に収めた。いわば、ジブリの入門編だ。そして、『風に吹かれて』（中央公論新社）、これはジブリを語るはずが、渋谷陽一の誘導で、図らずも自分史を語ってしまった。いずれも、インタビュアーに問われるがままに答えた。

　で、今回だ。二冊との違いは、一カ月に一度、作品ごとに語ったことだ。『風の谷のナウシカ』から『思い出のマーニー』まで。初出は、作品ごとに〝ジブリの教科書〟シリーズ（文春ジブリ文庫）に収められた。

時間に余裕があったので、今回は取材者を相手に語る内容とテーマを事前に考えておいた。でないと、これまでのものと同じになってしまう。そして、取材者を相手に、勝手気儘に、時には脱線しながら話した。時間はインタビュアーの質問を交えておよそ二時間。期間は二年近く、作品数は二十本になるので、全部足すと四十時間余話したことになる。その結果、高畑勲と宮崎駿、そのふたりの天才の思考回路を語る内容になった。この三冊を読んで貰えば、ジブリについておよそのことは分かるはずだ。これは義務として語った。

心残りは、「かぐや姫の物語」のことだ。原稿を読み返して、気がついた。自分の気持ちの整理が出来ていない。これではダメだ、読む人にいらぬ誤解を与える。そう考えて、今回は外すことにした。もう少し時間を掛けて考えてみたい。その機会が訪れることを願って。

語るということは恐ろしい。これまでの体験で、語ってしまえば語った先から記憶が飛ぶ。だから、これ以上、話す必要は無い。そう自分に言い聞かせた二年間だった。

聞き書きを担当してくれたのは、島崎今日子さんと柳橋閑さん。柳橋さんについては深く感謝したい。ぼくが忘れてしまって辻褄の合わない箇所などいろいろ補完して貰った。ジブリからは、いつものように田居因さんが手伝ってくれた。

長いつきあいになる文春新書の前島篤志さんのお陰で、この本が一冊にまとまることになった。そして、編集担当の水上奥人さんにもお世話になった。

この初夏に、宮崎駿の新作『君たちはどう生きるか』の絵コンテが完成する。ここまで来るのに三年近い年月を要した。映画の完成はさらに三年後、二〇二二年の夏を予定している。

二〇一九年四月十五日

本書は文春ジブリ文庫『ジブリの教科書』1〜20に掲載された「汗まみれジブリ史」(インタビュー・構成　島﨑今日子、柳橋閑)、『文藝春秋』2014年2月号に掲載された「スタジオジブリ30年目の初鼎談」を加筆、修正し、編集しなおしたものです。

鈴木敏夫（すずき　としお）
株式会社スタジオジブリ代表取締役プロデューサー。1948年名古屋市生まれ。慶應義塾大学卒業後、徳間書店入社。『アニメージュ』編集部を経て、84年『風の谷のナウシカ』を機に映画製作の世界へ。89年よりスタジオジブリ専従。著書に『仕事道楽』（岩波新書）、『風に吹かれて』（中公文庫）など。

文春新書

1216

天才《てんさい》の思考《しこう》　高畑《たかはた》勲《いさお》と宮崎《みやざき》駿《はやお》

2019年5月20日　第1刷発行
2022年3月15日　第3刷発行

著　者　鈴　木　敏　夫
発行者　大　松　芳　男
発行所　株式会社　文　藝　春　秋
〒102-8008　東京都千代田区紀尾井町3-23
電話（03）3265-1211（代表）

印刷所　理　想　社
付物印刷　大　日　本　印　刷
製本所　加　藤　製　本

定価はカバーに表示してあります。
万一、落丁・乱丁の場合は小社製作部宛お送り下さい。
送料小社負担でお取替え致します。

ISBN978-4-16-661216-1

◆考えるヒント